하나님의 사랑

하나님의 사랑
The Love of God

초판 1쇄	2009년 8월 25일
저자	클레르보의 베르나르 Bernard of Clairvaux
역자	엄성옥
발행처	은성출판사
등록	1974년 12월 9일 제9-66호

ⓒ 2009년 은성출판사

주소	서울시 강동구 성내동 538-9
전화	070) 8274-4404
팩스	02) 477-4405
홈페이지	http://www.eunsungpub.co.kr
전자우편	esp4404@hotmail.com

출판 및 판매에 관한 모든 권한은 본 출판사가 소유하고 있습니다. 출판사의 사전 서면 허락없이 상업적인 목적으로 번역, 재제작, 인용, 촬영, 녹음 등을 할 수 없음을 알려드립니다.

Printed in Korea
ISBN: 979-11-92914-37-4

하나님의 사랑

클레르보의 베르나르

CONTENT

서문
  1. 하나님에 대한 지식과 실존적 경험 /10
  2. 사랑의 일차적인 중요성 /14
  3. 성경적인 성경 이해 /18
  4. 참된 인간성의 기초: 성경적 인간학 /21
  5. 영적 우정 /24

제1부 하나님 앞에 선 영혼의 고귀함

제1장 인간 영혼의 고귀함 /33

제2장 영성생활의 세 단계 /41

제3장 은혜와 자유의지 /57

  1. 하나님의 은혜 /58
  2. 자유의 본질 /62
  3. 본성, 영광, 은혜라는 삼중적 자유 /67
  4. 육체를 벗어난 거룩한 영혼들은 어떤 자유를 누리는가? /72
  5. 이 세상에도 비애로부터의 자유가 있는가? /76
  6. 선한 것을 추구하는 은혜의 필요성 /79

CONTENT

7. 아담에게 이 삼중의 자유가 주어졌었는가? /84
8. 범죄한 후에도 자유의지는 존재한다. /87
9. 이 세 가지 자유 안에 창조주의 형상과 모양이 표현되어 있다. /88
10. 그리스도 안에서 하나님의 모양이 인간에게 회복된다. /89
11. 선택의 자유는 계속 존재한다. /90
12. 죽음이나 형벌에 대한 공포가 자유의지를 박탈하는가? /91
13. 인간의 공로는 하나님의 은사이다. /93
14. 은혜와 자유의지-구원 사역 /97

제2부 하나님의 사랑의 본질과 위대함

제4장 사랑의 본질과 고귀함 /109

1. 서문 /109
2. 사랑의 근원과 발전 /113
3. 참사랑 안에 있는 거룩한 어리석음 /117
4. 사랑 안에 발전하려는 노력과 기쁨 /121
5. 은혜를 소홀히 하는데 따르는 위험과 손해 /125
6. 안정된 사랑과 불안정한 사랑 /131

CONTENT

7. 사랑의 오감(五感) /134
8. 이성과 사랑은 영혼에게 견인의 용기를 부여한다. /139
9. 사랑의 학교 /144
10. 거룩한 것을 맛봄 /148
11. 중재자이신 그리스도의 필요성 /154
12. 구속의 특성 /158
13. 하나님의 자녀의 지혜 /162
14. 거짓 지혜와 참지혜의 차이점 /165
15. 지혜로운 자들의 축복된 완성 /169

제5장 하나님을 관상하는 일에 관하여 /173

1. 하나님에게로의 비약 /175
2. 사모하는 영혼 /180
3. 축복받은 자들의 사랑에 불평등이 있는가? /183
4. 우리는 하나님을 위하여 하나님과 모든 것을 사랑해야 한다. /186
5. 기도는 사랑의 본성이다. /188
6. 우리를 위해 성자 안에 있는 하나님의 사랑이 우리로 사랑하게 한다. /189
7. 하나님은 우리를 얼마나 사랑하시는가? /192
8. 우리는 어떻게 하나님을 사랑하는가? /195
9. 사랑은 하나님의 계명을 순종하는 데 있다. /199
10. 사랑의 기도 /202

제6장 하나님의 사랑 /205

   1. 왜 하나님을 사랑해야 하는가? /206

   2. 하나님은 얼마나 인간의 사랑을 받을 만하신가? /208

   3. 신자들은 하나님을 사랑하기 위한 더 큰 동기를 가져야 한다. /214

   4. 누가 하나님 안에서 위로를 찾으며, 하나님의 사랑을 받을 수 있는가? /219

   5. 하나님의 크신 사랑에 빚진 기독교인 /224

   6. 요약 /228

   7. 인간의 마음은 세상적인 것으로 만족할 수 없기 때문에 하나님을 사랑하는 일에는 열매와 상급이 있다. /229

   8. 사랑의 제1 단계: 사람은 자신을 위해 자신을 사랑한다. /238

   9. 사랑의 제2 단계: 인간은 자신의 축복을 위해 하나님을 사랑한다. /242

   10. 사랑의 제3 단계: 인간은 하나님을 위하여 하나님을 사랑한다. /242

   11. 사랑의 제4 단계: 인간은 하나님을 위하여 자신을 사랑한다. /244

   12. 온전한 사랑은 오직 부활 때에만 경험할 수 있다. /248

제3부 그리스도께 드리는 헌신

제7장 그리스도께 대한 헌신 /255

CONTENT

사랑의 길: 세 가지 발달과정 /259
그리스도를 향한 영혼의 열렬한 사랑 /262
성령의 은사인 신부의 사랑 /264
신부의 사랑의 향기 /267
그리스도를 어떻게 사랑해야 하는가 /280
하나님을 아는 일 /286
신부의 호혜적인 사랑 /307
하나님을 찾는 영혼은 그를 기대하고 있다. /312

제4부 영적 우정

제8장 우정의 서신들 /323

제9장 영적 우정 /343
제1권 : 우정의 본질 /344
제2권 : 우정의 성숙과 풍성한 결실 /348
제3권 : 깨지지 않는 우정의 조건과 특성들 /357

서문

베르나르가 죽은 지 8백 년이 되는 해인 1953년 교황 비오 12세는 하나의 회칙을 공포했다.

이 회칙에서 교황은 달콤한 감상주의자였다는 의미에서가 아니라 교회의 참된 교부였다는 점에서 베르나르를 Doctor Mellifluous라고 찬양하고, 또 생명을 주는 자였다고 주장했다.

토마스 머튼은 자신의 저서인 『최후의 교부』(The Last of the Fathers)에서 베르나르를 시편 46편 4절의 하나님의 성(城)을 기쁘게 하는 시내와 연결했다.[1]

오늘날 우리는 정보 사회에 살면서도 이 지식을 지혜롭고 겸손하게 사용할 줄을 모르고 있다. 그러나 베르나르와 그의 친구들은 생의 다섯 가지 주요 영역에 대해 우리에게 새로운 가능성을 갖게 한다. 만일 우리가 이 하나님의 사람들을 따른다면 그들은 우리로 하여금 믿음과 소망과 사랑이 풍성한 결실을 맺도록 함으로써 우리의 생활을 근본적

---

1) Thomas Merton, The Last of the Fathers (New York: Harcourt, Brace, and Co., 1954).

으로 변화시킬 것이다.

1. 하나님에 대한 지식과 실존적 경험

역사가들은 "12세기의 르네상스"라는 표현을 사용한다. 이 기간 동안에 고전 문학과 로마법, 그리스의 과학과 이에 대한 아랍의 기여, 그리고 많은 그리스 철학과 학문적 신학에 대한 희랍 철학의 학구적인 적용이라는 재발견이 있었다. 이 시대에는 관찰 가능한 자연 세계와 역사의 연대기 안에서 찾아볼 수 있는 실제 사건에 대한 새로운 실재론이 그 특징을 이루었다. 또 낭만적 사랑과 기사도 정신을 통하여 개인의 주체성에 대한 새로운 자각을 하게 되었다.

이와 같은 문화적 배경 속에서 "나는 이해하기 위해서 믿는다"(Credo ut Intelligam)는 안셀름의 명제는 신앙이 신학적 주지주의(主知主義)를 향한 하나의 단계를 의미하는 것으로 잘못 적용될 수 있었다. 그러나 성 티에리의 윌리엄(William of St. Thierry)이나 베르나르가 분명하게 이해하였듯이 지식을 위한 지식은 기독교 신앙에 대한 위협이었다. 그들은 이러한 사실을 피에르 아벨라르(Peter Abelard)와 같은 사람에 대한 공격에서 지적하였다. 베르나르는 "이해하기 위해 믿는다" 대신에 "경험하기 위해 믿는다"(Credo ut Experiar), 즉 하나님의 실체를 경험하기 위해 믿는다고 강조했다.

시토 수도회의 초기 수도자들은 그들이 "그리스도의 학교 안에" 있다고 주장했다. 베르나르는 이것을 그의 『아가서에 관한 설교』(Sermons on the Song of Songs)에서 분명하게 강조했다. 이 설교의 첫 장은 이렇게 시작된다: "나의 형제 여러분들에게 행하는 이 가르침은 바깥 세상에 있는 자들에게 행하는 것과 다를 것이다. 최소한 가르치는 방식이 다를 터인데… 이것은 바울의 교수법으로서… 영적으로 깨어난 사람들에게는 보다 영양가 있는 식사가 된다.… 우리는 철학적인 방법으로 가르치는 것이 아니라 성령이 우리를 가르치시는 방법으로 가르친다. 우리는 영적인 것은 영적으로 가르친다"고전 2:13. [2]

베르나르는 그의 36번째 설교에 이렇게 덧붙인다 "베드로, 안드레, 세베대의 아들들, 그 밖의 다른 제자들은 수사학이나 철학을 가르치는 학교에서 부름을 받은 것이 아니다. 그러나 구주께서는 그들의 사역을 통하여 세상에 대한 구속 사업을 완성하셨다."

베르나르의 사상에 있어서 그리스도와 말씀은 상호 불가분의 관계이다. 그는 반(反)지성주의자가 아니다. "나는 결코 문학에 대한 지식이 멸시되어야 한다고 하는 것이 아니다. 문학은 문화와 기술을 마련해 주기 때문이다. 그것은 사람으로 하여금 다른 사람들을 가르칠 수 있게 한다. 그러나 먼저 하나님과 자기 자신에 대한 지식이 있어야 한다. 왜냐하면 그것은 구원에 있어서 본질적인 것이기 때문이다.… 너 자신을 알라. 그리하면 하나님에 대한 온전한 경외심을 갖게 될 것이다. 하나님을 알라. 그리하면 너는 또한 하나님을 사랑하게 될 것이다. 지혜에는 먼저 그 시작이 있고 둘째로 그 정점이 있다. 왜냐하면 『여

---

[2] M.-D. Chenu, *Nature, Man, and Society in the Twelfth Century* (Chicago: University of Chicago Press, 1968)

호와를 경외함이 지혜의 근본』시 111:10이며, 『사랑은 율법의 완성』롬 13:10 이기 때문이다. 우리는 이 양자를 무시해서는 안 된다. 경외와 사랑이 없이는 구원이 불가능하기 때문이다"설교 37, I, II.

베르나르에게 있어서 여호와에 대한 경외심은 성경적인 개념이다. 그것은 마치 우리가 하나님의 임재 안에 있는 것과 같다. 그가 말하는 사랑은 그리스도 안에 있는 하나님에 대한 사랑이다. 그러므로 이러한 진리들은 오직 그리스도 안에서만 배울 수 있다.『겸손과 오만에 대한 논문』(Treatise on Humility and Pride)에서 베르나르는 진리로 나아가는 세 단계를 제시한다. 이것들이 사실 지복(至福)의 진수(眞髓)이다.

첫째, 죄인이 자기 자신을 알고 제자가 되는 것을 배우기 위해서는 자신의 지성을 그리스도에 의해 낮추어야 한다. 즉 "심령이 가난해져야 한다." 둘째, 성령께서 그의 뜻을 변화시키셔서 그가 다른 사람들에게 자비를 베풀고, 다른 사람들을 알게 되고, 하나님의 친구가 되어야 한다. 셋째, 성부 하나님이 그를 묵상 가운데 사로잡으셔서 그의 마음이 순결하게 되어 "하나님을 보거나" 알게 되어야 한다.

이와 같이 이 가르침의 근본, 즉 겸손의 목표는 진리를 아는 것이다. 이와 반대로 교만은 오직 무지와 어리석음으로 인도할 뿐이어서 교만한 사람은 하나님 없이 세상을 살아가는 것이다.

베르나르의 친구인 성 티에리의 윌리엄(William of Thierry)도 신앙의 초자연적 특성을 지지하는바 이는 피에르 아벨라르(Peter Abelard)의 비판적 정신과는 반대되는 견해이다. 아벨라르는 신앙을 "육체적 감각으로는 인식할 수 없는바 보이지 않는 것들에 관한 관념"이라고 정의하였다. 피에르 아벨라르는 신앙의 초자연적인 면을 부정하면서 윌리엄의 견해에 반대하고, 인간의 영혼이 의심이라는 해충의 밥이 되도록 버려두었다. 여기에서 비참한 결과가 발생했다. 윌리엄은 그러한 사상에 반대하여 싸웠다.

"신앙이란 인간의 마음속에 한낱 견해나 추측으로 존재하지 않는다. 사람은 의심할 여지가 없는 분명한 지식과 마찬가지로 신앙도 완전히 의식하고 있다. 하나님은 인간이 아무것도 믿거나 알 수도 없으며 추측할 수 있을 뿐이라고 가르치고 있는 학자들의 견해와 평가를 기독교 신앙이 따르는 것을 금하신다"(『아벨라르에 대한 논박』 I).

이러한 초기 시토 수도회 수도사들의 지식은 그들의 평생 과업인 하나님을 향한 갈망이라는 수도원 문화에 의해 육성되었다. 그들은 하나님의 말씀에 대한 고요한 묵상과 기도를 통해 경건생활을 발전시켰다. 그리고 성경은 그 자체를 위하여 연구했다.

본서의 자료들이 분명히 보여 주는 바와 같이 이 초기의 저자들은 그들의 저서들이 성경에 흠뻑 젖어 들게 하였다. 그들은 성경의 요절을 계속 반복하고 암송하였다. 매일 예배 때마다 성구를 암송하였으며, 성경을 묵상과 기도에 연합시켰다. 각 저자들의 사상은 자연히 독자들과의 공적인 대화로부터 다시 하나님의 임재로 흘러갔다.

베르나르는 아가서에 대한 마지막이자 미완성의 설교를 통하여 "연약함의 침상", 그리고 "무지의 밤"에 있는 하나님과 우리의 교통을 말했다. 그와 같은 자세에서 갈구하는 영혼은 마치 신부처럼 하나님의 권능과 지혜이신 말씀을 찾게 될 것이다.

2. 사랑의 일차적인 중요성

영적 체험이 없는 영적 문학은 있을 수 없다. 만일 베르나르와 그의 동료들이 단지 다른 사람들의 명시집만을 수집하였다면 그들은 성인이 아니라 작가로 평가되었을 것이다. 거룩함은 행동으로만 표현될 수 있다.

그래서 베르나르의 삶의 비밀을 담고 있다고 할 수 있는 설교, 아가서에 관해 마지막으로 완성된 설교에서 그는 다음과 같은 말을 했다.

"말씀을 즐기는 일을 무엇에 비유할 수 있느냐고 묻는 사람이 있을지도 모르겠다. 나는 이렇게 대답하고자 한다. '실제로 경험해본 사람을 찾아 그에게 물어 보라. 그러나 비록 내게 그러한 경험이 있다고 해도 나의 표현의 한계 너머에 있는 것을 그대에게 표현할 수 있다고 생각하는가?… 인간의 언어로는 이것을 가르칠 수 없으며 오직 은혜가 가르칠 뿐이다. 이것은 지혜롭고 슬기 있는 자들에게는 감추어지고 어린아이들에게 계시된다눅 10:21.… 그러므로 가치 있는 것은 겸손의 덕이다.' 영혼은 무가치함 속에서 하나님의 가치를 경험한다. '왜냐하면 그것은 세상의 아버지, 영혼의 신랑, 만물 위에 계신 하나님으로서 세세에 찬양을 받으실 우리 주 예수 그리스도를 기쁘시게 하기 때문이다. 아멘'롬 9:5."

이 사랑의 표현은 그의 모든 신학을 요약해 준다.

파스칼은 생전에 가끔 이렇게 말했다. "하나님은 이성이 아니라 마음으로 경험한다. 그러므로 신앙은 이성이 아니라 마음으로 하나님을 인식하는 것이다." 그러나 이미 12세기에 베르나르는 사랑의 신학을 시작했다.

> "사랑은 생명의 샘이다. 그 물을 마시지 않는 자는 살아 있다고 할 수 없다."

사랑은 삶의 시작이며 끝이다. 왜냐하면 "하나님은 사랑"이시기 때문이다. 사랑은 하나님의 사랑이기 때문에 오직 하나님의 아들 예수 그리스도를 통해서만 하나님 안에서의 사랑을 체험할 수 있다.

영혼을 하나님에게로 향하게 하는 것은 사랑의 은사이다. 그러므로 사랑은 많은 것들 중에서 바람직하고 경험하기에 즐거운 것 하나를 선택하는 것이 아니다. 사랑은 인간의 완전한 존재 이유이다. 이는 아가서에 기록된 신부라는 상징이 이들 사랑의 신학자들에게 호소력을 가지는 이유이다. 그것은 하나님 앞에 있는 인간 영혼의 올바른 형상이다. 베르나르는 자신의 논문 『하나님의 사랑에 관하여』(*On The Love of God*)에서 "하나님이시기 때문에" 하나님을 사랑해야 하는 우리의 보편적 의무를 살펴보았고, 우리의 사랑의 척도는 "하나님을 한량없이 사랑하는 것"임을 발견하였다.

만일 인간이 사랑하는 자로 피조되었다면 그것은 그가 자유롭게, 즉 자유롭게 선택할 수 있도록 창조되었음을 의미한다. 그러나 타락으로 말미암아 인간은 창조주 대신에 피조물을 절대화하는 우상숭배 안에서 그릇된 것들을 선택한다. 그는 또한 하나님 대신 자신을 사랑하는 이기적인 사랑을 한다. 그러므로 인간은 은혜로 말미암아 그 같이 천하고 그릇된 사랑의 형태에서 벗어나 하나님 자신을 위하여 하나님을 사랑하고, 또한 하나님이 그를 사랑하신 것같이 자신을 사랑하기에 이르러야 한다. 그때에 그는 포도주 통에 희석된 물과 같은 용해에 의해서가 아니라 사랑하는 자를 자유롭게 선택할 수 있는 신랑과 신부의 관계로서 하나님과 연결될 것이다.

그러므로 『자유의지와 은혜에 관하여』(On Free Will and Grace)라는 베르나르의 논문은 그의 사랑의 신학에 있어서 근본적인 것이다. 이것은 인간이 하나님을 사랑하도록 만들어졌음을 다시 한 번 보여 준다. 사심 없는 사랑으로 하나님을 사랑하기 위해서는 먼저 자신이 자유로워야 한다. 그리하여 하나님과의 일치는 자유 안에서 진보적으로 성장하게 된다.

성 티에리의 윌리엄은 "예술 중의 예술은 사랑이다. 그것은 자연과 자연의 창조자이신 하나님이 경계하여 가르치시는 것이다. 창조주에 의해 인간 영혼의 지극히 깊은 곳에서 발전된 이 사랑의 고향은 하나님이다"라고 하였다.

이와 같이 윌리엄은 『사랑의 본질과 고귀함에 관하여』(On the Nature and Dignity of Love)라는 그의 논문의 서두에서 사랑의 기술을 논하였다. 그는 어거스틴에게서 많은 것을 인용하여 사랑의 실행이 그 의지에 달려 있다고 보았다. 그러나 인간은 죄의 완고함과 하나님에 대한 반역 때문에 사랑은 순수하지 못하고 하나님을 사랑하는 일로부터 벗어나 있다. 그래서 윌리엄은 "오직 하나님께 겸손히 순종하는 자들만이 실제로 온유하고, 하나님을 사랑할 수 있다"고 말한다. 우리가 마땅히 하나님을 사랑하기 위해서는 우리의 뜻을 변형시킬 하나님의 의지와 영(靈)이 필요하다. 우리의 자유의지는 우리를 파멸로 이끌 수도 있고, 하나님을 사랑하려는 결심 가운데서 축복으로 이끌 수도 있다.

우리가 마음속에서 하나님의 사랑을 경험할 때에 영혼 안에 하나님의 특별한 증거를 얻게 된다. 이러한 것들은 우리로 하여금 자비를 행하게 하여 사랑이 "성령으로 말미암아 우리 마음에 널리 부어짐을" 롬 5:5 인식하도록 격려해 준다. 이에 따라 우리는 사랑과 이성이 우리에게 삶에 대한 두 개의 초점을 가진 이상을 준다는 사실을 발견하기 시작할 것이다. 사랑은 이성을 밝히고 이성은 사랑을 가르친다는, 즉 단순한 주지주의(主知主義)를 넘어서는 실체에 대한 깊이가 우리에게 주어진다. 사랑이 없는 이성은 교만하게 되며, 이성이 없는 사랑은 정욕에 지나지 않는다. 그러므로 이 두 초점을 가진 견해는 지혜를 가져다 준다. 실로 참된 지혜는 우리 안에 있는 하나님의 사랑이다. 지혜는 하나님의 즐거움에 대한 또 다른 명칭이기 때문이다. 사도 바울은 그리스도 자신이 "우리에게 있어서 지혜가 되신다"고 말하였다. 따라서 윌리엄은 즐거운 마음으로 하나님을 사랑하고 묵상하는 일은 오직 그리스도 안에서, 그리스도를 통해서만 가능하다고 말하고 있다.

아엘레드(Aelred)는 인간들이 자연적으로 *affectus*(善意)라고 불리는 사랑을 향하게 되는 경향을 살펴보면서 사랑을 향한 인간의 열망이 축복된 삶에 대한 열망임을 깨달았다. 이 삶은 참으로 하나님이 인간으로 하여금 누리도록 창조하신 것이다. 돌이 위에서 아래로 떨어지거나 물고기가 헤엄을 치는 것이 자연스러운 것처럼 인간이 사랑하는 것도 지극히 자연스러운 일이다. 이와 같이 우정을 선호하는 경향은 "하나님은 우정이시다"라고까지 보도록 확대할 수 있다. 아엘레드는 이보 (Ivo)와의 대화에서 후자가 요한일서의 본문을 다음과 같이 과감하게 풀어서 이야기할 때에 전혀 반론을 제기하지 않았다.

"하나님은 우정이시다… 우정 안에 거하는 자는 하나님 안에 거하고 하나님이 그 안에 거하신다."

삶 속에서 우정이 꽃필 때 우리는 보다 완전한 인간이 된다. 친구에 대한 사랑을 더욱 깊게 하는 일은 우리에게 하나님과의 교통과 연합에 있어서 무한히 큰 가능성이 있음을 보여 준다. 아엘레드는 우리가 수평적으로 다른 사람들과의 우정을 실현함으로써 하나님과의 수직적인 관계를 더욱 풍요롭게 할 수 있는 고무적인 가능성을 지니고 있음을 보여 준다.

"인간의 친구는 하나님의 친구가 될 수 있다"(『영적 우정』).

그러나 이것은 인도주의적 우정이 아니다. 아엘레드는 자신이 "영적 우정," 즉 우리의 구속자 예수 그리스도를 통한 하나님의 은혜의 은사에 대해 말하고 있음을 상기시키려 하기 때문이다. 인간의 사랑이 이러한 우정이 되려면 그것은 먼저 구속되고 회복되어야 한다.

3. 성경적인 성경 이해

이 초기 시토회 수도사들에게 있어서 하나님과의 우정은 성경 묵상으로 유지되고 양육되었다. 이미 살펴본 바와 같이 그들은 성경에 흠뻑 젖어 있었다. 하나님을 향한 그들의 열망은 하나님의 말씀을 알고 순종하려는 열망이었다. "모든 성경에 나타난 그리스도"는 그들에게 있어서 하나의 실재였다. 이것은 그들의 성경해석학이 오늘날 우리들의 것보다 더 복잡했기 때문에 가능했는데 성경 본문에 대한 그들의 해석이 사중적인 데 반해 오늘날의 해석은 단순한 차원으로 흐르는 경향이 있음을 의미한다.

우리의 문자적 관심은 성경 본문을 완전히, 최소한 강력하게 파악하려는 경향이 있다. 중세 수도원의 학습은 뉘우침의 학습, 즉 하나님과 대화하고 그분과 하나가 되기를 열망하는 학습이었다. 그들은 하나님에 대하여 말하기보다는 하나님을 "맛보려" 했다. 하나님은 그들의 열망의 대상이며, 하나님이 하늘에 거하시기 때문에 그들은 신앙심이 돈독한 학자들이 되고자 했다. 그래서 오늘날 많은 신학을 해치는 독이요 세속화된 바 대학에서의 박사 학위 혹은 그에 상응하는 신학적 영예에는 관심이 없었다.

그들에게 있어서는 우아한 문체를 사용하는 것이 하나님에 대한 경의로 인식되었고, 이러한 관점에서 베르나르의 라틴어는 "유창했다." 그러나 시토회 수도사들은 성경 해석자가 지식이나 학식 이상의 것을 가진 사람이어야 한다고 믿었다. 즉 우선 영적인 사람이 되어야 하는 것이다.

오늘날 성경학은 재고되어야 할 필요가 있다. 왜냐하면 그것은 주로 역사적 비평이라는 경험적 탐구가 되었기 때문이다. 저자가 실제로 말하고자 한 것의 정확한 의미와 의도가 무엇인지 발견하기 위해 본문비평, 역사비평, 문헌비평을 시행하는 데 초점이 맞추어져 있다. 그러나 현대적 의미 그 자체를 추구하는 데서 독자들의 반응이 간과될 수 있다. 이 방법은 독자들로 하여금 그 메시지의 의도를 파악하지 못하게 할 수도 있다.

위에 언급된 잘못은 오늘날 우리 시대의 성경학자들이 전문성으로 세계적인 명성을 지니면서도 진리에 대한 개인적이고 도덕적인 참여가 전혀 결여될 수도 있는 이유가 된다. 이것이 베르나르와 같은 사람들을 두렵게 하였으며, 학문적인 문제로서 가능한가를 물으려 했을 것이다. 베르나르는 동시대인들과 마찬가지로 성경을 사중적인 방법으로 해석했기 때문이다: (1) 문자적으로, 즉 본문의 역사적 맥락에 의하여; (2) 우의적으로, 모든 성경 안에서 그리스도를 보면서; (3) 비유적으로, 도덕의 교정이나 교훈에 순종하면서; (4) 성경은 아직도 완성되어야 하며, 독자가 거룩한 묵상을 하도록 권면되어야 한다는 점에서. 이것은 대그레고리 교황에게까지 소급되며 종교개혁을 통해 계속된 성경 이해 체계였다. 물론 성경에 대한 이 사중적 접근 방법이 남용될 수도 있었다. 그러나 데이비드 C. 스타인메츠가 말한 바와 같이 "성경 본문의 복합 의미에 대한 중세의 이론은 분명한 결함에도 불구하고 번성하였다. 그 이유는 현대의 단일 의미에 대한 이론이 그 확증할 만한 장점이 있음에도 불구하고 거짓인 반면에 중세의 이론은 진실이었기 때문이다." 초기 시토회 수도사들은 경건을 성경적 학문의 일면으로 보았으나 오늘날에는 이 면을 거의 강조하지 않는다. 그러므로 성경적 권위로의 복귀는 참된 성경적 접근이 아닌 코란적인 경험적 접근을 강화하는 교리, 즉 무오설 이상의 것이 되어야 한다.

베르나르를 유식하게 한 것은 성경의 진리에 대한 묵상이었고, 그를 지혜롭게 한 것은 공의에 대한 묵상이었다. 이러한 지식은 지성적 지식을 초월하는 것은 의지적인 행위이다. 신부라는 은유적 표현, 즉 하나님을 향한 갈망을 나타낸 은유적 단어는 베르나르에게 있어서 사랑과 지식의 합일을 의미한다. 그러므로 베르나르가 아벨라르에게 참된 학문이 결여되어 있다고 공격했듯이, 우리도 이성적 사고(思考)의 맹목성을 공격해야 한다. 이러한 이성적 사고에 있어서는 의지가 왜곡되기 때문에 오늘날 겸손과 회개하는 마음을 가지지 않은 사람들에게 진리를 전해 주지 못한다.

4. 참된 인간성의 기초: 성경적 인간학

베르나르는 인간이 하나님의 형상과 모양으로 창조되었다고 가르쳤다 창 1:26. (윌리엄과 아벨라르는 이것을 보다 명백하게 가르쳤다.) 그들 및 다른 중세 작가들은 이 교리를 가르치는 데 있어서 나름대로 세부사항을 발전시키고 강조하기는 했지만 모두가 어거스틴의 책에서 읽었던 것이다. 베르나르는 하나님이 인간을 고귀한 피조물로 창조하셨으나 인간이 그 하나님의 형상을 지상의 것과 바꾸어 버렸다고 주장한다 롬 1:23. 아담의 이 사악한 결정은 유전적인 것이 되었기 때문에 인간은 타락한 상태로 태어난다.

베르나르는 보다 구체적으로 "형상"을 인간의 자유의지와 관련시킨다. 인간은 아직도 선택의 자유를 가지고 있다. 그러므로 "형상"은 남아 있다. 그러나 인간이 죄를 범하지 않으려는 자유, 그리고 무능한 의지를 갖지 않으려는 자유를 스스로 잃어 버렸을 때 비참하게도 하나님의 모양을 잃어 버렸다. 인간은 행복하지 못하다. 왜냐하면 그는 "하나님의 모양을 닮지 않은 땅"(the land of unlikeness)에 남아 있기 때문이다. 그는 자신을 위한 하나님의 의도로부터 추방된 자이다.

성 티에리의 윌리엄은 성부에게로 돌아가는 여행을 탕자의 이야기로 이해한다. 탕자는 먼 나라에서 자신이 과거에 어떻게 지냈던가를 회상한다. 그래서 그는 자유의지가 아니라 하나님이 원래 인간에게 만들어 주셨던 것에 대한 기억을 강조한다.

윌리엄은 성령의 행위에 의한 "형상"의 회복에 더욱 관심을 갖는다. 그는 기억을 성부와, 이성을 성자와, 그리고 이 양자로부터 나오는 사랑을 성령과 연관시킨다. 인간이 자신의 본래 상태를 회복하는 데에는 삼위일체가 필요하다. 성령은 성부와 성자의 합일이기 때문에 오직 성령에 의해서만 인간과 하나님 사이의 합일도 회복될 수 있다. 이것은 오직 인간이 하나님을 향한 신앙을 지닐 때 일어난다.

아엘레드도 추방된 인간이 하나님의 형상과 모양을 회복하기 위해 돌아오는 여행에 대해 생각하였다. 아엘레드는 형상이 치유되어야 할 필요성을 인식하였다. 현재 인간의 기억은 하나님을 잊고 있고, 인간의 지식은 자기기만으로 가득 차 있으며, 인간의 사랑은 자기중심적이다. 아엘레드는 베르나르와 의견을 같이하여 인간이 보다 더 하나님과 같이 되고자 하여 사리사욕의 무게에 대항하는 데 있어서 의지가 가장 중요하다고 여겼다.

현대의 가톨릭 작가들은 창세기 1장 26절의 "형상"과 "모양"의 구별을 지나치게 강조하고 있는 듯하다. 예를 들어 성 티에리의 윌리엄에 대한 일련의 논문을 쓴 오도 브루크는 "형상"이 성화의 과정에 의해 인간에게 "모양"을 인식할 수 있는 가능성을 부여한다고 주장한다. 이 성화는 인간 자신의 노력의 결과로 나타난다. 그러나 이것은 성경 본문에 주어진 것보다 과장하여 해석하는 것인 듯하다.

초기 시토회 수도사들은 인간이 이 하나님의 모양을 이룰 수 있는 잠재능력도 가지고 있지 않다고 보았다. 윌리엄 자신은 오히려 이 과정이 주도권에서부터 능동적인 행동에 이르기까지 모두 성령의 작용이라고 강조한다. 하나님을 향한 인간의 능력은 자기실현을 위한 인간 자신의 노력이라기보다 인간의 필요성에 있다.

"형상"에 대한 성경적 가르침은 "닮음"이라는 관념을 강조하기보다는 하나님의 대리자, 자원을 관리하는 하나님의 청지기, 왕국을 대리통치하는 하나님의 총독이라는 관념을 강조한다. "통치"의 관념은 창세기 1장 26절에 명백하게 나타나 있다. 이것은 단순한 닮음의 일이라기보다는 윤리적 실재에 관한 것이다. 인간 자신이 성취할 수 있는 것이라기보다 인간에게 요구되는 것에 관한 것이다. 또한 이것은 분명히 하나님의 형상이신 그리스도에 관한 신약 성경의 강조와 연결된다. 그리스도는 장차 올 종말론적인 성취의 차원을 지니고 있는 새로운 인류의 머리이시다.

이 초기 시토회 수도사의 "형상"에 관한 교리는 비록 제한된 것이기는 했으나, 인간이 하나님 앞에서 지니는 고귀함과 하나님에 대한 인간의 의무를 분명히 수립했다. 그러므로 자기 성취의 나르시스적 예배가 횡행하는 그릇된 인본주의에 빠져 있는 오늘날에는 그들이 지니고 있었던 지식이 더욱 요구되고 있다. 인격적인 예배에는 하나님에 대한 경외심이나 사랑이 없다. 우리가 자기 개발에 덜 집중하고, 이 시토회 수도사들처럼 그리스도를 담대하게 더욱 사랑할수록 더욱 참된 인간이 될 것이다. 인간은 가장 경건하게 될 때에 가장 인간적이 되는 바, 이는 그가 하나님의 사랑 안에서 자신을 잊을 때에 시작될 수 있다.

5. 영적 우정

현대의 어느 작가 한 사람이 이렇게 물었다. "만일 신학자들이 인간의 사랑의 신비에 대해 납득할 수 있도록 설명할 수 없다면, 그들이 어떻게 하나님의 사랑이 실존적인 능력이라고 전할 것을 바랄 수 있겠는가?"

아엘레드는 이것을 뒤집어서 만일 우리가 예수를 가장 고귀한 친구로 사랑해야 한다면, 영적이며 그리스도를 따르는 모든 인간적인 우정은 그리스도에 대한 헌신을 격려하는 훌륭한 방법이 된다고 주장했다. "사람이 다른 사람의 친구가 된다면, 그는 곧 하나님의 친구이다." 왜냐하면 하나님은 사랑이시기 때문이다.

인간의 우정이 이처럼 고귀하게 될 가능성에 대해 아엘레드는 너무 낙관하고 있었던 것이 아닌가? 만일 그가 강조하고 있는 것이 영적 우정임을 기억하지 않는다면 아마도 그렇다고 대답할 수 있을 것이다.

참된 우정의 원리들을 자세히 설명하고 있는 『사랑의 거울』(The Mirror of Charity)이라는 그의 논문의 제3부, 즉 『영적 우정』(Spiritual Friendship)에 관한 아엘레드의 글과 친구들 사이에 주고받은 온갖 종류의 서신들은 사랑의 학교(School of Love)는 친구들의 공동체이기도 해야 한다고 가르친다. 자기실현이 극심한 소외로 발전되고, 참 우정을 경험하는 사람들이 극히 드문 시대에 있어서 아엘레드의 메시지는 참신하고 자극적인 것이 된다. 그는 극단적으로 "나는 생활하는 데 있어서 다른 사람들을 필요로 하지 않고, 위로를 필요로 하지 않고, 다른 사람들에게 곤란이나 곤경을 초래하는 자들을 용납하지 말아야 한다고 생각한다. 따라서 다른 사람들의 좋은 일에 즐거움을 느끼지 못하며, 자신의 실패가 다른 사람들과는 관련이 없다고 믿기 때문에 누구로부터의 도움도 구하지 않고, 누구의 사랑도 원하지 않는 자들은 사람이 아니라 짐승이라고 부른다"라고 말했다.

아엘레드는 개인적인 경험을 바탕으로 하여 참된 친구를 가져야 할 필요성을 말하였다. 『영적 우정』의 서문에서 그는 자신이 청년기에 느꼈던 친구의 필요성을 언급했다. 『고백록』(Confessions)을 저술한 젊은 어거스틴처럼, 아엘레드는 사랑하고 사랑받음을 즐거워하였다.

아엘레드는 자신이 키케로의 저서 『우정에 관하여』(On Friendship)를 읽었다고 하였다. 그는 처음에는 그것을 읽고 기뻐했지만, 그것을 성경과 비교하기 시작하면서 그 둘이 같은 내용을 담고 있지 않다는 사실을 인식하기 시작했다. "그 저서에는 사랑하는 예수의 달콤한 말씀이 전혀 들어 있지 않다. 성경이라는 소금으로 절여지지 않은 것은 전혀 나의 마음을 휘어잡을 수 없었다"고 아엘레드는 말하였다. 그는 성경의 권위에 토대를 두지 않는 영적 우정은 기초가 없는 것임을 인식했다. 사실상 키케로의 스토아 철학은 하나님의 사랑을 전혀 깨닫지 못하였다. 그러나 세상적인 사려분별은 가끔 우리에게 많은 것을 가르쳐 준다. 그래서 아엘레드도 이 저서와 교부들의 저서들, 그리고 자기 생애의 경험들로부터 순수하고 거룩한 사랑의 규칙이라고 생각하는 바를 발췌해 냈다.

그는 친구들과의 세 가지 대화에서 우정을 이야기하기 위해 우정의 유형을 다루었다.

첫째 대화에서 그는 우정의 근원과 본질을 다룬다. 둘째 대화에서는 우정의 가치와 한계에 대해 숙고한다. 셋째 대화에서는 우정에 대한 몇 가지의 실질적인 어려움들을 되는 대로 다루었다.

아엘레드는 자신이 타락한 죄인이므로 우정을 이상화할 수 없음을 잘 인식하고 있다. 오히려 우정은 시험해 보아야 하고, 불필요한 가지와 잡초를 제거하고 그릇된 동기나 자기 추구적인 관계로부터 정화(淨化)되어야 한다. 게다가 우정은 하나님의 관점에서 보지 않으면 부패하게 된다. 따라서 그것은 항상 하나님으로부터 오는 것이라고 여겨야 한다.

우리는 육체적 쾌락을 위한 우정이라든가 물질적 이익을 위한 우정 등 거짓된 우정으로부터 스스로를 지켜야 한다. 우리는 자발적으로 성적 쾌락에 빠지기 때문에 전자는 "선한 의지"를 해치며, 후자는 사랑을 해친다. 그것이 실제로는 물질에 대한 사랑이면서도 다른 사람들을 위한 참된 사랑인 것처럼 가장하기 때문이다. 참된 우정은 오직 "선한 의지"와 "참된 사랑"을 연합한 것이다. 이를 행하는 것은 참으로 하나님의 사랑과 이웃을 향한 우리의 사랑을 연합해 준다.

그러나 그와 같은 영적 우정을 개발하는 것 그 자체가 궁극의 목적은 아니다. 아엘레드는 그것이 그리스도를 닮는 과정의 일부라고 여겼다. 아엘레드는 복음서를 인용하여 말하기를 "주님은 ''나는 너희를 나아가 열매를 맺도록 세웠다'고 말씀하신다. 그 열매는 서로를 위한 사랑이다. 인간은 참된 우정 안에서 발전하여 나아가고, 그것을 완성시키는 기쁨으로 경험의 열매를 얻는다. 이와 같이 영적 우정은 같은 생활을 하고 같은 습관과 이해를 가진 선한 사람들 사이에 발생되는바 그것은 인간적인 일과 신적인 일에 있어서 양선과 자비 안에서 일치한다"라고 했다.

그리스도 안에서, 그리스도를 위한, 그리고 그리스도 안에 있는 친구들을 위한 참된 우정은 한층 하늘나라에 접근하는 것이 된다. 아엘레드는 "이와 같이 친구를 포용하는 거룩한 사랑으로부터 그리스도를 포용하는 사랑으로 성장 한다"고 결론짓는다.

나는 베르나르와 그의 친구들, 즉 윌리엄과 아엘레드의 저서에 나타난 심오하고 자애로운 관심을 회복하도록 우리 세대에 촉구하고 싶다. 복음적인 가정에서 양육된 자들에게 있어서 교리적 지식은 흔히 너무 값싸게 이용되어 왔다. 참된 신앙을 양육하기 위해서는 강의실에서 신학을 배우거나 "방법론" 책에서 읽는 신속성이 아닌 하나님에 대한 점진적이고 개인적인 경험이 필요하다. 오늘날 교회 안에 팽배한 상업주의에 의해 잠식해 들어오는 세속주의 신앙을 두려워하는 사람들에게 이 작가들의 저서는 좋은 해독제 역할을 할 것이다. 우리들 중에는 종교적 기술주의와 학문주의 정신에 대항하여 열심히 싸우고, 그에 따른 고통을 감수하는 사람들이 있다.

오늘날 우리는 중세의 낭만주의적 사랑에 사로잡혀 있지는 않으나 여전히 사랑의 실체에 대해서 혼란을 겪고 있다. 오늘날 우리들의 영적 신생(新生)에는 사랑에 대한 새로운 경의, 하나님의 사랑의 실체, 그리고 우리와 개인적으로 관련되어 있는 하나님의 사랑을 실제로 드러내는 일이 포함되어야 한다. 진정한 사랑의 관계에 도움이 되는 실천이 따라야 한다. 두뇌의 명석함보다는 근본적으로 영적 차원의 일이 회복될 필요가 있다. 우리가 하나님 앞에서 보다 참되게 살기 위해서는 관상적(觀想的)이며 내적인 생활에 필요한 일들과 하나님을 향한 갈망 등이 필연적으로 회복되어야 한다. 우리는 과학과 기술의 경이로움에 유혹되어 이성의 역할을 과대평가해 왔다. 초기 시토회 수도사들의 정신을 모르는 사람들이 보기에 하나님을 향한 사랑 때문에 학문성에 등을 돌리는 일은 반지성적인 것 같지만 오늘날 하나님과 서로를 참되게 사랑하려는 모험에 뛰어드는 사람들에게는 확신을 줄 것이다.

오늘날 성경의 권위는 혼란되어 있다. 성경은 하나의 원문으로서가 아니라 중세의 학자들이 행했던 것과 같이 경의와 사랑과 순종 속에서 해석되어야 한다. 이와 같이 보다 완전한 해석이 수행되면 학문성과 경건성이 일치하게 된다. 아마 성경해석학적 노력의 개혁은 우리 시대의 성경학에 대한 가장 큰 도전의 하나일 것이다. 이러한 관점에서 초기 시토회 수도사들에 대한 새로운 관심이 도움이 될 것이다.

우리는 많은 영역에서 기독교 신앙을 참된 인간성이라는 관점에서 해석하려는 열망을 느끼게 된다. 세속적 인류학, 심리학, 사회학에는 인간에 대한 나름의 전제 규정이 결핍되어 있음을 발견하게 된다. 인간의 생명에 대한 경외심의 결여와 사회 속의 개인에 대한 신성함의 결여는 우리로 하여금 하나님 앞에서의 인간의 고귀함을 재고하도록 한다. 이혼, 성적 부도덕, 실업 문제, 피상적인 대인 관계, 자비심의 결여 등은 우리에게 도전하여 시토회 수도사들과 같이 하나님을 사랑하였던 이전 세대 사람들의 인간에 대한 성경적 이해를 새롭게 인식하게 한다.

끝으로 나는 이들 작가들이 하나님과의 사랑, 그리고 이웃들과의 우정의 실체에 대하여 오늘날 우리들보다 더 많은 것을 깨닫고 느끼고 있었다고 확신한다. 우리는 배신의 아픔, 피상적인 개인 생활에 대한 비탄, 그리고 다른 사람들의 궁핍함에 대한 무관심의 고통으로 인해 다시 한 번 "영적"우정의 전체 의미에 귀를 기울이게 된다. 우리가 기독교인으로서 이러한 사랑의 실체들을 깨닫는다면 진실로 죽어가는 문화 속에서 성령의 르네상스를 다시 한 번 경험하게 될 것이다.

제임스 M. 후스톤

제1부

하나님 앞에 선
영혼의 고귀함

The Love of God **1**
인간 영혼의 고귀함[1]

많은 사람들은 여러 분야의 예술과 과학에 대한 심오한 지식을 지니고 있다. 그러나 그들 자신에 대해서는 전혀 무지한 상태로 남아 있다. 그들은 다른 사람들의 일에는 관심이 많지만 자신에 대한 사고나 관심은 결여되어 있다.

사실 하나님이 탐구의 주제가 되는 본질적이고 가장 훌륭한 연구들에 있어서도 학자들은 여전히 하나님을 오직 외부 세계에서만 발견할 수 있다고 생각한다. 그들은 자신들의 마음속에 존재하시는 하나님에 대한 증거를 간과한다. 어떠한 사람도 하나님만큼 그들에게 친밀할 수 없다는 사실을 인식하지 못한다. 그러므로 나는 바깥세상보다는 내면을 들여다보려 한다…

---

1) 이 논문은 성 티에리의 윌리엄이 『육체와 영혼의 본질』(The Nature of Body and Soul)이라는 제하(題下)에 쓴 것으로서 본서에 기재된 것은 제8권에서 발췌된 것이다. 이 논문이 언제 쓰여 졌는지는 확실치 않다.

영혼의 세 가지 기능

나의 내면을 살펴볼 때에 나로 하여금 하나님을 기억하고, 묵상하고, 바랄 수 있게 하는 내 영혼의 세 가지 분명한 기능을 발견한다. 이것은 기억, 이해, 의지의 기능이다.

이 중 첫째 기능, 즉 기억에 의해 나는 회상한다. 둘째 기능인 이해에 의해 분별한다. 셋째 기능인 의지에 의해 하나님을 사랑하고 포용한다. 나는 하나님을 깊이 묵상하면서 내 기억 속에서 하나님을 발견하고, 하나님이 즐거이 나에게 주신 이러한 기억들로 인해 하나님 안에서 즐거워한다. 나는 지성에 의해 하나님이 본질상 어떠한 분인지를 인식한다. 또한 하나님의 천사들과 성도들, 인간들이 어떠한 존재인지, 그리고 실로 하나님이 창조하신 다른 피조물들이 어떠한 것인지 이해한다. 이 모든 것들은 각기 하나님의 뛰어나심을 드러내는 데 기여한다.

하나님은 본질적으로 무한하신 분으로서 시작과 끝이 되신다. 하나님은 결론이 없는 시작이며 가장 뛰어난 끝이시다. 그러므로 내가 나 자신에 대해 묵상할 때에 나 자신조차도 알 수 없음을 발견했기 때문에 하나님이 모든 이해를 초월하신 분임을 깨닫는다. 그리고 나는 하나님의 피조물 중 하나에 불과하다. 천사들에 대한 하나님의 관계를 생각해 볼 때 하나님은 사랑스럽고 무한하게 바람직한 분으로 여겨진다. 이는 하나님을 바라보고 살피는 것이 그들의 영원한 직무요 축복이기 때문이다. 성도들 자신도 그들의 복된 영혼이 하나님 안에서 즐거워할 때 기쁨이 충만하신 하나님을 발견한다.

인간에게 있어서 하나님은 가장 가치 있는 사랑의 대상이시다. 이는 하나님은 그들의 하나님이시고, 그들은 하나님의 백성이기 때문이다 출 5:1. 하나님은 그들의 마음을 하나님의 전(殿)으로 삼으셔서 그 안에 거하신다. 그들은 하나님이 거룩하게 임재하시는 하나님의 성전이다 고후 6:16. 하나님은 인류나 어느 개인도 멸시하지 않으신다. 하나님을 기억하고 이해하고 사랑하는 사람들에게 하나님은 항상 동일하신 분이다. 우리는 하나님을 사랑해야 한다. 이는 "그가 먼저 우리를 사랑하셨기 때문이다" 요일 4:19.

하나님은 자기의 형상을 따라 자기의 모양대로 우리를 창조하셨다. 이것은 다른 피조물에게는 주어지지 않은 특권이다. 우리가 하나님의 형상을 따라 피조되었다는 것은 창 1:27 성자를 이해하고 그와 친숙하도록 만들어졌다는 의미일 것이다. 우리는 성자를 통해 성부를 이해하고 알게 되며 하나님께 접근할 수 있게 된다.

우리와 하나님의 아들 사이의 관계는 지극히 밀접하므로 하나님의 아들 자신도 성부의 분명한 형상이다 골 1:15. 우리는 그의 형상을 따라 피조되었다. 이 밀접한 관계는 "그의 형상을 따라"라는 표현보다는 "그의 모양대로"라는 구절로 인하여 창 1:26 더욱 의미를 지니게 된다. 어떤 사물의 형상을 따라 만들어진 것은 그 원형(原型)과 일치해야 한다. 그러나 그것을 정당화할 실질적인 닮음이 없다면 공허한 이름에 불과하다.

하나님의 형상을 보존하는 일

우리는 평화를 갈구하고 진리를 묵상하고 자비를 사랑함으로써 하나님의 형상과 모양을 조심스럽게 표현해야 한다. 하나님을 우리의 양심 안에 모시고, 하나님이 자신 안에 항상 임재하신다고 믿는 자들에게 합당한 공경과 경의를 가지고 행동하면서 하나님을 기억해야 한다. 우리의 마음이 하나님의 형상을 반영한다면 하나님을 받아들이고 하나님께 참여하는 일이 가능하기 때문이다. 우리의 마음은 더 높이 올라 창조주를 기억하고 숙고하고 사랑할 수 있으므로 하나님의 형상이라고 할 수 있다. 그렇게 하는 데 참된 성숙과 지혜가 존재한다. 이성적인 정신만큼 완전한 지혜에 가까이 가는 것은 없다. 그것은 기억, 이해, 의지의 세 가지 기능에 의해 말로 표현할 수 없는 신성의 삼위일체 안에 존속한다.

그러므로 이것을 기억하며, 인간에게 영원한 축복을 받을 수 있는 능력을 주신 하나님을 힘써 사랑해야 한다.

하나님이 그 안에 거처를 취하시고 안식처로 삼으시는 영혼은 복되다. "나를 지으신 이가 나의 장막 안에 머물러 거하셨다"고 말할 수 있는 사람은 복되다. 그러한 사람에게 하나님은 하늘의 안식을 거절하실 수 없기 때문이다.

만일 우리가 하나님과 함께하고 하나님 안에 거하는 것을 무엇보다 중요한 일로 삼으려 한다면, 왜 우리는 하나님이 우리와 함께하시고 우리 안에 거하시는데 자신의 밖으로 나아가 외적인 대상에서 하나님을 찾는가? 우리가 하나님 안에 살아 있는 신앙을 가질 때 하나님은 분명히 우리와 함께, 그리고 우리 안에 계실 것이다. 우리가 "얼굴과 얼굴을 대하여" 하나님을 보기 원하는 것이 아니라면 이것은 우리가 바랄 수 있는 최고의 합일이다 고전 13:12. 사도 바울은 우리에게 "믿음으로 말미암아 그리스도께서 우리 마음 안에 계심"을 확신시켜 준다 엡

3:17. 그리스도는 우리의 신앙이시기 때문이다.

믿음으로 나는 나의 창조주이신 하나님을 묵상하고 기억한다. 나는 하나님을 나의 구속자로서 기린다. 나는 하나님을 나의 구주로 기다린다. 나는 내가 하나님의 모든 피조물 안에서 하나님을 보며, 나 자신 안에 하나님을 소유한다고 믿는다.

무엇보다도 나는 하나님을 존재하시는 하나님으로 안다. 성부, 성자, 성령을 아는 것이 영생이기 때문이다.요 17:3. 이것이 무한한 기쁨이며 충분한 즐거움이다. 인간은 우리가 하나님을 얼굴과 얼굴을 대하여 보게 될 때 그 광경이 얼마나 밝고, 얼마나 매혹적이며, 얼마나 황홀할지 생각하지 못한다. 이것은 하나님의 빛에 비추어진 빛이다. 이것은 수고와 고통을 겪은 사람들에게 주어질 휴식이다. 이것은 유배지로부터 고향으로 돌아온 자들의 왕국이다. 이것은 살아 있는 자들의 생명이며, 승리한 자들의 면류관이다.

하나님의 모양인 마음

복된 삼위일체의 형상-내 영혼 안에서 발견한 형상-은 나에게 하나님에 대한 기억, 이해, 사랑이 하나님을 반영해 준다는 인식을 내 모든 행위의 주된 동기로 삼아야 한다고 가르친다. 왜냐하면 마음은 하나님의 형상인바 그 안에 기억, 이해, 의지라는 능력이 존재하기 때문이다. 우리는 지식의 진보가 기억에 의존한다고 생각한다. 그러나 엄격히 말해 우리가 생각하는 것은 이 기억이라는 기능을 통한 것이 아니다. 우리는 우리가 진리를 발견해 낸다고 생각함으로써 모든 지식이 이해에 의존한다고 생각한다. 우리는 진리를 발견하여 그것을 기억 속에 보관한다.

삼위일체적 모양

우리는 특별히 기억이라는 면에 있어서 성부를 닮았다. 이해는 성자와 관련되어 있다. 우리의 의지는 성령과 관련된다. 우리의 의지와 사랑은 가장 성령을 닮은 부분이다. 온화한 애정은 다름 아닌 의지의 고양 상태로서 그 안에 의지의 우수성이 존재한다. 사랑은 하나의 은사에 불과한 것이 아니라 가장 좋은 하나님의 은사이다 요일 4:9, 10. 왜냐하면 하나님의 사랑, 사랑의 하나님은 성령이라고 부르는 것이 합당하기 때문이다. 이 성령을 통해 하나님의 사랑이 우리 가슴 속에 널리 부어지고 롬 5:5 삼위일체 전체가 우리 안에 거하게 된다.

그러므로 그대 안에 있는 하나님의 형상을 깨워야 한다. 하나님의 성전인 그대의 인격을 고귀하게 여기라. 우리가 하나님께 드릴 수 있는 가장 큰 영광은 우리의 예배와 모방이다. 경건하고 신앙심이 돈독한 자는 모두 하나님의 모방자이다. 경건한 심령은 하나님께 예배하기 위해 성결케 된 성전과 같고, 순결한 마음은 모든 제물을 거룩하게 하는 제단이다. 게다가 하늘에 계신 성부께서 자비하신 것과 같이 자비하게 될 때 당신은 하나님께 경외심을 지니고 예배한다. 바울 사도는 하나님을 위해 선을 행하고 나눠 주는 것이 하나님이 기뻐하시는 제사라고 선언하였다 히 13:16.

모든 일에 있어서 기꺼이 하나님의 자녀가 되어 하나님의 자녀 됨에 손상을 끼치지 않도록 하라. 하나님은 놀라운 자비하심으로 우리를 자녀로 삼으셨다. 우리가 행하는 모든 일에 있어서 하나님이 우리와 항상 함께하시고 곁에 계심을 인식하는 사람처럼 생각하고 행해야 한다. 그러므로 외적인 감각뿐만 아니라 가장 은밀한 사고(思考)에도 주의를 기울여 색욕이나 죄악된 욕망이 우리를 사로잡지 못하도록 해야 한다.

침착하지 못한 마음

나의 마음만큼 침착하지 못하고 덧없는 것은 있을 수 없으며, 나의 본성 중 이처럼 변덕스러운 부분도 없다. 이 방랑자는 참으로 얼마나 헛되고 보잘것없으며, 방황하고 안정되지 못했는가! 내 마음은 하나님의 의지를 따르지 아니하고, 하나님의 인도와 권고를 따르지 않고, 오히려 자신의 변덕스러운 마음을 따른다. 전혀 쉬지 않고 계속적으로 움직인다. 한꺼번에 수천 가지의 결정을 내리고, 셀 수 없는 질문으로 치닫는다. 아무 목적도 없이 여러 가지를 시도해 본다. 안식을 찾아 사방을 헤매지만 발견하지 못한다. 행복은 내 마음에서 멀리 날아간다.

내 마음이 추구하는 것은 끝이 없다. 그것은 일관성이 없으므로 스스로의 제안, 기호물, 혐오물 등을 수시로 바꾼다. 새로운 계획을 세웠다가는 다시 헐어 버린다. 그러한 행위를 몇 번이고 반복한다. 이 모든 일은 어느 곳에서도 조용히 머물 수 없는 변덕스러운 본성에 기인하는 것이다. 이러한 자가당착적인 행위가 항상 진행되고 있다.

영혼의 취약성

영혼이 합당한 원인들로부터 멀어지고 비열한 애정으로 인해 당황하게 될 때에 허무함이 영혼을 사로잡고, 호기심으로 영혼이 산란하게 되고, 탐욕스런 욕망의 유혹을 받게 되고, 쾌락에 기울게 되며, 사치함으로 부패하게 되고 탐심에 사로잡히고 분노로 타오르며, 슬픔으로 괴롭고 침울하게 된다. 그때 영혼은 온갖 종류의 악에 굴복하여 그 악에 빠져든다. 이 모든 일들은 영혼이 하나님을 저버리기 때문에 일어난다. 왜냐하면 오직 하나님만이 모든 심령들의 소망과 갈망에 대한 해답이시기 때문이다. 이리하여 마음은 수많은 하찮은 일들로 인해 분산되고 산만해진다. 우리가 열심히 만족을 추구하지만 지극히 충만한 심령의 대상으로 돌아오기까지는 아무것도 얻지 못한다.

나의 생존의 상태가 이러하므로 내가 나 자신에게 복종할 때에는 살지 못한다. 오직 하나님께 복종할 때에만 살 수 있다. 나는 내 마음을 다룰 수 없다. 오직 하나님만이 하실 수 있다. 그러므로 하나님과 연합하지 않는 한 나는 자신 안에서 분열되어 있고, 자신과 영속적으로 싸우게 된다. 하나님과의 이 연합은 오직 사랑에 의해서만 얻어질 수 있다. 그리고 하나님께의 순종은 오직 겸손에 토대를 둔다. 또한 겸손은 오직 진리를 알고 믿는 일, 즉 하나님과 나 자신에 대해 올바른 견해를 갖는 일의 결과일 뿐이다.

내 영혼의 참된 상태를 부지런히 탐구하는 일이 매우 필요하다. 그래야 내가 얼마나 비열하고, 나약하고, 변덕스럽고, 부패되어 있는지를 발견하게 될 것이다. 그리고 하나님을 부여잡는 일, 하나님을 단단히 붙드는 일이 얼마나 긴요한지 발견하게 될 것이다. 왜냐하면 나의 존재는 하나님에게서 비롯된 것이며, 하나님이 없다면 나는 아무것도 아니기 때문이다. 그리고 나는 죄 때문에 하나님으로부터 떠났으므로 하나님께로 되돌아가는 일은 나로 하여금 하나님으로부터 그처럼 멀리 떨어지게 한 죄를 고백하고 회개함으로써 이루어진다.

The Love of God **2**

영성생활의 세 단계[2]

하늘의 별들이 서로 다르고 하나의 방이 다음 방과 다르듯이 초심자의 영혼과 진보하고 있는 자의 영혼, 그리고 성숙한 자의 영혼은 서로 다르다. 초심자의 영혼의 상태는 "동물적"이며, 진보하고 있는 자의 상태는 "이성적"이며, 성숙한 자의 상태는 "영적"이라고 할 수 있다.

모든 종교 제도는 이러한 세 범주의 사람들로 이루어진다. "동물적"인 상태에 있는 사람들은 아직 이성이나 사랑에 의해서 움직이지 않는 자들이다. 그들은 권위와 좋은 본보기에 의해 자극을 받거나 가르침을 받음으로써 인도된다. 그들은 마치 인도자의 손에 이끌리는 장님과 같아서 그들이 발견하는 선을 맹종하고 모방한다.

"이성적"인 사람들은 자신들의 이성과 자연적인 학습에서 얻은 분별에 의해 판단한다. 그들은 선을 알고 또한 갈망한다. 그러나 그들에게는 아직 사랑이 없다.

---

[2] 이 논문은 성 티에리의 윌리엄의 『귀중한 서신』(The Golden Epistle)에서 발췌한 것이다.

마지막으로 영에 의해 인도되고 성령에 의해 더욱 풍성하게 계몽되는바 영적으로 성숙한 사람들이 있다. 기드온에게 성령이 함께 거하셨던 것과 같이 삿 6:34 그들에게도 성령이 머무시기 때문에 그들은 "영적"인 사람이다.

인간의 영혼 상태는 진보한다.

첫째 상태(동물적 상태)의 인간은 오직 육체에만 관심을 두며, 둘째 상태(이성적 상태)의 인간은 영혼에 관심을 갖는다. 그러나 셋째 상태(영적 상태)의 인간은 오직 하나님 안에서만 안식을 찾는다. 각 상태는 나름대로 특유한 발전을 한다.

첫째 상태에서의 진보는 완전한 순종에 의해 이루어지는바 육체를 완전히 지배할 수 있게 될 때 육체를 조절할 수 있다. 이러한 진보는 그것이 즐거운 습관이 될 때 절정을 이룬다.

이성적 상태의 인간은 신앙적인 지식을 배우고, 그 신앙의 가르침에 따라서 살 때 진보한다.

이성의 판단을 지나서 영적 사랑의 판단에 이를 때 영혼은 성숙하게 된다. 영적 상태는 이성적 상태의 완성에서부터 시작된다. 영적 상태에 있어서 진보한 영혼은 베일을 벗은 얼굴로 하나님의 영광을 바라볼 것이다 고후 3:18. 그 완전함은 주님의 영에 의해 가능케 되는바 주님과 동일한 모양으로, 영광에서 영광으로 변화된다.

첫째 상태: 동물적 상태

동물적인 삶은 감각이 지배하는 삶이다. 그것은 인간이 애착하고 있는 물질적인 것들이 부여하는 쾌락에 빠지며, 관능성을 충족시킨다. 이러한 사람들은 육체적인 감각만을 생각하고 자신의 외면에 남겨 두었거나 자신에게로 다시 가져온 것 외에는 아무것도 존재하지 않는다고 가정하는 데 익숙해져 있기 때문에, 오직 육체의 쾌락을 따라 살 때에만 행복할 수 있다고 생각한다.

하나님을 외면하고 있는 이 동물적인 사람들은 극단적으로 자기 생각에 몰두하는 어리석음을 범한다. 그것은 너무 거칠어서 통제할 수 없다. 그것이 통제되면 현명한 듯이 보일 수도 있으나, 그래도 여전히 어리석을 뿐이다. 이런 사람들은 바울 사도가 선언한 바와 같이 "스스로 지혜 있다 하나 어리석은 자들이다"롬 1:22.

그러나 이들이 하나님께로 돌아설 때에 이 동물적 상태는 거룩한 단순성이 될 수 있다. 회개하고 전적으로 하나님을 향해 돌아설 때 의지의 단순성은 오직 한 가지 일, 즉 하나님과 함께 사는 일을 구한다시 27:4. 그와 같은 단순성은 본질적으로 하나님의 피조물 중의 첫 열매를 소유하게 하고약 1:18, 하나님이 그 영혼 안에서 행동하실 수 있게 한다. "지혜의 근본인 여호와께 대한 경외"와 함께 모든 덕을 완전히 발전시키기 시작할 수 있다. 이러한 덕들은 그들이 상급자에게 경의를 표하므로 정의이며, 자기 자신을 믿지 않기 때문에 신중함이며, 자신을 위해 결정하려 하지 않으므로 절제(節制)이며, 자신을 온전한 순종에 내맡기고 판단하지 않고 마땅히 행해야 하는 일에만 관심을 갖기 때문에 용기이다.

"동물적" 영혼의 영성훈련

"동물적" 상태의 인간이나 영적 초심자가 완성에 도달하는 일은 갑작스럽게 되어지지 않는다. 그것은 회개 직후 또는 하루 만에 완성되는 과제가 아니다. 여기에는 오랜 시간 많은 노력과 땀이 필요하다. 그것은 인간 의지의 민첩함뿐만 아니라 하나님의 자비와 은혜에 의존하는 일이다.

영성훈련에는 고적한 움막에서 오래 참는 인내가 필요하다. 그 안에서 자기 내면의 청빈 감각에 친근하게 되는 사람이 영적으로 부유한 사람이다. 선한 의지를 가지고 있는 사람은 누구나 자신이 원만히 살아가는 데 필요한 모든 것을 부여받을 것이다. 그러나 항상 선한 의지를 신뢰할 수는 없다. 왜냐하면 특히 초심자에게 있어서 그것은 점검되고 조절되어야 하기 때문이다. 그러므로 거룩한 순명의 훈련을 통해 선한 의지를 확립하고, 그 선한 의지가 육체를 지배하도록 할 것이다.

묵상을 통한 영성훈련

아침이 되면 지난밤에 대한 보고를 자신에게 요구하고, 스스로를 위해 내일의 계획을 세우라. 저녁에는 이미 지나간 하루의 일을 평가하고 다가올 밤에 지킬 규칙을 마련하라. 이러한 일을 엄격히 시행하면 무절제한 쾌락으로 한가히 지내는 일은 없을 것이다. 그리스도의 마음을 가진 사람은 고전 2:16 그리스도의 고난과 구속의 은혜를 묵상하는 데 적어도 한 시간을 바치는 것이 기독교인의 경건에 얼마나 유익하며, 하나님의 종-그리스도의 구속의 종-에게 있어서 얼마나 합당하고 유익한 일인지 깨달을 것이다. 이것은 우리로 하여금 영적 은혜를 갈망하게 하고, 또한 그것들은 신실하게 기억 속에 담아 두게 한다. 이것은 "이를 행하여 나를 기억하라"눅 22:19 하신 주님의 명령을 기억하면서 영적으로 주님의 몸을 먹고 주님의 피를 마시는 일이다.

거룩한 독서를 통한 영성훈련

우리는 시간을 정하여 하루에 몇 시간을 특별히 독서에 할애해야 한다. 되는 대로 읽고 불규칙적이고 우발적으로 하는 독서는 마음을 밝혀 주지 못하고 오히려 불안정하게 한다. 경솔하게 기억 속에 담은 것은 그만큼 쉽게 사라진다. 우리는 특정한 저자들의 저서를 집중적으로 읽어서 그들의 정신이 우리에게 친숙해지도록 해야 한다.

성경을 읽되 기록된 정신 그대로 읽어야 한다. 바울서신들을 읽으면서 항상 그것을 실생활에 적용하고, 끊임없이 그것을 묵상함으로써 바울의 정신을 흡수하지 않는 한 우리는 결코 바울이 뜻한 바를 이해하지 못한다. 마찬가지로 우리가 자신의 개인적인 경험을 통해 시편의 감정 전체를 자신의 것으로 느낄 때에만 다윗 왕을 이해할 수 있다.

이러한 직관은 모든 성경에 적용된다. 사려 깊은 연구와 단순한 독서 사이에는 참된 우정과 그저 얼굴만 알고 지내는 사이 또는 깊은 사귐과 우연한 만남의 사이와 같은 간격이 있다. 우리는 매일 독서한 것의 일부를 기억해 두어야 한다.

독서를 하는 중에 기도하고자 하는 갈망이 일어나 독서를 중단하게 되는 일이 있을 수 있다. 그러나 이것은 훨씬 더 정화(淨化)된 이해를 하도록 우리 마음을 회복시키는 중단이다. 이는 독서를 행하는 목적에 일치하는 일이기 때문이다. 만일 우리가 독서를 하면서 진실로 하나님을 찾는다면, 읽는 모든 것이 그 목적을 진작시키는 경향으로 흐를 것이다. 우리는 독서의 과정을 통하여 마음을 그리스도께 순종시키고 독서를 통하여 이해한 모든 것이 그리스도께 사로잡히게 해야 한다 고후 10:5.

하나님을 향한 갈망을 통한 영성훈련

그리스도께서 새로이 선택하신 자로서 "동물적" 상태에 있는 초심자는 하나님이 그에게 가까이 오시도록 하기 위해 하나님께 가까이 나아가는 법을 배워야 한다. 야고보는 "하나님을 가까이 하라 그리하면 너희를 가까이 하시리라" 약 4:8 라고 권면하였다.

이성적 존재인 인간은 창조되고 조성되어야 할 뿐만 아니라 하나님의 생기를 받아서 생령이 되어야 한다 창 2:7. 인간적인 인간의 구성물은 죽을 수밖에 없는 훈련이다. 영적 존재로서의 인간의 구성물은 하나님의 사랑이다.

은혜로 말미암아 인간 안에 있는 하나님의 사랑은 독서(성경 강독)라는 젖을 먹고, 묵상이라는 양식으로 영양을 얻으며, 기도를 통해 강건해지고 조명된다. 동물적 인간-새로이 그리스도께 나아온 사람-의 묵상을 위한 선하고 안전한 독서물은 구속자의 내적인 생명과 외적인 행위 안에서 그를 훈련시킬 것이다. 이러한 행위에서 겸손의 모범과 사랑과 헌신에 대한 격려를 발견할 것이다. 또한 성인들의 생활과 순교에 관한 독서를 해야 한다. 그러나 자세한 역사적 내용에 얽매여 자신을 괴롭게 하지 말고, 항상 자신에게 감동을 주어 하나님을 사랑하고 자신을 부인하도록 하는 것을 발견해야 한다.

기도를 통한 영성훈련

초심자가 영적으로 기도를 하기 위해서는 기도하는 가운데 자신의 마음을 소생시키는 법을 배워야 한다. 하나님을 생각할 때에는 되도록 물질적 대상을 멀리해야 한다. 기도로써 희생제사를 드릴 때에는 가장 순수한 마음으로 주의를 집중해야 한다. 자신을 완전히 망각하고, 자신을 어떤 제물로 드리고 있으며, 그 제물이 어떠한 성질을 갖는지를 알아야 한다.

초심자는 자신이 제물을 드리고 있는 대상을 알고 이해하는 만큼 그분께 애정을 가지고 도달할 것이다. 사랑은 그의 참된 이해이다. 왜냐하면 기도는 친근하고 헌신적인 대화로 하나님께 매달리는 인간의 사랑이기 때문이다. 이 상태에서 영적으로 깨어난 영혼은 허락되는 한 오래도록 하나님과 함께하는 기쁨을 누린다. 감사는 하나님의 선한 의지에 대해 지치지 않고 산만하지 않고 주의를 기울이는 일이다. 사도 바울이 말한 것이 바로 이 끊임없는 감사의 기도이다: "쉬지 말고 기도하라"살전 5:17.

기도는 항상 감사에 몰입되는바 그것이 성령의 기쁨 안에 항존하는 상태이기 때문이다.

둘째 상태: 이성적 상태

영적 상태를 향한 진보 과정에서 "동물적" 상태를 지나 이성적 상태로 나아가는 것은 완전한 실재를 향한 진보이다. 우리는 앞에서 "동물적" 상태에 있어서의 영적 진보에는 외향적인 인간이 덕의 추구를 준비하기 위한 특별한 육체의 훈련이 필요함을 살펴보았다. 마찬가지로

"이성적"인 영혼은 영의 문제에 매달려 그의 영성(靈性)이 아직 존재하지 않으면 존재하도록 해야 하고, 또 그것을 발전시키고 조절해야 한다고 본다.

그러기 위해서는 무엇보다도 먼저 다음과 같은 질문을 해보아야 한다: 이성(理性)을 이성적으로 만들어 주는 영, 그것은 누구 혹은 무엇인가? 죽을 수밖에 없는 동물을 이성적 존재로 만들고 완전에 이르게 하는 이성은 무엇인가?

"이성적" 상태에서의 영성훈련

영을 부여받은 인간이 "마음을 다하고 뜻을 다하고 힘을 다하여 하나님 여호와를 사랑할" 때 신 6:5 선하고 이성적이 된다. 그는 오직 하나님 안에서만 이웃을 내 몸처럼 사랑할 수 있다. 그는 하나님을 경외하고 하나님의 계명을 지키는 선한 영을 가지고 있어야 한다. 이것이 인간의 의무이다 전 12:13.

인간이 "동물적"인 부분 및 그 밖의 다른 부분들을 초월하여 가장 뛰어난 것에 도달하려는 것보다 더 값지고 유익한 행위는 없다. 우리가 추구하고 발견해야 하는 가장 가치 있고 매력적인 것은 인간을 초월하신 분, 즉 하나님뿐이다. 하나님은 결코 우리에게서 멀리 떠나 계시지 않는다.

"우리가 그를 힘입어 살며 기동하며 존재하느니라" 행 17:28.

우리는 신앙을 통하여 하나님 안에 거하고, 소망 가운데 움직이고 진보하며, 사랑을 통하여 영원한 처소에 존재한다. 이성적인 영은 하나님에 의하여, 하나님을 위하여, 하나님을 향하도록 창조되었으며 아 7:10, 하나님은 그에게 유익을 주신다. 이성적인 영은 하나님의 선하심으로 말미암아 지상에 사는 동안 가능한 한 하나님을 가깝고 참되게 닮기 위해 하나님의 형상과 모양으로 창조되었기 때문이다 창 1:26, 31. 그러므로 인간은 하나님이 거룩하신 것처럼 거룩해야 하고 요일 3:3, 내세에서는 복되신 하나님처럼 복되게 된다.

높은 곳을 앙망함으로써 이룩되는 영성

한마디로 영의 모든 위대함과 선함은 위의 것을 바라보고 갈망하는 데 있다. 이러한 방법을 통해 경건한 형상은 신속히 그 원상(原象)에 매달리려 한다. 왜냐하면 인간은 하나님의 형상이며, 인간이 하나님의 형상이라는 사실은 인간으로 하여금 자신의 원상(原象)이신 하나님께 매달릴 수 있게, 또 매달릴 수 있음을 이해하게 하기 때문이다.

이 땅에서 사는 동안에는 기억, 이해, 사랑이 이성적 인간에게 위탁된 육체를 지배한다. 무엇보다도 그는 항상 그의 존재와 그가 소유한 모든 것을 받았다고 인식하는 영역에 즐겨 참여한다 고전 4:7. 그의 영혼은 자신이 의뢰하는 곳으로부터 이곳을 응시한다. 그는 비록 다른 인간들과 함께 살고 있지만 이 죽을 운명의 삶에 그치지 않고 그들과 함께 하나님의 삶을 나누고 하나님의 것들을 추구하여 얻는다.

이성적 인간은 영적 본성 때문에 자신을 항상 영적 순서에 있어서 최상의 것들-하나님과 하나님의 것들-에게 들어올리기를 즐거워한다. 이것은 교만한 생각에 의해서는 행해질 수 없다. 헌신적으로 사랑하고, 신중함과 의로움과 경건함으로 살 때에 이루어진다딛 2:12. 이러한 것을 추구하는 영혼은 침묵을 사랑하고, 육체적 번뇌 속에서도 마음의 평정을 갈구하고, 외적인 곤경에 처했을 때 마음의 청빈과 평화를 받아들이며, 마음과 육체의 완전한 순수함을 가지고 선한 양심을 개발한다.

공허한 학문들은 보잘것없고, 말만 많고, 말다툼이나 하며, 오직 호기심과 분열, 그리고 영의 타락을 충족시키기 위해 행해지는 반면에, 앞에 언급된 덕들은 영을 온전하게 만든다. 마찬가지로 습관을 통해 교만하게 자란 의지는 마음이 건조해질 때 영에 교만한 마음을 불어넣는다. 이러한 상태에서 헛된 영광, 자만심, 하나님을 소홀히 함, 자랑, 불순종, 멸시, 오만, 그밖에도 교만이라는 습관으로부터 야기되는 영의 질병들이 나타난다.

셋째 상태: 영적 상태

"영적" 상태에서의 영성훈련

하나님과 하나님께 속하는 것들이 인간의 사고(思考)의 대상이 될 때 의지는 사랑의 단계에 도달한다. 그때 성령, 생명의 영은 사랑을 통해 하나님의 임재를 느끼게 하고 모두에게 생명을 준다. 성령은 나약한 인간이 기도하고 묵상하고 연구하는 것을 도와준다. 그렇게 되면 기억은 즉시 지혜가 되고, 주님의 선한 것들을 재미있게 탐구하게 된다.

하나님의 선한 것들로부터 발생된 사상(思想)은 지성(知性)이 되고 사랑이 된다. 그러므로 사상에 대한 이해는 사랑에 대한 묵상이 된다. 이러한 사상들은 특정의 영적 경험이나 신적인 감미를 주므로 영혼은 그 것을 응시하게 된다. 그리고 영혼은 그러한 일을 경험함으로써 기쁨을 누린다.

"사상(思想)"이라는 말이 올바른 용어라면 값진 사상은 인간으로 하여금 가능한 한 많은 기쁨을 하나님으로부터 누리게 한다. "추진 원칙" 혹은 cogit(인식하는 일)이 없으면 "추진하는 것"(cognitatio)이 없고 "추진되는 것"(cognitur)도 없다. 하나님의 풍성하신 자비에 대한 인식만이 있다. 이것은 즐거움, 희락, 그리고 단순한 마음으로 하나님을 찾는 인간의 하나님의 선하심에 대한 참된 경험으로 이어진다.

그릇된 애착으로부터 영혼을 분리함으로써 얻는 영성

하나님에 대한 이러한 사고방식은 인간의 뜻대로 되어지는 것이 아니다. 그것은 은혜의 선물이다. 그것은 하나님이 택하신 곳에, 택하신 대로, 택하신 사람에게 불어오는 성령에 의해 부여된다요 3:8. 인간이 할 일은 단지 자신의 의지에서 생소한 애착을 제거하고, 이성에서 근심을, 그리고 그의 기억에서 나태하거나 그의 정신을 사로잡는 일들을 (비록 지극히 필요한 일이라 할지라도) 제거함으로써 끊임없이 마음을 준비하는 것뿐이다.

하나님의 선하신 시간에, 그리고 하나님이 적절하다고 생각하시는 때에 사상(思想)의 요소들은 자유롭게 되어 자신의 합당한 일을 하게 될 것이다. 각 요소들은 영혼의 즐거움을 가져오는 데 나름대로 기여한다. 의지는 주께서 주시는 기쁨에 대한 순수한 사랑을 나타낸다. 기억은 경건한 자료들을 만들어낸다. 그리고 지성은 매혹적인 경험을 가져다준다.

의지의 발휘에 의해 얻는 영성

의지를 소홀히 하면 게으르고 하나님께 합당치 않은 생각들이 일어난다. 부패된 의지는 사악하고 하나님으로부터 소외된 사상들을 만들어낸다. 그러나 올바르게 정돈된 의지는 현세의 삶에 필요한 생각들로 우리를 인도한다. 신실한 의지는 풍성한 성령의 열매를 맺고 하나님께 기쁨을 드리는 생각들이 생겨나게 한다. 사도 바울은 "오직 성령의 열매는 사랑과 희락과 화평과 오래 참음과 자비와 양선과 충성과 온유와 절제니"라고 말하였다 갈 5:22-23.

어떤 종류의 생각에서든지 의지의 의도가 그 생각의 본질을 결정한다. 하나님의 자비하신 개입으로 의인은 보다 의로워지며, 하나님의 심판으로 말미암아 마귀에게 사로잡힌 자는 더욱 타락하게 된다 눅 6:45. 그러므로 하나님을 사랑하기를 원하는 자나 이미 하나님을 사랑하고 있는 자는 자신 속에 있는 동기나 갈망에 비추어 자신의 영혼을 살펴보고 양심을 조사해야 한다. 또한 그의 영이 미워하거나 원하는 다른 무엇이 있는지, 그리고 의지에 반대하여 육체가 즐기려는 잘못된 욕망이 무엇인지 살펴보아야 한다 갈 5:17.

하나님을 갈망함으로써 얻는 영성

먼저 의지가 갈망하는 대상을 숙고하라. 그런 후에 갈망의 범위와 그 대상을 갈망하는 방법을 조사하라. 만일 그것이 하나님을 사랑하려는 인간의 기본적인 갈망이라면 자신이 얼마나, 그리고 어떤 방식으로 하나님을 갈망하는지 점검해야 한다. 자기 자신과 모든 것을 버려도 좋을 만큼 갈망하는가? 이러한 일이 이성의 판단에 따라서만 이루어졌는가, 아니면 마음도 함께 작용하여 사랑과 기쁨과 자비와 영의 합일(合一)로 의지를 강화한 것인가? 우리는 이러한 방법으로 하나님을 사랑해야 한다.

"사랑"은 하나님을 향한 강한 의지이다. "기쁨"은 하나님께 매달리는 것 혹은 하나님과의 합일이다. "자비"는 하나님을 즐겁게 하는 일이다. 하나님과의 "영의 합일"은 마음을 하늘에 둔 사람에게 해당되는 것으로서 하나님을 향한 의지의 진보를 나타내는 용어이다. 이러한 상태의 영혼은 더 이상 하나님이 바라시는 것을 바라거나 하나님을 사랑하는 것이 아니라 하나님이 원하시는 것만을 원하도록 완전한 사랑 가운데 거하게 된다.

하나님이 원하시는 대로 원하는 것이 하나님을 닮는 일이다. 하나님이 원하시는 것만을 원할 수 있다는 것은 이미 하나님과 같아진 것이다. 하나님께는 원하는 것과 존재하는 것이 동일한 일이기 때문이다. 그러므로 우리가 하나님과 같아질 때에 하나님을 온전히 볼 수 있다고 말할 수 있다(이것은 요일 3:2을 역으로 표현한 것이다). 하나님의 자녀가 된 자들은 하나님과 같아지는 것이 아니라-거룩함과 축복에 있어서 하나님과 같아질 수 있다. 그들이 갖는 현재의 거룩함과 장래의 축복은 그들의 거룩함이며 축복이신 하나님에게 그 근원을 둔다.

하나님의 모양

하나님을 닮는 것은 인간 완성이다. 하나님의 모양은 생명 그 자체와 함께 잃어 버렸다. 이것은 과거에 잃어 버렸던 것보다 훌륭하고 숭고한 모양의 증거로서 창조주께서 인간에게 주신 것이다. 이것은 인간의 의지나 노력이 아닌 본성으로부터 나오는 것이기 때문에 인간의 수용이나 거절에 관계없이 소유된다.

그러나 자유로이 원하기 때문에 보다 하나님께 가까운 또 다른 하나님의 모양이 있다. 이 모양은 영혼으로 하여금 지고하신 선의 위대함을 모방하도록 감화하는 덕들로 구성되어 있다. 이 위대함은 선하신 하나님의 위대함이요, 영원 불변하신 하나님의 선하심 안에 있는 위대함이다.

하나님의 모양에는 또 한 가지가 있는데 이에 대해서는 이미 어느 정도 이야기했다. 그것은 하나님과 지극히 가까운 것이므로 영의 합일로 묘사하는 편이 더 나을 것이다. 그것은 인간을 하나님과 하나 되게, 하나의 영이 되게 한다. "원하는 것"의 합일이며 하나님이 원하시는 것 외에는 다른 어떤 것도 원하지 못하는 것까지 동일하다. 그것은 성령이 인간의 영을 인도하고 이러한 합일을 초래하시기 때문만이 아니라 성령께서의 신자 안에 임재하심 때문에 영의 합일이라고 불린다.

성령은 사랑이다. 그는 성부와 성자의 사랑이다. 그는 삼위의 합일, 매력, 선, 입맞춤, 포옹, 그리고 삼위가 그들의 지고한 진리의 합일과 합일의 진리 안에 지니는 모든 것이다. 복된 영혼은 성부와 성자처럼 삼위의 포옹과 삼위의 입맞춤 안에 사로잡혀 있다. 따라서 영혼은 성자가 성부로부터 받아들이고 혹은 성자가 성부께 드리는 것처럼 받아들인다.

하나님의 사람은 묘사와 생각을 초월하는 방법으로 은혜를 통해 하나님과 같은 것을 받는다.

이제 인간은 하나님과 하나가 되어 육체적인 고독이 영의 합일로 바뀌었다. 제자들에게 가르치신 우리 주님의 기도는 영적 성숙의 모든 특성을 요약했다. 그것은 주님 안에서 완성된다. "아버지여, 아버지께서 내 안에 내가 아버지 안에 있는 것 같이 그들도 다 하나가 되어 우리 안에 있게 하옵소서"요 17:21.

사람이 그리스도 안에서 하나님과 하나가 된다는 말로 표현할 수 없는 실체는 말로 표현할 수 없는 방식으로만 볼 수 있으므로 그것을 경험하려는 인간은 자신의 마음을 깨끗이 해야 한다. 요한복음 17장의 진리는 꿈이나 의식 안에 있는 육체의 모양을 통해서 혹은 마음을 탐구함으로 보거나 이해될 수 없는 것이다. 그것은 깨끗한 마음에서 우러나온 겸손한 사랑에 의해 발견할 수 있다마 5:8. 이 실체는 세상의 일부로서 살아가는 인간은 볼 수 없는 하나님의 얼굴이다출 33:20. 그것은 묵상을 통해 볼 때, 하나님 여호와를 마음을 다하고 성품을 다하고 힘을 다하여 사랑하려는 영혼으로 하여금 한숨짓게 하는 아름다움이다신 6:5. 이렇게 하나님을 사랑하는 사람이 만일 이웃을 제 자신과 같이 사랑한다면막 12:31 그는 이웃으로 하여금 동일한 일을 하도록 할 것이다.

The Love of God 3
은혜와 자유의지[3]

하나님의 은혜로 말미암아 나는 당신이 아는 시기에 시작한 은혜와 자유의지에 관한 묵상을 마칠 수 있었습니다. 나는 내가 이 주제를 정당하게 다루지 못하였고 별 소득이 없었음을 알고 있습니다. 과거 많은 사람들이 이미 그것에 대해 보다 성공적으로 훌륭하게 쓰기도 했습니다. 그러므로 개인적으로 읽기 바랍니다. 그것을 공개적으로 읽는 것은 저자의 어리석은 용감성만 드러낼 뿐 독자의 경건성을 계몽하지 못하기 때문입니다.

그러나 후에 당신이 그것이 대중에게 유익하다고 판단하게 되면 특별히 본문의 모호한 것들에 주의를 기울이고, 그 자료들을 보다 분명하고 보다 간결하게 말할 수 있는 길을 찾으십시오. 수정해야 할 것이 있으면 주저하지 말고 수정하십시오. 그리고 당신이 교정하고 바꾼 것

---

3) 베르나르가 성 티에리의 수도원장 윌리엄에게 바친 것이다. 이 논문은 1128년경 클레르보의 베르나르에 의해 쓰여졌다. 이것은 로마서에 대한 주석 혹은 로마서 안에서 제기되는 은혜와 자유의 문제에 대한 그의 이해로 간주될 수 있다.

을 내게 다시 보내 주십시오. 다음과 같은 말씀을 기억하십시오.

"나에게 더 많은 빛을 주는 사람은 영생을 소유하게 되리라" 집회서 24:34.

1. 하나님의 은혜

언젠가 대화 중에 나는 하나님의 은혜에 대한 나의 경험을 언급한 적이 있다. 나의 모든 행동에 있어서 하나님의 은혜가 어떻게 임하고, 그것에 이끌림 당함을 이해하게 되었는지를 언급했다. 나는 은혜의 도움으로 영적 성숙을 이룰 수 있음을 알았다.

그 모임에서 어떤 사람이 내게 이렇게 물었다.

"모든 것이 하나님이 행하신 일이라면 당신이 해야 할 일은 무엇입니까? 당신은 상급으로서 무엇을 바랍니까?"

그에 대해 나는 다음과 같이 대답했다.

"당신의 질문에 대한 당신 자신의 대답은 무엇입니까?"

그는 이렇게 대답했다.

"나는 당신의 행동이 어떠하리라고 예상하는 은혜 안에서 당신을 앞서 가신 하나님께 당신이 영광을 돌리기 바랍니다 요 9:24. 하나님은 하나님을 향한 당신의 모든 행동의 주도권을 가지셨으며 당신에게 거룩하고 고결한 삶을 주셨습니다. 그러므로 공적인 예배를 당신이 친히 받았고 또 항상 새롭게 받는 하나님의 모든 은혜에 대한 감사를 인정하는 것이 되도록 하십시오."

나는 그에게 이렇게 말했다.

"당신이 내게 그것을 추구할 수 있는 능력을 줄 수만 있다면 물론 그것은 현명한 충고입니다. 무엇을 해야 할지 이론적으로 아는 것은 실제로 행하는 것보다 쉽기 때문입니다. 소경이 길을 걸어가도록 인도해 주는 것과 그에게 타고 갈 마차를 제공하는 것은 매우 다른 일입니다. 소경에게 충고하는 것과 길 옆으로 떨어지지 않도록 필요한 모든 것을 그에게 제공하는 일은 별개의 문제입니다."

우리의 거룩한 생활에는 두 가지 형태의 도움이 필요하다.

그것은 은혜라는 주제와 관련된 것이다. 우리에게 거룩한 길을 보여 준 사람들이 모두 우리에게 필요한 도움을 주는 것은 아니다. 나에게는 절대적으로 두 가지가 필요하다. 즉 가르침을 받는 일과 그 가르침대로 살아가도록 도움을 받는 일이다. 당신을 충고를 통해 나의 무지를 깨끗이 제거할 수 있는 훌륭한 가르침을 내게 줄 수 있다. 바울 사도가 말한 것은 매우 진실된 것이다.

"이와 같이 성령도 우리의 연약함을 도우신다" 롬 8:26.

그리고 진실로 충고를 통해 나를 인도하시는 분은 나로 하여금 그 충고하는 바를 행할 수 있도록 돕기 위해 성령을 통하여 나를 도우셔야 한다. 내가 옳은 일 행하기를 원하는 의지를 갖는 일조차도 성령의 도우심을 통해 이루어진다. 성령의 도움이 없으면 나는 그것을 행하려

3장 은혜와 자유의지

하지도 않는다"롬 7:18. 만일 그렇지 않으면 내가 더 나아갈 수 있다고 믿고 또 내가 해야 한다고 생각하는 바를 행할 수 있는 근거를 가지지 못할 것이다.

"행하시는 이는 하나님이시니 자기의 기쁘신 뜻을 위하여… 행하게 하신다"빌 2:13.

"그러나 만일 모든 것이 하나님이 행하시는 일이라면 우리의 공로는 어디에 있는가? 우리의 갈망은 어디에 근거를 두고 있는가?"라고 당신은 말할 것이다. 사도 바울이 우리에게 가르친 것을 들어보라. "우리를 구원하시되 우리의 행한 바 의로운 행위로 말미암지 아니하고 오직 그의 긍휼하심을 좇아 하셨다"딛 3:5. 당신은 정말 자신의 공로의 주인공이 될 수 있다고 생각하는가? 당신은 자신의 의로 말미암아 구원되리라고 믿는가? 그럴 수 없다. 당신은 성령의 도우심이 없이는 "예수는 주님이시다"라고 고백할 수도 없다고전 12:3. 당신은 예수 그리스도의 말씀을 잊을 수 있는가? 그러나 주님은 "나를 떠나서는 너희가 아무것도 할 수 없다"요 15:5고 말씀하시며, 또 사도 바울은 "원하는 자로 말미암음도 아니요 달음박질하는 자로 말미암음도 아니요 오직 긍휼히 여기시는 하나님으로 말미암음이니라"롬 9:16고 하였다.

자유의지의 역할

"그러면 자유의지의 역할은 무엇인가?" 한마디로 말해서 그것은 "구원받기 위한 것이다." 선택할 자유가 없으면 구원받을 수가 없다.

이 둘이 함께 묶여 있지 않으면 구원의 역사는 이루어질 수 없다. 우리는 구원을 이루는 주체뿐만 아니라 그것을 산출하는 동기를 소유해야 한다. 하나님은 구원의 창시자이다. 자유의지라는 기능은 구원의 유일한 주체이다. 하나님만이 구원을 주실 수 있고 자유의지만이 이것을 받을 수 있다.

이러한 관점에서 우리는 주는 자의 동의 없이 주는 행위가 있을 수 없는 것처럼, 주시는 분의 동의 없이 자유의지에 의해 받는 일도 있을 수 없다고 결론짓는다. 바로 이러한 의미에서 자유의지가-동의라는 행동에 의하여-우리에게 강건함을 주는 은혜와 협력한다는 말은 사실이다. 그러므로 동의하는 것이 곧 구원받는 것이다 행 2:47; 고후 6:2.

동물적 욕망

자유의지와 동물적 욕망은 별개의 것이다. 이것이 짐승들은 영적인 온전함을 누릴 수 없는 이유이다. 왜냐하면 동물에게는 하나님의 뜻에 온유하게 순종하는 데 꼭 필요한 동의가 결여되어 있기 때문이다. 동물은 하나님의 명령에 묵묵히 따를 수도 없고, 하나님의 약속을 믿을 수도 없으며, 하나님의 은혜에 감사할 줄도 모른다.

자발적인 동의와 동물적인 욕망 사이에는 큰 차이가 있다. 후자는 우리가 동물들과 공유하는 것이다. 육체의 쾌락에 사로잡힌 동물적 욕망은 성령께 자유로이 동의할 능력을 지니지 못한다. 이것이 바울 사도가 로마인들에게 다른 명칭-육체의 지혜-으로 언급한 것이다. "육신의 생각은 하나님과 원수가 된다" 롬 8:7. 육체의 욕망은 하나님의 법에 순종하지 않으며 그렇게 할 수도 없다. 그러나 비록 본성적 욕망이 우리를 동물과 연관짓는다 할지라도 자유의지는 우리를 그것들로부터 완전히 구별짓는다.

자유의지의 의미

자유의지는 인간을 자유롭게 하는 분명하고도 습관적인 영이다. 그것은 강요될 수도 강압될 수도 없다. 그것은 의지로부터 나아오는 것이며, 필요에 의한 결과가 아니다. 그것은 자유로운 선택에 의한 것 외에는 받아들이거나 강요되지 않는다. 만일 자유의지가 강요된다면 그것은 더 이상 자유의지일 수 없다. 그리고 그것은 힘이 된다.

의지가 없는 곳에 동의도 없다. 왜냐하면 자유로이 주어진 것만 동의라고 할 수 있기 때문이다. 그러므로 동의가 있을 때 자유로운 의지도 있게 된다. 자유로운 의지가 있는 곳에 자유 자체가 있다. 나는 이것이 올바른 자유의지의 의미라고 믿는다.

2. 자유의 본질

이제까지 말한 바를 더욱 분명하게 하고, 우리의 목적을 좀 더 체계적으로 이해해 보도록 하자. 자연 세계에는 항상 다음과 같은 사실이 성립된다. 즉 생명은 감각과 동일하지 않고, 감각의 인식은 욕망과 동일하지 않고, 욕망은 동의와 동일하지 않다. 이러한 범주들을 각각 정의해 보면 보다 분명해질 것이다.

생명의 정의

모든 육체 안에 있는 생명은 그 육체의 한계 안에서만 존재하는 내적이며 선천적인 원동력이다.

감각의 정의

감각은 육체 안에 존재하는 생명력 있는 원동력이며 육체 밖에서도 볼 수 있다.

욕망의 정의

욕망은 모든 감각을 질서 있고 신속하게 조절하는 것으로서 모든 동물의 본질적인 속성이다.

동의의 정의

동의는 완전한 의지의 표현에서 유래되는 일치의 행위이다. 앞에서 말한 바와 같이 이것은 영의 자기 결정적인 습관인바 바로 자유인 것이다.

의지의 정의

의지는 감각과 욕망을 지배하는 이성적인 운동이다. 의지는 어느 방향으로 향하든지 항상 뗄 수 없는 동료인 이성을 동반한다. 의지가 반드시 이성에 의해 자극되는 것은 아니며, 이성이라는 수단을 통해서 움직인다는 의미가 아니다. 그러나 의지는 이성 없이는 움직이지 않는다. 의지는 사실상 이성에 대항하는 이성이다. 즉 의지는 이성을 그의 자문이나 판단으로 사용한다. 그러나 의지는 이성이라는 도구가 없이는 결코 작용하지 않는다.

의지가 이성 없이는 결코 작용하지 않는다는 의미에서 복음서 기자는 "이 세대의 아들들이 빛의 아들들보다 더 지혜롭다"고 말하였다 눅 16:8. 또 "그들은 악을 행하기에는 지각이 있다"렘 4:22. 사실 이런 의미에서 지혜의 자유는-나쁜 일을 하기 위한 지혜일지라도-그렇게 하기 위해 이성을 사용하지 않는다면 피조물 안에 존재하지 못한다.

이성은 의지를 멸하기 위해서가 아니라 가르치기 위해 의지에게 주어졌다. 그러나 만일 의지가 방해를 받아 자신의 판단에 따라 자유롭게 움직이지 못한다면 비록 그것이 지극히 작은 필요에 의해 방해받는다 할지라도 이성은 의지를 파멸로 인도할 것이다. 그러한 필요성은 의지로 하여금 (동의자의 동물적 본성으로 하여금 하나님의 성령을 멀리하고 적대적으로 만드는) 그릇된 것을 향하도록 촉구하는 영이나 욕망에 동의하게 한다.

한편 필요성은 이성을 강요하여 은혜의 조명을 따라 선한 것을 추구하게도 한다. 그와 같은 수단을 통해 이성은 완전히 영적인 것이 되고, 모든 것을 판단할 수 있으며, 다른 것들의 판단을 따르지 않게 된다 롬 14:4. 그러므로 만일 이성이 의지로 하여금 스스로 선택한 바를 행하지 못하게 한다면 자유의지는 필요성과 병존할 수 없다.

인간에게 자유의지가 없다면 이성적인 인간을 의롭다거나 의롭지 못하다고 판단할 수 없다

이성적인 인간은 필요성 혹은 의지의 자유로운 동의 없이는 의롭거나 불의하게 될 수 없다. (그러므로 인간은 이러한 것 때문에 풀이 죽거나 들떠

서는 안 된다.) 어떤 경우든지 우리가 행복하거나 불행하게 되는 데 필요한 기능, 즉 의지가 반드시 참여해야 한다.

위에서 살펴보았던 다른 요소들-생명, 감각, 욕망-은 누구를 행복하거나 불행하게 만들 수 없다. 만약 그렇지 않다면 나무는 그 생명 때문에, 동물은 그 감각이나 욕망 때문에 비애를 느끼거나 축복을 누릴 것이다. 그러나 이것은 전혀 불가능한 일이다. 그러므로 인간이라는 존재를 다른 피조물들로부터 구별해 주는 것은 바로 "의지"이다.

자유의지는 행복을 경험한다.

우리로 하여금 행복이나 불행을 느끼게 하는 것은 의지의 필요성이 아니라 자유의지이다. 이러한 느낌들은 우리가 행복한 상태에 있는가, 악의 상태에 있는가에 관련되어 있다. 그것이 내가 자유와 의지 사이의 불가분의 관련 때문에 동의나 자유의지를 높이 평가하는 이유이다.

판단은 이성과 연결되어야 하며 결코 그것으로부터 분리되어서는 안 된다는 것은 지극히 옳은 이야기이다. 동의는 진실로 의지 때문에 본질적으로 자유로우며, 이성 때문에 스스로 판단된다.

판단이 자유와 관련되어야 한다는 것도 옳은 말이다. 스스로 자유롭게 처신하는 것이면 무엇이든-만일 그것이 죄에 빠진다면-범죄한 그 행위에서 자신을 판단해야 한다. 그것이 참된 판단이다. 만일 인간이 의롭게 고통을 받으려 한다면 그것은 그가 원하는 바를 얻을 가치가 있기 때문이다. 그러나 무언가를 원치 않는다고 해도 그것 때문에 정죄받지는 않을 것이다.

만일 인간이 좋은 것이든 나쁜 것이든 자유로이 어느 것을 선택할 수 없다면, 어떻게 인간에게 책임을 돌릴 수 있겠는가?

필연성이 인간에게 전가된 선한 것 혹은 나쁜 것으로부터 그를 구출해 줄 것이다. 필연성이라는 것은 자유의 부재를 내포하기 때문이다. 자유가 없는 곳에는 물론 원죄와 관계없는 다른 심판이나 공로도 없다. 이것은 매우 다른 주제이다. 자유로운 동의가 수반되지 않는 모든 행위는 그 공적이 완전히 제거되는 것으로서 선한 것으로도 나쁜 것으로도 여길 수 없다. 따라서 인간에게 속하는 모든 것들, 즉 그의 생명, 감각, 욕망, 기억, 영, 그 밖의 다른 기능들은 모두 의지에 완전히 예속되지 않는 만큼 필연성에 예속된다.

그러나 의지는 자신에게 불순종할 수 없기 때문에 사람들은 자신이 원하려 하지 않는 것은 원하지 않는다. 그러므로 선택의 자유를 빼앗기는 일은 불가능하다.

의지의 행위는 오직 의지에 의해서만 변화될 수 있다

판단은 의지에서 발생한다.

의지의 행위는 변화될 수 있다. 그러나 그렇게 하기 위해서 또 다른 의지의 행위를 필요로 한다. 그러므로 자유는 결코 상실되지 않는다.

의지에서 무엇을 원하는 작용을 제거할 수 없는 것과 마찬가지로 의지에서 자유를 제거할 수 없다. 인간이 아무 일도 하지 않기로-혹은 자신의 의지가 아닌 것을 따르기로-하는 일이 일어난다면, 그때 그는 의지의 기능을 잃을 수 있을 것이다. 그것이 우리가 어린아이 또는 지적으로 결함이 있는 사람이나 잠자고 있는 사람에게 잘못된 판단의 책임을 전가할 수 없는 이유이다. 이러한 상태에 있는 사람들은 자신의 이성의 주인이 아니며, 의지를 사용할 수도 없으며, 자유로운 판단을 할 수도 없다.

의지는 자신 이외에 어떠한 자유도 알지 못하므로 의지의 판단은 그 자체로부터만 발생한다고 말하는 것이 옳다. 영의 낙심, 기억의 결여, 욕망의 불안정, 감각의 둔함, 생명의 무기력함 등은 그 자체가 사람을 죄악되게 만들지 않는다. 이러한 것들의 반대 현상도 누구를 무죄하게 만들지 못하며, 따라서 이러한 행실을 판단하여 인간을 죄악되다고 간주할 수 없다. 이러한 상태는 가끔 인간에게 필요한 것들이며, 또한 의지의 동의가 없이는 결코 일어날 수 없다고 알려져 있다.

3. 본성, 영광, 은혜라는 삼중적 자유

오직 의지만이 본질적으로 자유로운 것이다. 그것은 강요되거나 필요에 의해 되어지는 것이 아니며, 억지로 자신을 부정하거나 다른 것에 동의하도록 강요될 수 없다.

인간으로 하여금 의롭거나 불의한 존재, 공정하거나 공평치 못한 존재, 행복하거나 불행한 존재가 되게 하고, 그렇게 될 만하게 만드는 것이 이 자유이다. 인간은 동의에 의해 이러한 상태들 중 어느 상태로 인도된다. 이것은 자유의지에 수반되는 것이다. 그러나 자유의지는 바울 사도가 "주의 영이 계신 곳에는 자유가 있느니라"고후 3:17고 말할 때에 언급한 자유는 아니다.

죄로부터의 자유

바울이 고린도후서에서 언급한 자유는 그가 다른 곳에서 지적한 바와 같이 죄로부터의 자유를 의미한다: "너희가 죄의 종이 되었을 때에는 의에 대하여 자유로웠느니라…그러나 이제는 너희가 죄로부터 해방되고 하나님께 종이 되어 거룩함에 이르는 열매를 맺었으니 그 마지막은 영생이라"롬 6:20-22. 그러나 누가 사망 아래 사는 사람들에게 그와 같이 놀라운 자유를 줄 수 있겠는가?롬 8:6. 나는 자유의지가 이러한 자유를 취한다고는 생각하지 않는다.

비탄으로부터의 자유

또 자유에는 비탄으로부터의 자유가 있는바 이에 대해 바울 사도는 다음과 같이 말한다: "그 바라는 것은 피조물도 썩어짐의 종 노릇 한 데서 해방되어 하나님의 자녀들의 영광의 자유에 이르는 것이니라"롬 8:21. 그러나 이 썩어질 상태에 있는 사람이 어찌 이러한 종류의 자유를 자신에게 돌릴 수 있는가? 그러므로 우리는 자유의지라는 명칭이 이러한 자유를 의미한다고 생각해서는 안 된다.

필연성으로부터의 자유

위에서 언급한 두 가지 자유보다 더 적절한 듯이 보이는 세 번째의 자유가 있다. 이것은 필연성으로부터의 자유라고 부를 수 있을 것이다. 필연성이란 자유에 반대되는 것이다. 그러므로 필연성 때문에 행해진 것은 의지로부터 파생된 것이 아니며, 그 반대도 마찬가지이다.

삼중(三重)의 자유

이와 같은 세 가지 형태의 자유, 즉 죄로부터의 자유, 비탄으로부터의 자유, 필연성으로부터의 자유가 있다. 이것들 중 마지막의 자유는 우리 인간의 상태를 반영한다. 첫째 자유는 우리가 은혜로 말미암아 어떻게 회복되는지를 반영한다. 둘째 것은 우리를 위하여 참본향인 하늘에 마련된 것이다.

세 가지 자유: 본성, 은혜, 영광의 자유

이 세 가지 자유는 본성, 은혜, 영광의 자유라는 결과를 가져온다. 본성의 자유 안에서 우리는 하나님이 보시기에 고귀한 피조물로서 자유를 원하는 자유로운 의지를 가지고 창조되었다. 은혜의 자유 안에서 우리는 그리스도 안에서의 새로운 피조물로서 고후 5:17; 갈 6:15, 흠 없는 존재로 재창조된다. 영광스런 자유 안에서 우리는 성령에 의해 완전한 존재가 되는 축복된 영광으로 들어올려진다.

첫째 자유는 상당한 영예를 가진 명칭이다. 그러나 둘째 것은 우리에게 보다 큰 위엄을 준다. 마지막 것은 우리에게 완전한 기쁨을 준다. 첫째 자유 때문에 우리는 지상의 다른 모든 동물들을 능가한다. 둘째 것에 의해서 우리는 모든 육체를 지배하게 된다. 셋째 것에 의해서 우리는 죽음 자체를 이기게 된다 고전 15:26.

이것을 달리 표현하면, 첫째 본성의 자유 안에서 하나님은 인간에게 우양과 들짐승에 대한 지배권을 주셨다고 말할 수 있다 시 8:8.

마찬가지로 은혜의 자유 안에서 하나님은 "공중의 권세를 잡은" 영적 존재들을 치셔서 우리의 발아래 엎드리게 하셨다. 이들에 대해서는 다음과 같이 기록되어 있다. "여호와여, 주를 신뢰하는 자들의 생명을 들짐승에게 주지 마소서"시 74:19.

마지막으로 영광의 자유는 우리로 하여금 우리 자신을 완전히 정복할 수 있게 하고, 썩어짐과 사망에 대한 완전하고 절대적인 승리를 줄 것이다. 사망 그 자체를 정복하면고전 15:26 "하나님의 자녀들의 영광의 자유"에 이르게 될 것이다롬 8:21. 이 자유는 예수 그리스도께서 우리를 아버지이신 하나님께 보이시고, 우리를 하나님의 영원한 나라에 세우실 때에 우리에게 주어질 것이다고전 15:24.

죄로부터의 자유

나는 하나님이 우리를 죄로부터 자유하도록 부르신 것은 우리의 현재 상태뿐만 아니라 영원한 나라의 전망에 관한 것이라고 생각한다. 그리스도께서 유대인들에게 언급하신 것이 이것이다: "아들이 너희를 자유롭게 하면 너희가 참으로 자유로우리라"요 8:36. 그리스도께서는 유대인들이 이 말씀을 통하여 자유로운 선택이라 할지라도 필연성으로부터가 아니라 자유의지가 자유롭게, 기꺼이 빠져 들어간 죄로부터 구해 주실 수 있는 해방자가 필요함을 이해하기를 바라셨다.

또한 이 은혜의 자유 안에는 죄에 대한 징벌로부터의 구원이 암시되어 있다. 자유의지는 그 자신의 어리석은 행위로 말미암아 징벌을 받게 되었고, 그것을 제대로 견디어 낼 수 없었다. 모든 인간 중에서 유일하게 죽은 자들 가운데서 자유함을 얻은시 88:5 그리스도를 통하지 않고는 자유의지는 다른 두 가지 악으로부터 결코 해방될 수 없다. 즉 죄인들 가운데 있는 죄로부터 도피해야 한다.

그리스도만이 우리를 죄에서 자유하게 하신다.

아담의 자손들 중에서 그리스도만이 죄에서 해방되셨다. 그는 "죄를 범하지 아니하시고 그 입에 거짓도 없으셨다"벧전 2:22. 그리스도는 또한 죄에 대한 형벌인 비참으로부터의 자유를 소유하셨다. 그러나 이것은 그가 소유하셨을 가능성이 있다는 것이지 실제로 소유하신 것은 아니다. 사도 요한에 따르면 그리스도는 "이를(내 생명을) 내게서 빼앗는 자가 있는 것이 아니라 내가 스스로 버리노라 나는 버릴 권세도 있고 다시 얻을 권세도 있느니라"요 10:18고 말씀하셨다. 이사야 선지자도 하나님이 원하시기 때문에 성자가 제물로 바쳐지리라고 예언했다 사 53:10. 그러므로 택하신 때에 그리스도는 "율법 아래에 있는 자들을 속량하시기 위해" "여자에게서 나시고 율법 아래에 나셨다"갈 4:4-5.

이와 같이 그리스도도 고난의 법에 복종하셨다. 그러나 그것은 고통 받는 자들과 죄인들을 해방하고, 형제들의 어깨에서 죄와 고통의 멍에를 벗기기 위해 자신을 그들과 일치시키려는 그리스도의 완전한 갈망이 있었기 때문이다.

구주께서는 이 세 가지 자유를 소유하셨다

그러므로 그리스도는 자신의 위격 안에 이 세 가지 자유를 소유하셨다. 첫째 자유는 인성과 신성 때문에 소유하셨고, 나머지 두 자유는 자신의 신적 권능에 의해 소유하셨다. 최초의 인간 아담이 낙원에 있을 때 마지막 두 가지 자유를 소유했는지, 소유했다면 어떻게 어느 정도 소유했는지 하는 것은 앞으로 논의하기로 하자.

4. 육체를 벗어난 거룩한 영혼들은 어떤 자유를 누리는가?

　죽음에서 벗어난 거룩한 영혼들이 하나님과 예수 그리스도의 천사들 앞에서 풍성하고 온전하게 기뻐한다는 것은 분명한 진리이다. 그들은 죄와 고통으로부터 해방되었다. 그들은 아직 부활한 육체를 입지 않았으며, 확실히 어느 정도의 영광은 결여되어 있으나 고통은 전혀 겪지 않는다.
　선하고 이성적인 존재의 특징은 필연성으로부터의 자유이다.
　하나님과 인간은 선택의 자유를 공유한다. 이것은 죄나 고통에 의해 상실되는 것이 아니다. 의인이 지닌 자유의지가 죄인이 소유한 자유의지보다 더 위대하지 않으며, 천사의 자유의지가 인간의 것보다 더 완전하지 않다. 하나님의 은혜로 말미암아 선한 것을 지향하는 인간 의지의 동의가 인간으로 하여금 자유로이 선을 행할 수 있게 하듯이, 선한 사람들에게 있어서 의지는 자유롭기 때문이다. 인간의 의지는 자유로이 주어진 것이지 결코 강요되는 것이 아니다.
　마찬가지로 자유의지가 자발적으로 그릇된 일을 행할 때에 그것은 인간으로 하여금 자발적으로, 그리고 자유로이 악을 행하게 한다. 인간은 자유의지가 이끄는 대로 행한다.
　하늘에 있는 천사, 심지어는 하나님 자신도 자신의 의지에 따라 선하게 존재한다. 그들은 외부로부터의 필연성에 의해서가 아니라 자신의 의지에 의해 선하게 행한다. 그리고 마귀 역시 외부의 강요에 의해서가 아니라 자유의지에 의해 악을 선택하며, 악 속에 존재한다.
　이와 같이 자유의지는 선한 사람들과 악한 사람들 속에 완전하게 존재한다. 그러나 선한 사람들 안에는 보다 철저하게 존재한다. 물론 창조자의 자유가 인간의 것보다 더욱 무한하고 강력하지만 피조물의 자유의지도 창조자의 것과 마찬가지로 완전하다.

죄의 속박

누가 선한 의지를 소유하기 원하지만 아직 그것을 얻지 못하고 있다고 불평한다고 해서 마치 자유의지가 파괴되거나 필연성에 복종하게 된다고 오해해서는 안 된다. 이 사람이 말하는 것은 그에게 죄로부터의 자유가 결여되어 있다는 증거가 된다. 진실로 선한 의지를 소유하려고 갈망하는 사람은 분명히 자신의 의지를 통한 선을 목적으로 하기 때문에 그가 의지를 가지고 있음을 증명해 준다. 만일 그가 선한 의지를 소유하지 못하였으나 소유하기 원한다면 그는 자신에게 자유, 즉 죄로부터의 자유가 결여되어 있음을 나타낼 것이다. 그가 의지를 억누르지는 않지만 그의 의지에 반대하는 것은 바로 이 자유의 결여 때문이다.

인간이 선한 의지를 소유하기 원한다는 것은 이미 그것을 소유한 것과 같다. 마찬가지로 누군가 악을 행하려 하는 것은 이미 그에게 악한 의지가 있기 때문인 것이다. 그러므로 우리가 선을 행하기를 원하는 것은 우리에게 선한 의지가 있음을 나타내며, 우리가 악을 원할 때에는 이미 의지가 악한 것이다. 어떤 상태로든지 의지는 존재하며 자유 또한 존재한다. 왜냐하면 필연성은 의지 앞에 굴복하기 때문이다. 만일 우리가 소망하는 바를 원할 수 없다면, 그것은 자유 그 자체까지도 죄에 사로잡혔기 때문이다.

그러므로 나는 의지가 선한 것에 동의하여 선하다고 판단하거나, 악한 것에 동의하여 스스로 악하다고 자유롭게 평가할 수 있는 자유가 있기 때문에 자유의지라는 명칭을 취한다고 생각한다. 의지는 스스로 선택하여 선이나 악에 동의할 수 있는 것이다.

두 가지 자유(죄로부터의 자유와 고통으로부터의 자유) 중에서 전자는 자유로운 권고, 후자는 자유로운 쾌락이라고 부르는 것이 더 적절할 것이다. 이미 살펴본 바와 같이 자유의지는 이와는 별개의 문제이다.

판단, 분별, 쾌락

선택은 판단의 행위이다.

합법적인 것과 그렇지 않은 것을 구별하는 것이 판단의 역할이다. 유쾌한 것과 유쾌하지 못한 것을 경험하는 일은 쾌락에 관계되며, 합당한 것과 합당하지 못한 것을 조사하는 것은 분별에 속하는 일이다. 우리가 우리의 행위를 판단하듯이 자유롭게 우리의 유익을 위한 분별을 하나님께 구할 수 있기를! 그러면 우리는 옳고 그른 것을 자유로이 분별하고, 정당한 것은 선택하되 정당치 못한 것은 해로운 것으로 여겨 거절할 수 있을 것이다. 그렇게 되면 우리는 죄에서 해방될 뿐만 아니라 자유로이 선택하고 자유로운 분별력을 누릴 것이다.

우리가 이 축복을 소유하지 못해 허락된 것과 유익한 것만을 선택하게 된다고 가정해 보라. 그러면 우리는 선한 쾌락의 자유를 완전하게 소유할 것이다. 그때 우리는 하나님을 기쁘시지 않게 하는 모든 것으로부터 해방되고, 따라서 모든 비애로부터 완전히 해방될 것이다.

우리는 판단이라는 수단을 통해 행해야 할 것과 버려야 할 것을 분별한다. 그럼에도 불구하고 분별을 통하여 우리 자신의 판단이라는 양심에 정반대가 되는 것들을 선택하거나 거절한다. 우리는 분별을 통하여 의롭고 선하다고 여기는 모든 것을 만족스럽게 포용하지는 않는다. 오히려 우리는 감당하기 어렵고 부담이 되는 것은 매우 인내하며 용납한다. 그러므로 우리는 자유롭게 하는 분별도, 해방시키는 쾌락도 소유하고 있지 않음이 분명하다.

우리가 살펴보아야 할 문제가 또 한 가지 있으나 이에 대해서는 후에 보다 자세히 다루게 될 것이다. 아담이 범죄하기 이전에 인간은 이 두 가지 자유를 소유하고 있었는가?

다음과 같은 한 가지 사실은 분명하다. 우리가 하나님의 자비로 말미암아 주님이 간구하셨던 기도를 드리게 되는 날 우리는 그것들을 완전히 소유할 것이다: "뜻이 하늘에서 이루어진 것같이 땅에서도 이루어지이다"마 6:10. 이 이중(二重)의 자유는 이성적 존재의 자유의지가 모든 필연성을 벗어나 인류가 죄로부터 안전하게 되고 고통을 면하게 될 때 완전해질 것이다. 그때에 거룩한 천사들처럼 모든 "하나님의 선하시고 기뻐하시고 온전하신 뜻"롬 12:2을 증명하는 삼중의 자유를 경험하는 축복이 있게 될 것이다.

이 삼중의 자유를 소유하는 것은 현재의 일이 아니다. 왜냐하면 인간에게는 선택의 자유가 있기 때문이다. 분별의 자유는 단지 부분적으로만 소유하고 있다. 그것은 죄가 더 이상 썩을 육체 안에서 지배하지 않도록롬 6:12 육체와 함께 그 정욕과 탐심을 십자가에 못 박은갈 5:24 하나님의 선택된 성도들 중에서만 볼 수 있다.

3장 은혜와 자유의지

5. 이 세상에도 비애로부터의 자유가 있는가?

이 불행한 삶갈 1:4에서 비애로부터의 자유에 대해 무엇이라고 말할 수 있는가? 우리는 특히 악이 더욱 맹렬한 것처럼 보일 때에 이러한 질문을 한다.

이 세상은 모든 피조물이 탄식하는 영역이다롬 8:20-22. 이 세상은 아무리 애써도 허무한 것에 굴복한다. 이곳은 인간들이 항상 다툼을 일으킬 뿐만 아니라 경건한 사람들조차도 육체의 구속을 기다리면서 탄식하는 영역이다롬 8:23. 당신은 이러한 삶의 맥락에서 그와 같은 영광스러운 자유를 누리는 것이 가능하다고 믿는가? 만물이 악한 재앙에 사로잡힌 듯이 보이는데도 비애로부터의 자유가 정말로 가능한가? 무죄함으로도 의로움으로도 비애를 면할 수 없으며, 따라서 의인은 끊임없이 소리친다.

"오호라 나는 곤고한 사람이로다 이 사망의 몸에서 누가 나를 건져내랴"롬 7:24.

"내 눈물이 주야로 내 음식이 되었도다"시 42:3.

계속되는 곤경의 리듬 속에서 낮과 밤이 이어질 때에도 생의 참된 즐거움을 누릴 여지가 있는가? 사도 바울은 "무릇… 경건하게 살고자 하는 자는 박해를 받으리라"고 가르친다딤후 3:12.

만일 덕(德)으로도 비애를 면할 수 없다면, 악으로 면할 수 있지 않을까? 악은 쾌락과 접촉하면 짧은 기간이라도 비애를 피할 수 있는가?

절대로 그렇지 못하다! 악은 비애를 피할 수 없다. 행악하기를 기뻐하며 악인의 패역을 즐거워하는 자들 잠 2:14에게는 미친 자들의 거친 웃음이 있을 뿐이다. 그러한 거짓된 환락은 그들을 더 큰 비탄에 빠지게 할 뿐이다. 전도자가 말한 것과 같이 "초상집에 가는 것이 잔칫집에 가는 것보다 낫다" 전 7:2.

육체의 쾌락에는 고통이 따른다.

삶에는 고통이 포함되어 있다 우리는 먹을 것, 마실 것, 그리고 따뜻한 의복 등 육체적 쾌락을 알고 있다. 그러나 이러한 것들이 고통을 피하게 해주지는 못한다. 빵은 우리가 굶주렸을 때 잠시 만족을 줄 뿐이며, 마실 것은 잠시 목마름을 해소시킬 뿐이다. 음식과 마실 것은 싫증이 나게 되면 기쁨이 아니라 부담을 준다. 일단 배고픔과 목마름이 충족된 후에는 아무리 깨끗한 시냇물도 매력을 주지 못한다.

더위에 지친 사람은 그늘진 곳을 찾는다. 그러나 추위나 어둠에 있는 자는 태양을 찾을 것이다. 그러므로 필요한 것을 바라는 간절한 소망이 없이는 기쁨도 없다. 궁핍함이 충족된 후에는 즐거움도 더 이상 매력이 되지 못하며 오히려 귀찮거나 짐스러운 것이 된다.

그러므로 이생의 것은 모든 고통을 포함하고 있음을 인정해야 한다. 이를 완화해 주는 유일한 것은 상대적인 고통이라는 진리뿐이다. 예컨대 무거운 짐을 지고 난 후에 그보다 가벼운 짐을 지게 되면 안도감을 느낀다. 우리가 혹심한 시련들을 겪을 때에 나쁜 것들과 좋은 것들 사이의 중간 시기가 일종의 행복을 가져다준다. 그것들이 고통을 견딜 만한 도움을 준다.

관상자들은 쾌락의 자유를 누린다

묵상생활을 실천하는 사람들은 성령에 사로잡혀 하늘의 축복을 맛볼 수 있게 된다. 그러한 경우 그들은 실제로 비애로부터 해방된 것인가?

그렇다. 그들은 더 좋은 편을 택하여 빼앗기지 않게 된 마리아와 같다 눅 10:42. 물론 이 기쁨은 일시적인 것이지만 그들로 하여금 하늘에 예비된 다른 차원의 삶을 기억하게 한다. 이것은 복된 삶이다. 복된 삶과 고통은 동일한 사람 안에서 일어나지만 성령에 의해 그는 후자에서 해방되어 전자를 소유하게 된다. 이것은 비록 부분적이며 고전 13:9-12 흔히 있는 일이 아니지만 이와 같이 묵상자들은 이 세상에서 즐거움의 자유를 누릴 수 있는 것이다.

의인들은 분별의 자유를 누린다

의인들은 분별의 자유를 누린다. 물론 이것도 부분적인 것이기는 하지만 풍성하게 누린다.

선택의 자유

앞에서 언급한 바와 같이 이것은 모든 사람에게 속한다. 이것은 이성을 사용하는 모든 사람에게 속하기 때문이다. 따라서 선한 사람들뿐만 아니라 악한 사람들도 선택의 자유를 누리고 있다. 이것은 내세에서만 아니라 현세에서도 누린다.

6. 선한 것을 추구하는 은혜의 필요성

이제까지 선택의 자유가 다른 두 가지 자유를 수반하지 않는 한 항상 어느 정도 제한된다는 사실을 설명하려 해왔다. 사도 바울이 "너희가 원하는 것을 하지 못하게 하려 함이니라"갈 5:17고 말한 것은 바로 이것을 말한 것이다. 우리는 선택할 수 있는 자유를 지니고 있지만 원하는 바를 자유롭게 행할 수 있는 능력은 없다. 여기에서 말하는 능력은 선을 원하는 능력이 아니라 선택할 수 있는 능력이다. 선을 행하려는 의지는 완전한 것이며 악을 행하려는 의지는 악이다. 그러므로 의지는 선과 악을 자유로이 선택할 수 있다.

올바르게 선택한 자들은 구속의 은총을 받아 선을 이루게 된다. 그러나 이것에 실패하는 것은 우리가 무능하게 행하기 때문이다.

자유의지는 우리로 하여금 선택할 수 있게 한다. 그러나 우리로 하여금 선한 것을 선택하도록 하는 것은 하나님의 은혜이다. 우리는 의지라는 기능을 지니고 있으므로 선택할 수 있다. 그러나 선한 것을 선택하는 것은 은혜로 말미암은 행위이다. 하나님을 두려워하는 것과 경외하는 것은 같은 것이 아니다. 우리가 사랑하는 것은 우리에게 애정이 있음을 나타내준다. 그러나 이 애정이 하나님과 관련될 때에만 덕이 될 수 있다. 이와 같이 선을 원하는 것과 선을 선택하는 것은 매우 다른 일이다.

덕은 훈련된 애정이다.

우리 모두가 단순한 애정을 소유하고 있다. 그러나 수양은 은혜를 통해서만 성숙할 수 있다.

성경에는 어떤 사람들이 두려워할 이유가 없는데 큰 두려움에 빠졌다고 기록되어 있다시 14:5. 그것은 서투르게 조절된 두려움이다. 그러나 다윗은 "내가 여호와를 경외하는 법을 너희에게 가르치리로다"시 34:11라고 말하였다. 그리고 예수께서는 무절제한 욕망에 사로잡혀 있는 사람들에 대해서 "너희가 구하는 것을 알지 못하는도다"마 20:22라고 말씀하셨다. 그리스도께서 "내가 마시려는 잔을 너희가 마실 수 있느냐"마 20:22라고 물으셨을 때 제자들은 자신의 잘못된 의지를 어떻게 훈련해야 하는지를 알게 되었다. 이와 같이 그리스도께서는 그들에게 말씀으로 또는 예를 들어 의지를 바르게 갖는 법을 가르치셨다. 그 가장 훌륭한 예는 그리스도의 고난이 시작될 때 "그러나 나의 원대로 마시옵고 아버지의 원대로 하옵소서"마 26:39라고 하신 것이다.

이와 같이 우리는 주님으로부터 어떻게 하나님을 두려워하고 사랑해야 하는가, 뿐만 아니라 어떻게 원해야 하는가에 대해서 배웠다. 이러한 일들에 있어서 우리는 피조물에 불과하다. 그러나 선을 행하고, 하나님을 두려워하고, 하나님을 사랑하기 위해서 우리로 하여금 참으로 하나님의 자녀가 될 수 있도록 해주시는 하나님의 은혜와 접촉해야 한다.

선한 자유의지와 악한 자유의지의 차이

우리는 어느 정도 의지의 자유를 지닌 존재로 창조되었다. 그러나 우리는 오직 선한 의지에 의해서만 하나님의 나라를 회복할 수 있다. 의지를 자유롭게 만드신 분은 또한 선한 의지를 만드셔서 그 새 피조물 중에서 우리로 첫 열매가 되게 하셨다약 1:18. 만일 이러한 은혜가 예비되지 않았다면, 우리는 우리 자신에게 맡겨지기보다는 차라리 존재하지 않는 편이 더 좋았을 것이다. 자신에 따라서만 살려 하는 자들은 실로 선과 악을 아는 신들처럼창 3:5 행동하기 때문이다. 그러나 자신의 신이 될 때, 그들은 자신들이 실제로는 악마에게 속해 있음을 발견하게 된다.

그러므로 역설적인 일이지만 자기 의지 안에서 자신에 따라 살아갈 때 우리는 악마에게 속한다. 반면 선한 의지에 순종할 때에 우리는 하나님께 속할 수 있는 것이다. 아마 이것이 "주께서 자기 백성을 아신다"딤후 2:19는 말씀이 나타내는 의미인 듯하다. 주님은 자기 백성이 아닌 자들에게는 "진실로…내가 너희를 알지 못하노라"고 말씀하시기 때문이다마 25:12.

이 말씀으로부터 우리가 "악한 의지"에 의해 악마에게 속하게 되면 더 이상 하나님의 나라에 속하지 못한다는 결론을 내릴 수 있다. 왜냐하면 한 사람이 두 주인을 섬길 수 없기 때문이다마 6:24. 반면에 우리가 "선한 의지"에 의해 하나님께 속하게 되면 더 이상 악마에게 속하지 않게 된다. 하나님께 속하든 악마에게 속하든, 그렇게 된 책임은 우리 자신에게 있다. 왜냐하면 어떠한 상황에서든지 우리는 끊임없이 자유 의지를 행사하기 때문이다. 우리가 악한 것을 선택하면 거기에 따른 심판을 받고, 의로운 것을 선택하면 복을 받는다. 그러나 의지가 없이는 그러한 선택을 할 수 없다. 그러므로 우리의 의지가 중요한 역할을 하는 것이다. 우리를 악마의 노예로 만드는 것은 바로 자신의 의지이다. 그러나 우리를 하나님 나라의 백성이 되게 하는 것은 우리의 의지가 아니라 하나님의 은혜이다.

하나님만이 우리의 의지를 온전케 하신다.

우리의 의지는 하나님의 선하심에 의해 선하게 창조되었다. 그러므로 창조주에 의해서만 온전해질 수 있다. 의지의 완성은 의지 자체가 아니라 오직 의지를 창조하신 하나님께 속한 일이다.

온전해진다는 것은 단순한 존재 이상의 것을 의미한다. 선한 것은 우리 자신에게 돌리고 나쁜 것은 하나님의 탓으로 돌리는 것은 하나님을 모독하는 것이다. 따라서 사도 바울은 자연적인 인간 자신과 은혜를 통해 되어지기를 소망하는 자신이 대조를 이룸을 인식하였다. "원함은 내게 있으나 선을 행하는 것은 없노라" 롬 7:18. 그는 자신이 자유의지에 의하여 원할 수는 있으나, 완전히 원하기 위해서는 은혜가 필요함을 인식하였다. 의지라는 기능의 단점은 악한 것을 원하는 것이기 때문이다. 선한 것을 원하기 위해서는 또 다른 기능이 필요하다. 참된 의지의 완성이란 우리가 원하는 모든 것이 선하게 되는 단계에 이르는 것이다.

이와 같이 항상 선한 것을 원하는 의지의 완성 단계에 이르기 위해서는 우리에게 이중의 은사가 필요하다. 즉 의지를 선한 것으로 향하게 하는 참된 지혜가 필요하며, 그 선한 것 안에 의지를 확립시키는 충만한 능력이 필요하다.

온전히 선한 의지

완전한 회심은 선으로 돌아서서 오직 자신에게 허락된 것만을 누리는 일로 이루어진다. 완전한 선택의 확신은 선한 것을 즐기는 데 있다.

영혼은 처음 존재할 때부터 선에 대한 두 가지 표현을 가지고 있었다. 첫째는 창조의 실재이다. 만물은 선하신 창조주에 의해 창조되었으므로 창조된 것 또한 모두 선하다는 것이다. "하나님이 지으신 그 모든 것을 보시니 보시기에 심히 좋았더라"창 1:31. 둘째, 자유의지로부터 발생한 특별한 선 안에서 인간의 영혼은 창조주의 형상으로 창조되었다 창 1:26. 이 두 가지 선의 양상 외에도 셋째 양상이 있는바, 즉 다시 한 번 자유롭게 창조자를 향하는 회심의 양상이다. 이것은 고귀한 것으로 간주되어야 한다.

그러므로 선은 다음과 같이 세 가지 방식으로 고려될 수 있다. 창조의 일부로서의 선; 자유의지의 선택이라는 영역 안에 있는 보다 좋은 선; 그리고 하나님과의 구속적 관계 안에 있는 가장 좋은 선.

이 마지막 선은 자유로이, 전심을 다하여, 그리고 경건하게 거룩하신 하나님의 위엄을 향하여 의지를 온전히 전환함을 의미한다. 이와 같은 완전한 의(義) 안에서의 순종은 완전한 영광과 결합된다. 이러한 종류의 의는 영광이 없이는 존재할 수 없고, 그와 같은 영광에 의가 없을 수 없기 때문이다. 따라서 성경에는 "의에 주리고 목마른 자는 복이 있나니 그들이 배부를 것임이요"마 5:6라고 했다.

참된 복이란 무엇인가.

참복은 위에 언급한 두 가지 특질, 즉 참된 지혜와 충만한 권능; 의(義)와 관련된 지혜와 영광과 관련된 능력을 가지고 있다. 그러나 "참된"과 "충만한"이라는 수식어가 첨가되었는바, "참된"은 육체적 인간의 지혜로부터 구별하기 위함이고, "충만함"은 권능을 "엄한 벌을 받을"자들지혜서 6:6로부터 구별하기 위함이다.

참된 지혜와 충만한 능력은 분별의 자유와 쾌락의 자유가 자유의지와 결합된 상태 안에서만 발견된다. 그것이 자유 선택으로 무엇을 원할 수 있을 뿐만 아니라 나머지 두 자유에 의해서 그것을 행할 수 있는 사람만이 참으로 지혜롭고 충만한 권능을 가진 자로 간주되는 이유이다. 이런 사람은 악한 것을 원할 수도 없고, 그렇게 할 능력이 결여되지도 않을 것이다.

그러면 누가 그와 같은 사람인가?롬 3:21. 이 세상에서나 장차 올 세상 어디에서 이러한 특성들을 발견할 수 있는가? 그러한 사람은 "나는 행함이 없다"고 고백한롬 7:18 사도 바울보다 더 훌륭한 사람일 것이다. 만일 아담이 그러했다면 그는 결코 낙원에서 추방되지 않았을 것이다.

7. 아담에게 이 삼중의 자유가 주어졌었는가?

이제 다음과 같은 질문을 살펴보기로 하자. 우리의 첫 조상들은 이 삼중의 자유를 누렸는가? 그들은 선택의 자유, 분별의 자유, 쾌락의 자유를 소유하였는가? 다시 말하자면 그들은 필연성으로부터의 자유, 죄로부터의 자유, 비애로부터의 자유를 지니고 있었는가?

첫째 자유에 대한 대답은 간단하다. 그들은 실제로 선택했었기 때문이다. 그러면 다른 두 가지 자유도 가지고 있었는가? 만약 소유하지 않았다면 그들은 잃을 것이 없었을 것이다. 그러나 그들은 낙원에서 추방되었다. 그러므로 무언가 달라졌다. 그들은 확실히 선택의 자유를 지니고 있었다. 그러나 범죄한다는 단순한 사실을 초월하여, 아담은 죄나 비애로부터 해방되지 못한 육체 속에 있었다. 그들은 이러한 것을 한때 받았다가 상실한 것인가? 아담이 이러한 자유를 가지고 있지 않았는데도 완전한 선택을 가질 수 있었는가? 그가 그것들을 소유할 수 있었다 하더라도 불완전하게 소유했던 것이 아닌가?

분별의 자유와 쾌락의 자유에는 각기 두 단계가 있다

이 각각의 자유에는 높은 단계와 낮은 단계가 있다. 분별의 자유에 있어 높은 단계는 죄를 지을 수 없는 자유이고, 낮은 것은 죄를 짓지 않는 자유이다. 마찬가지로 쾌락의 자유에 있어서 높은 단계는 비애에 빠질 수 없는 자유이고, 낮은 것은 비애에 빠지지 않는 자유이다.

이와 같이 인간은 완전한 선택의 자유와 아울러 이 두 가지 낮은 단계의 자유를 받았다. 범죄했을 때 그는 이 두 가지를 상실했다. 그는 분별의 자유를 완전히 상실하였으므로 죄를 짓지 않을 수 없었다. 마찬가지로 쾌락의 자유를 잃었으므로 비애에 빠질 수밖에 없었다. 이에 대한 벌로 그에게는 오직 선택의 자유만 남았다. 그는 바로 이 자유를 통하여 다른 두 자유를 상실하였다. 그리하여 오직 죄짓는 일에만 노예가 되었으므로롬 6:17이하 그는 당연히 분별의 자유를 상실했다. 자신의 죄를 통하여 그는 죽음에 속박되기에 이르렀고롬 5:12, 따라서 쾌락의 자유를 잃었다.

모든 자유는 서로 관련되어 있다.

인간은 세 가지 자유를 지니고 있었다. 그러나 그 중 한 가지 자유를 남용함으로 말미암아 다른 것들을 상실하게 되었다. 그는 그것을 남용하여 하나님을 영광스럽게 하지 않고 오히려 자신을 수치스럽게 했다. 성경에 기록된 바 "사람은 존귀하나 장구(長久)하지 못함이여 멸망하는 짐승 같도다"시 49:12.

모든 살아 있는 피조물들 중에서 오직 인간만이 자유의지라는 특권의 일부로서 죄를 지을 수 있는 능력을 부여받았다. 그것은 죄를 선택하는 것이 아니라 온전한 자유 안에서 죄를 거부함으로써 보다 영광을 나타내도록 하기 위한 것이었다. 그러나 죄를 범함으로써 그는 이 영광을 상실했다. 이는 이 은사를 주신 자의 실패가 아니라 받은 자의 실패였다. 그는 이 은사를 남용했다. 그는 죄를 원했다. 악마와 그의 군대가 반역하기를 꾀했을 때에도 범죄하지 않는 자유를 보존한 천사들이 있었다. 그들은 다른 방도가 없어서가 아니라 하나님을 거역하기를 원치 않았던 것이다.

마찬가지로 죄인의 타락은 의지라는 은사 때문이 아니라 그 은사를 남용한 데 기인한다. 불행히도 타락으로 말미암아 인간은 이 자유를 사용하여 다시 일어날 수 없었다. 왜냐하면 그는 이제 범죄하기만 원하기 때문이다.

8. 범죄한 후에도 자유의지는 존재한다

　죄는 자유의지를 제거하지 않는다. 인간이 죄를 짓지 않을 수 없다는 것은 자유의지를 상실했음을 의미하는가?

　그렇지 않다. 그러나 인간은 과거에 죄를 짓지 않을 수 있도록 해주었던 자유로운 분별력을 상실했다. 그가 이것을 잃었다는 것은 또한 한때 그를 비애에 빠지지 않게 해주었던 쾌락의 자유도 상실했음을 의미한다. 이와 같이 죄로부터의 자유와 비애로부터의 자유는 상실했으나 선택의 자유는 여전히 지니고 있다. 지혜와 능력의 상실이 이 선택의 자유에는 일어나지 않는다. 그는 선택의 자유를 통해 선하지 않은 것도 원할 수 있다.

　비록 의지의 능력은 손상되지 않았으나 인간은 참된 지혜와 실질적인 도덕적 능력을 지니고 있지 않다.

　이제 이곳으로 그리스도께서 들어오신다. 그리스도 안에서 인간은 "하나님의 능력과 하나님의 지혜"고전 1:24를 소유할 수 있다. 왜냐하면 지혜이신 그리스도는 인간의 참된 지혜를 회복시켜 주시며 자유로운 분별을 회복하실 수 있기 때문이다. 권능이신 그리스도께서는 인간의 자유로운 쾌락을 새롭게 해주실 수 있다. 그러나 인간은 내세에 가서야만 이러한 은사들을 완전하게 받을 수 있다. "이 사망의 몸" 안에 있는 동안롬 7:24 우리는 "이 악한 세대"갈 1:4를 지내면서 기다려야 하고, 분별의 자유를 통하여 범죄하려는 의지에 항거해야 한다. 또한 우리는 의를 위하여 쾌락의 자유를 통해 맞게 되는 역경을 두려워하지 말아야 한다.

그러므로 우리의 분별의 자유를 통하여 자유의지를 남용하지 않는 법을 배워야 한다. 장차 우리는 쾌락의 자유를 충만하게 누리게 될 것이다. 그러므로 우리는 은혜로 말미암아 우리 안에 하나님의 형상을 회복하는 과정에 있는 것이다.

9. 이 세 가지 자유 안에 창조주의 형상과 모양이 표현되어 있다

인간의 세 가지 자유는 창조주의 형상과 모양을 표현한다고 생각한다창 1:26. 선택의 자유 안에는 하나님의 형상이, 그리고 나머지 두 자유 안에는 하나님의 모양이 표현된다. 선택의 자유에는 영원 불변한 신성(神性)의 실질적인 형상이 많이 부여되었으므로 선택의 자유는 축소할 수 없는가?

자유의지는 영원성과 같다.
자유의지에는 끝도 없고 축소도 없다. 반면에 다른 두 가지 자유에는 손실, 즉 회복할 수 없는 손실이 있다.

거룩한 천사들은 나머지 두 자유, 즉 죄를 지을 수 없는 자유와 비애로 인한 괴로움으로부터의 자유를 누린다. 그들은 그러한 상태에서 살고 있다(그리고 하나님은 항상 이러한 상태로 존재하셨다). 사실 우리는 이 세상에서 완전히 죄와 비애를 벗어나 살 수 없으나 은혜의 도움으로 죄나 비애에 압도되는 일을 피할 수 있다. "허물의 사함을 받은 자는…

복이 있도다"시 32:1이하. 그러므로 천사들은 가장 고귀한 수준의 자유와 하나님의 모양을 가지고 있으며, 우리는 가장 낮은 수준의 것을 가지고 있다. 그러나 악마는 전혀 가지고 있지 못하다.

지옥에서는 이러한 자유들, 즉 하나님의 모양에 속하는 것들이 모두 사라진다. "그 손발을 묶어 바깥 어두운 데 내던지라"마 22:13. 이 결박이란 다름 아닌 자유의 완전한 박탈을 의미한다.

분별과 쾌락의 자유 안에 포함된 하나님의 모양도 지옥에는 남지 않는다. 그러나 거기서도 자유의지 안에 있는 형상은 영원하고 불변하게 남아 있다.

10. 그리스도 안에서 하나님의 모양이 인간에게 회복된다

"그가 나타나시면 우리가 그와 같을 줄을 아는 것은 그의 참 모습 그대로 볼 것이기 때문이니"요일 3:2.

누가 "하나님의 영광의 광채시요 그 본체의 형상"히 1:3이시며 권능의 말씀으로 만물을 지탱하시는 하나님의 아들보다 이 회복을 더 잘 행할 수 있겠는가? 그는 변형된 것을 보수하고, 연약한 것을 강하게 하고, 인간에게 사탄의 폭정에 항거할 수 있는 힘을 주어 죄의 그림자를 축출하고 현명하게 하실 수 있다.

자유의지가 적응할 수 있는 본체가 오셨으므로빌 2:6 그것은 왜곡된 상태에서 본래의 상태로 회복될 수 있게 되었다. 이제 형상과 지혜의 관계는 세상과 형체의 관계와 같다. 형체는 모든 세상에 도달한다. 이것은 지혜가 세상을 지배하듯이, 자유의지가 그 육체를 지배하는 방식이다. 죄가 그 죽을 몸을 지배하도록 용인해서는 안 되며롬 6:12, 의의 무기가 되게 해야 한다6:13. 인간은 더 이상 죄의 노예가 되어서는 안 되며 죄를 지어서도 안 된다롬 6:18. 이와 같이 죄로부터 해방되면 인간은 분별의 자유를 회복하고 하나님의 형상을 닮음으로 자신의 고귀함을 증언하기 시작할 수 있게 된다. 그러나 이것은 자발적인 마음으로 이루어져서 하나님이 제물을 즐겨 받으시게 되어야 한다. 하나님은 기쁜 마음으로 주는 자를 사랑하시기 때문이다고후 9:7.

그리스도의 도움이 없이는 이 일을 이룰 수 없다. 우리는 그리스도의 모범을 따라 감화를 받는다. 주님의 성령으로 말미암아 우리가 영광에서 영광에 이르면서 동일한 형상으로 화하는 것, 즉 일치하는 것은 오직 그리스도 안에서, 그리고 그리스도에 의해서만 가능하다고후 3:18. 그러므로 어느 누구도 마치 자유의지가 쉽게 선과 악을 택할 수 있던 것처럼 이것이 자유의지에 의해서 행해진다고 생각해서는 안 된다. 타락 이전에는 우리가 그렇게 할 수 있었다. 그러나 이제는 오직 성령의 능력을 통해서만 그렇게 할 수 있다.

11. 선택의 자유는 계속 존재한다

앞에서 살펴본 바와 같이 창조주께서는 인간에게 자신의 신적 고귀함이라는 특권, 즉 선택의 특권을 부여하셨다. 우리가 복음서에서 "아버지께서 이끌지 아니하시면 아무도 내게 올 수 없다"는 말씀과 "사람을 강권하여 데려다가 내 집을 채우라"요 6:44; 눅 14:23는 말씀을 대하게 되는데 이것은 자유의지의 상실을 의미하는가?

그러나 성경 중 다른 본문들은 의지와 그 자유가 손상되지 않았음을 나타내 준다.

> "각 사람이 시험을 받는 것은 자기 욕심에 끌려 미혹됨이라"약 1:14.
>
> "내 지체 속에서 한 다른 법이 내 마음의 법과 싸워 내 지체 속에 있는 죄의 법으로 나를 사로잡는 것을 보는도다"롬 7:23.

따라서 우리가 내부 또는 외부의 유혹에 공격을 받는다 하더라도 실질적으로는 선택의 자유가 여전히 그 결과를 결정한다. 분별의 자유와 쾌락의 자유라는 면에서 볼 때 분명히 영혼은 육체의 강한 욕망과 여기에 항거하는 삶의 비참함 때문에 그보다 자유롭지 못하다. 바울이 죄의 법에 사로잡혀 있음에 대해 불평한 이유는 그가 분별의 자유를 완전히 소유하지 못했기 때문이다.

12. 죽음이나 형벌에 대한 공포가 자유의지를 박탈하는가?

공포-죽음 또는 어떤 형벌에 대한 공포-때문에 마지못해 선택하게 된 사람들의 경우는 어떠한가? 사도 베드로가 그 좋은 예가 된다. 그는 자기 자신의 의지와는 달리 진리를 부인했던 것으로 보인다. 그것은 (주님을) 부인하느냐, 아니면 죽느냐의 문제였다. 결국 그는 죽음을 두려워하여 주님을 부인했다.

실제로 잘못된 것은 베드로가 죽는 것보다 거짓말하는 편을 선택했다는 사실이다. 베드로의 의지의 연약함은 예수께서 그에게 "닭 울기 전에 네가 세 번 나를 부인하리라"고 말씀하실 때 드러났다^{마 26:34}. 갑작스러운 두려움의 순간이 엄습하기 전에도 베드로는 약한 의지를 지니고 있었다. 단지 위기 때문에 그것이 노출되었을 뿐이다. 만일 그가 그리스도를 사랑하지 않았다면 마지못해 부인하지는 않았을 것이다. 그러나 그가 그리스도를 보다 더 사랑했다면 부인하지 않았을 것이다.

그러면 우리가 앞에서 선택의 자유에 대해 주장한 것이 잘못되었는가? 아니면 우리는 의지가 공포 등의 환경에 의해 강요될 수 있음을 인정할 것인가?

그렇지 않다. 우리는 베드로가 강요되지 않았음을 보았다. 그는 죽음을 피하기 위해 의지를 사용한 것이다. 만일 의지-혀의 주인-가 이미 주님을 부인하려는 뜻을 가지고 있지 않았다면 어떻게 하찮은 여인이 그와 같은 성인을 시험에 빠뜨려 그렇게 단호하게 신을 모독할 수 있었겠는가? 후에 베드로가 그리스도를 향한 더 큰 사랑 때문에 지나친 자기 사랑을 조절할 수 있게 되었을 때 그는 "마음을 다하고 목숨을 다하고… 힘을 다하여"^{막 12:30} 그리스도를 사랑했다. 그의 혀는 더 이상 죄의 도구가 되려 하지 않았고^{롬 6:13}, 그는 담대하게 복음을 전파했다: "사람보다 하나님께 순종하는 것이 마땅하니라"^{행 5:29}.

자유의지를 대적하는 소극적, 능동적 강권

실제로 우리의 의지가 겪지 않으면 안되는 강권에는 두 가지 형태가 있다. 첫째는 수동적 강권이다. 이것은 행위자의 의식적인 동의(同意)가 없이 발생할 수 있다. 그러나 이것은 결코 능동적인 것이 아니므로 우리가 원하지 않는 한 악에 대한 책임은 결코 우리에게 전가되지 못한다. 그러나 우리가 그 강권에 압도되었을 때에 우리에게는 우리로 하여금 그러한 길로 이끌리도록 상황을 허용한 데 대한 책임이 있음을 인식해야 한다.

더 심각한 것은 우리가 자유롭게 선택하는 능동적 강권이다. 그것은 우리가 비록 비통한 마음으로 행한다고 해도 그리스도를 부인하는 일이 될 것이다. 이와 같이 인간이 인간을 잔인하게 박해하는 데서 나타나는 모든 것은 우리의 의지가 약한지의 여부를 보여 준다.

자유의지는 육체와 영 사이에 있다

인간은 어느 길로든 자유롭게 행할 수 있다. 비록 육체적 욕망으로 연약해져 있지만 아직 그는 하나님의 영과 끊임없는 은혜를 소유할 수 있다 롬 8:26. 그는 마치 중력의 힘 때문에 언제라도 깊은 곳으로 떨어질 수도 있고 계속 가파른 경사지를 기어 올라갈 수 있는 등산가와 같다. 그는 시편 기자의 약속을 품고 올라갈 수 있다 시 36:6.

13. 인간의 공로는 하나님의 은사이다

이제까지 자유의지는 다른 곳이 아니라 그 자체 안에 비난할 점이 있음을 살펴보았다. 우리의 영혼도 자신의 공로에서 구원을 찾을 수는 없다. 하나님의 자비하심만이 우리 영혼을 구원할 것이다. 은혜의 도움이 없다면 선을 행하려는 모든 노력이 헛되기 때문이다. 하나님의 은혜가 없다면 그와 같은 노력의 시작도 없을 것이다.

성경에 나타난 바와 같이 인간의 감각은 악을 향하는 경향이 있다 창 8:21. 그러므로 인간의 공로는 그 자신으로부터 유래된다고 볼 수 없다. 오직 위로부터 홀로 영생의 공로를 예비하시고 선하고 온전한 은사들을 주시는 "빛들의 아버지께로부터" 약 1:17만 온다.

하나님은 은사와 상급을 주신다.

영원한 왕이신 하나님이 인류를 구원하기 위해 땅에 오셨으며 자신이 주신 모든 은혜를 은사와 상급으로 구분하셨다.

하나님은 우리로 하여금 자유를 고결하게 행사할 수 있도록 은사를 주셨다. 또 한편으로는 장래에 관한 은혜로운 약속으로 우리에게 소망을 주셨다. 사도 바울은 "너희가… 거룩함에 이르는 열매를 맺었으니 그 마지막은 영생이라" 롬 6:22고 말하면서 이 두 가지 측면에 우리의 관심을 집중시키며 계속해서 "또한 우리 곧 성령의 처음 익은 열매를 받은 우리까지도 속으로 탄식하여 양자 될 것 곧 우리 몸의 속량을 기다리느니라" 롬 8:23고 말하였다. 바울은 성화를 "성령의 처음 익은 열매", 즉 우리가 현 상태에서 하나님의 양자가 되도록 성령에 의해 거룩하게 되는 덕이라고 하였다. 마태복음서의 기자는 세상을 버린 사람들에게 "여러 배로 받고 또 영생을 상속하리라" 마 19:29고 약속한다.

구원은 하나님의 은사이다.

그러므로 구원은 자유의지의 역사가 아니라 주님의 은혜이다시 3:8. "나는 내 백성의 구원이라"시 35:3, "나는 길이다"요 14:6라고 기록된 것과 같이 하나님은 진실로 우리의 구원인 동시에 구원에 이르는 길이시다. 우리의 구원이신 분이 구원에 이르는 길을 만들어 놓으셨으므로 인간은 자신의 공로를 자랑할 수 없다고전 1:29.

구원과 생명이 우리 본향의 특징이라면, 순례의 축복은 은혜의 특징이다. 다윗은 참으로 "선을 행하는 자가 없으니 하나도 없도다"시 14:3라고 말했고, "하나님 한 분 외에는 선한 이가 없느니라"눅 18:19고 첨언하였다. 따라서 우리의 행위와 하나님의 상급은 모두 하나님의 은사이다. 하나님은 우리의 공로를 필요로 하시는 것이 아니다. 그러나 자신의 피조물들에게 공로를 실행하도록 은혜롭게 부여하신 사역 활동에 의하여 피조물들에게 유익이 되게 하신다.

인간 안에서 행하시는 하나님의 세 가지 행위

하나님은 생명책에 기록된 사람들의 구원을 세 가지 방법으로 완성하신다. 즉 그들의 동의가 없이; 그들의 동의와는 반대로; 그들의 동의에 의해서이다.

종종 하나님의 피조물들은 비이성적인 피조물들이 항상 유익을 얻는 것과 같이 그들에게 임할 하나님의 축복을 전혀 인식하지 못한 채 유익을 받는다. 하나님은 바로출 9:16, 발람민 22:18, 갈대아인들합 1:6과 같이 사악한 사람들이나 하나님께 반대하는 사람들에게도 은혜를 베푸신다. 그들은 해를 끼치려는 욕망에도 불구하고 무심코 하나님의 목적에 이바지했다.

또한 하늘의 사자들(하나님은 이들을 통하여, 그리고 이들과 함께 일하신다)처럼 하나님이 바라시는 일이라면 무엇이든지 기꺼이 행하려는 사람들이 있다. 이것에 대해 사도 바울은 "내가 한 것이 아니요 오직 나와 함께하신 하나님의 은혜로라"고전 15:10고 인정할 수 있었다. 그는 그 행위들이 자신의 것임을 인정하면서 동시에 하나님의 은혜임을 인정할 수 있었다. 왜냐하면 그는 자신을 단지 하나님의 도구로만 여기기를 좋아했기 때문이다. 그는 자유의지를 발휘하여 하나님의 동료가 되기를 선택했다.

각 사람은 어떠한 상급을 얻는가?

공로는 동의가 있어야 가능하다. 앞에 언급한 세 가지 상황 중 첫째 상황은 아무것도 얻지 못하고, 둘째 것은 결점만 얻으며, 셋째 것만이 참 공로를 얻는다. 돌과 같은 사물이나 동물과 같은 피조물에는 공로가 없다. 후자는 인식을 소유하나 전자는 동의할 능력을 지니고 있지 않다. 마귀와 악한 사람들도 무엇인가 공로를 지닌다. 왜냐하면 그들도 동의는 하기 때문이다. 그러나 그들은 선을 거부했기 때문에 그 공로로 징벌을 받을 뿐이다.

바울이 전도 활동을 적극적으로 펼치면서 자신을 단순한 고용인이 아닌 기꺼이 섬기는 자로 묘사한 것은고전 9:16 이 셋째 상황을 언급한 것이다. 그러한 사람들은 의의 면류관딤후 4:8을 쓰게 된다. 면류관은 의지로 동의하여 순종하는 사람에게 주어지기 때문이다. 바울은 또다시 자신과 자신을 따르는 자들에 대하여 "우리는 하나님의 동역자들이

요"고전 3:9라고 말한다.

하나님은 하나님을 통하여, 하나님을 위하여 행동하려 하는 사람을 인정하신다. 이것이 우리가 감히 스스로를 "하나님의 동역자"라고 부를 수 있는 이유이다. 우리는 자신의 자발적인 동의에 의해 하나님의 의지와 연합할 수 있기 때문에 성령과 협력하는 자는 하나님의 나라에 합당한 것이다.

14. 은혜와 자유의지 - 구원 사역

모든 공로는 하나님의 은혜이다. 구원 사역에 있어서 자유의지의 기능은 무엇인가? 그것은 자유로운 동의(同意)에 불과한가? 그렇다. 동의 그 자체 안에는 아무 공로도 없다. 왜냐하면 우리 자신 안에는 아무런 공로가 없기 때문이다 고후 3:5. 모든 것은 하나님으로부터 오는 것이다.

모든 것은 하나님으로부터 비롯된다.

"너희 안에서 행하시는 이는 하나님이시니 자기의 기쁘신 뜻을 위하여 너희에게 소원을 두고 행하게 하시나니"빌 2:13. 이것은 자기의 자유의지뿐만 아니라 생각, 의지, 행위 등 자신이 할 수 있는 모든 것을 하나님께 돌린 사도 바울의 말이다.

그러므로 만일 하나님이 우리 안에서 이 세 가지 일을 모두 행하셔서 우리에게 선한 생각, 의로운 의지, 행위의 성취를 주신다면 첫째 경우에 하나님은 우리가 없이, 둘째 경우에는 우리와 함께, 셋째 경우에는 우리를 통해서 사역하셔야 한다. 하나님은 우리가 바른 생각을 갖도록 감화하시며 우리를 자극하신다. 우리의 동의 과정에서, 우리의 잘못된 의지를 변화시키는 과정에서 함께하신다. 그리고 우리의 동의에 선한 일을 할 수 있는 능력을 주신 후에 하나님은 자신이 행하였던 모든 선한 일을 계시하신다.

우리가 자신의 행동을 촉진시키지 못한다는 것은 분명하다. 그러나 아무도 선하지 않음을 발견하신 하나님은 은혜 안에서 모든 구원 행위를 촉진하신다. 그러므로 우리 구원의 시작은 우리 안에서 또는 우리와 함께 시작되는 것이 아니라 오직 하나님 안에서만 발견된다. 그러나 동의와 사역이 우리 안에 있지는 않지만 우리가 없이는 이루어질 수 없다.

동의와 행위에는 선한 의지가 필요하다.

인간이 아무런 역할도 하지 않는 (시작의) 첫 단계나 (두려움과 저주스런 위선에 의해 종종 우리 안에 부패하는 행동의) 마지막 단계도 우리에게 아무 공로가 되지 못한다. 오직 둘째 단계(자유의지)뿐이다.

선한 의지는 언제나 그 자체로 충분하다. 그것이 결여된다면 다른 어떠한 것도 그것을 대신할 수 없다. 의도는 공로가 될 수 있다. 행위는 본이 될 수 있다. 이 둘에 선행(先行)하는 선한 생각은 우리를 무력함에서 일으켜 세울 수 있다.

하나님의 은혜로 자유의지를 발휘한다.

그러므로 우리는 이러한 일들이 우리 안에서, 우리와 함께 무의식적으로 발생할 때에 그것들을 우리의 의지의 공로로 돌리지 않도록 주의해야 한다. 우리 자신의 의지는 연약하다. 또한 우리는 그것들을 하나님 편에서의 필연성으로 돌려서도 안 된다. 그런 것은 존재하지 않는다. 오직 그것들을 충만한 하나님의 은혜의 공로로 돌려야 한다.

자유의지가 선한 생각의 씨앗을 뿌리도록 하시는 것은 하나님의 은혜이다. 그것은 의지의 성향을 변화시킴으로써 치유한다. 그것은 의지를 행동으로 변화시킨다. 그것은 영혼을 타락으로부터 구한다. 그러나 하나님의 은혜는 자유의지와 협력하여 일하시므로 첫째 경우에는 선행할 뿐이며, 다른 경우들에는 그 뒤를 따른다.

은혜는 모든 것을 시작하게 하고 모든 것을 끝마친다. 그러나 자유의지는 은혜와 동시에 작용하도록 한다. 그러므로 은총이 2분의 1을 사역하고 자유의지가 그 나머지를 하는 것이 아니다. 은혜 안에서 각각 제 기능을 하는 것이다. 그러므로 은혜가 모든 것을 하며, 또한 자유의지도 모든 것을 한다. 그러나 다음과 같은 한 가지 제한은 있다: 모든 것이 자유의지 안에서 행해지며, 모든 것이 은혜로 말미암아 행해진다.

이 모든 일에 있어서 우리는 우리가 사도 바울의 가르침으로부터 멀리 떨어져 방황하고 있지 않음을 확신하다. 우리가 계속 사도 자신의 말로 되돌아가고 있기 때문이다. "그런즉 원하는 자로 말미암음도 아니요 달음박질하는 자로 말미암음도 아니요 오직 긍휼히 여기시는 하나님으로 말미암음이니라"롬 9:16. 그는 헛되이 달음박질하고 있는 자의 언어를 쓰고 있지 않다갈 2:2. 오히려 그는 원하는 자들과 달리는 자들은 자신들을 신뢰해야 하지만, 단지 원하고 달리기 위해 하나님으로부터 받은 것 안에서만 신뢰함을 의미한다. 그는 한마디로 "네게 있는 것 중에 받지 아니한 것이 무엇이냐?"라고 묻는다 고전 4:7.

하나님의 세 가지 사역

인간이여, 네가 생존을 받았을 때, 거룩하게 되었을 때, 또 영원한 구원을 받았을 때, 이런 것들 중 어느 것을 네가 행했고 행할 수 있었는가? 그 어느 것이 자유의지로 가능하였는가?

너는 너 자신을 창조할 때에 그곳에 존재하지 않았으므로 너를 창조하지 않았다 욥 38:4. 또한 너는 죄 가운데서 너 자신을 은혜로 회복할 수도 없었다. 너는 죽음에서 다시 일어날 수도 없었다. 또한 치유되고 구원되어야 할 사람들이 쌓아 두어야 하는 선한 일들을 할 수도 없었다.

하나님만이 간구를 들으시고 구원하시고 거룩하게 하신다.

창조와 구원에 관한 한 이 모든 것은 지극히 분명하다. 하나님의 의를 알지 못하고, 자신의 의를 세우려 하고, 하나님의 의에 복종하지 않는 자를 제외하고는 롬 10:3 누구도 칭의를 의심하지 않는다.

네가 무지하여 창조주의 권능과 구세주의 영광을 인정하면서도 거룩하게 하시는 분의 의를 알지 못할 수 있겠는가? 예레미야는 다음과 같이 말한다.

"여호와여 주는 나의 찬송이시오니 나를 고치소서 그리하시면 내가 낫겠나이다 나를 구원하소서 그리하시면 내가 구원을 얻으리이다" 렘 17:14. 예레미야는 그가 오직 하나님 안에서만 성화와 구원이라는 두 가지 예복을 받을 수 있음을 나타냈다.

누가 의는 오직 하나님으로부터만 온다는 사실을 무시할 수 있는가? 누가 자신을 의롭다 할 수 있는가? 이러한 이유로 다윗은 스스로 "여호와여 영광을 우리에게 돌리지 마옵소서… 오직 주의 이름에만 영광을 돌리소서"시 115:1라고 말하였다. 그는 하나님에게서 두 가지 예복, 즉 의의 예복과 영광의 예복을 구하고 있다.

스스로 의롭다 하는 자는 하나님을 알지 못한다

의는 오직 하나님으로부터 온다는 사실을 모르는 사람은 어떤 사람인가? 그는 스스로를 의롭다고 하는 사람이다. 그러면 스스로를 의롭다고 하는 사람은 어떤 사람인가? 자신의 공로가 은혜가 아닌 어떤 다른 근원으로부터 온다고 상상하는 사람이다.

상급을 주시는 분은 최초로 그것을 만드신 분이다. 하나님으로부터 은혜를 받은 자는 "내게 주신 모든 은혜를 내가 여호와께 무엇으로 보답할까?"라고 말한다시 116:12. 다시 말해 하나님이 이전에 주신 것에 대해 무엇으로 보답하겠는가? 시편 기자는 자신의 존재와 의의 근원을 부정함으로 그것들을 잃지 않도록 하기 위해서 그것들이 하나님께만 속한다고 선포한다. 만일 이 사실을 부정한다면 그 근원을 끊고 자신을 정죄하게 되기 때문이다.

시편 기자는 그가 보답해야 할 세 번째 점을 발견한다: "내가 구원의 잔을 들리라"시 116:13. 구원의 잔은 구세주의 보혈이다. 만일 그대에게 그대 자신의 것이라고 부를 수 있는 것—그대가 보답할 수 있다고 생각하는 것—이 부족하다면 당신은 어떤 근원으로부터 하나님께 보답하기를 구할 수 있는가? 그는 "내가 여호와의 이름을 부르리라"고 말한다. 왜냐하면 누구든지 그 이름을 부르는 자는 구원을 얻게 되기 때문이다 행 2:21; 3:12.

그러므로 우리에게는 하나님의 이름 외에는 하나님께 보답할 수 있는 것이 아무것도 없다.

하나님의 은혜는 세 가지 방법으로 자유의지를 돕는다.

이것이 참된 지혜를 가진 사람들이 세 가지 기능- 자유의지의 기능이 아니라 자유의지의 행사와 관계된 하나님의 은혜의 기능-을 인정하는 이유이다. 이 기능의 첫째 부분은 창조, 둘째는 구속, 셋째는 완성이다.

첫째, 우리는 예수 그리스도 안에서 의지의 자유를 갖도록 창조되었다 엡 2:10. 둘째, 우리는 예수 그리스도에 의해 자유의 영 안에서 새 힘을 얻었다 고후 3:17. 셋째, 우리는 예수 그리스도와 함께 영원한 상태에서 완성에 달하고 세워질 것이다. 존재를 가지지 않은 것은 존재를 가지신 분에 의해 창조되어야 하기 때문이다. 변형된 것은 예수 그리스도에 의해 회복되어야 할 필요가 있다. 그의 몸의 지체들은 머리 되신 예수 그리스도 안에서 궁극적인 완성을 얻을 수 있을 뿐이다.

이러한 일들은 "우리가 다… 온전한 사람을 이루어 그리스도의 성장한 분량이 충만한 데까지 이르고" 엡 4:13, "그와 함께 영광 중에 나타날 때 골 3:4 일어날 것이다. 완성은 우리에 의해서가 아니라 우리 안에서 성취될 것이다. 이는 구속은 우리들 중 자발적으로 동의한 사람들에게 발생하기 때문이다. 그리고 구속은 의를 위해 우리에게 전가된다.

의도, 기억, 애정

우리의 공로는 금식, 경계, 자기 훈련, 자비, 그리고 속사람이 날마다 새로워지게 하는 모든 덕행의 실천이다 고후 4:16. 온갖 세상의 염려로 인해 아래를 향하여 굽었던 우리의 의도는 점차 하늘을 향하여 들어올려진다. 육체적 욕망으로 번민하는 우리의 애정은 영적 사랑에 의해 지극히 완만하게 일으켜 세워져 강화된다. 이전의 수치스런 행위들로 더럽혀진 우리의 기억은 우리의 선행들을 기억하면서 더욱 순수하고 즐거운 것이 된다.

이와 같은 세 가지 방법으로 속사람이 새롭게 된다. 이것은 올바른 의도, 순수한 고통, 선행의 기억에 의해 발생된다. 선행은 기억을 가득 채우고 양심에 빛을 비춰 준다.

성령과 우리의 공로

이러한 일들은 진실로 하나님의 은사이기 때문에 우리 안에서 역사하시는 분은 하나님의 영이다. 그러나 그것들은 우리 의지의 동의에 의해 일어나기 때문에 우리의 공로이기도 하다. 주님은 "말하는 이는 너희가 아니라 너희 속에서 말씀하시는 이 곧 너희 아버지의 성령이시니라"고 말씀하신다 마 10:20. 바울은 "그리스도께서 내 안에서 말씀하시는 증거를 너희가 구함이냐?"라고 묻는다 고후 13:3. 그러면 예수 그리스도 혹은 성령께서 사도 바울의 인격 속에서 말씀하시는데도 당신은 하나님이 그 안에서 역사하시지 않는다고 생각하는가? 그는 "그리스도께서… 나를 통하여 역사하신 외에는 감히 말하지 아니하노라" 롬 15:18 라고 고백하였다.

이것은 어떤 의미를 함축하는가? 사도 바울의 말과 행위가 그 자신의 것이 아니라 그를 통하여 말씀하시는 하나님의 것이라면 바울의 공로는 어디에 있는가? 다음과 같이 확신에 찬 그의 말들은 어떻게 된 것인가? "나는 선한 싸움을 싸우고 나의 달려갈 길을 마치고 믿음을 지켰으니 이제 후로는 나를 위하여 의의 면류관이 예비되었으므로 주 곧 의로우신 재판장이 그날에 내게 주실 것이니라"딤후 4:7-8.

당신은 바울이 자신이 행한 선한 일들 때문에 면류관을 기대하고 있다고 생각하는가? 결코 그렇지 않다. 분명히 아무 공로도 받을 수 없는 사탄이나 무능한 사람들이 수많은 선한 일들을 행하는 것을 볼 수 있기 때문이다. 이러한 선한 일들이 그의 선한 의지와 연관되어 행해지기를 바라는 것이 아닌가? 그는 "내가 내 자의로 이것을 행하면 상을 얻으려니와 자의로 아니한다 할지라도 나는 사명을 받았노라"라고 말했다고전 9:17.

끝으로 만일 모든 공로가 의존하고 있는 이 의지가 사도 바울을 자극하지 않았다면, 그가 어찌 의의 면류관이 그를 위해 마련되어 있다고 말할 수 있겠는가? 우리는 의무도 없이, 그리고 값없이 약속된 것을 빚이라고 정당하게 주장할 수 있는가?

바울의 면류관은 의의 면류관이다.

바울은 "내가 믿는 자를 내가 알고 또한 내가 의탁한 것을 그날까지 저가 능히 지키실 줄을 확신한다"딤후 1:12고 말한다. 그는 하나님의 약속을 그가 의탁한 것이라고 하였다. 그는 약속하시는 분을 믿기 때문에 확신을 가지고 그 약속을 반복한다. 그는 이 약속이 은혜로 말미암아 이루어졌음을 잘 알고 있었으며, 그것이 의롭게 성취되리라는 사실을 전혀 의심치 않았다.

이와 같이 사도 바울이 기대한 면류관은 의의 면류관으로 잘 묘사되어 있는 바, 그것은 바울에게서 오는 것이 아니라 하나님으로부터 오는 의이기 때문이다. 하나님이 자신이 빚진 것을 주시는 일은 의로운 일이며, 하나님 자신이 약속한 바를 빚지고 계신 것이다. 이제 사도 바울이 신뢰하고 있는 것은 의로운 하나님의 약속이다.

만일 바울이 하나님을 알지 못하고서 자신의 의를 갖기를 열망했었다면, 그는 결코 하나님의 의에 복종하지 않았을 것이다 롬 10:3. 그러나 하나님은 바울이 면류관을 받을 수 있도록 하기 위해서 그를 하나님의 의의 동참자로 삼기 원하셨다. 하나님은 그를 하나님의 의(義)에 동참하여 면류관을 받을 만한 사역을 하도록 만드셨다. 그러나 하나님은 바울이 하나님의 뜻에 자신의 뜻을 일치시키기를 원할 때에 그를 동참자로 만드셨다. 의지는 돕기 위해 주어졌고, 이 도움은 상급을 위한 것으로 간주된다.

의지와 상급은 모두 하나님이 주신 것이다.

의지가 하나님으로부터 온다면, 상급이나 공로도 하나님으로부터 올 것임이 분명하다. 의지와 행위는 오직 하나님의 은혜의 결과임을 부인할 수 없다 빌 2:13.

그러므로 하나님은 의지를 선한 일에 적용시키고, 또한 의지에 그 일을 공급하셨으므로 공로의 창시자이시다. 우리의 행동에 의미 있는 명칭을 부여하여 그것들을 공로라고 부르려 해도 그것들은 단지 우리

소망의 토대, 사랑의 동기, 감추어진 예정의 전조, 우리의 미래의 축복에 대한 징조, 하나님의 나라로 가는 길이 될 수 있을 뿐이다. 그러나 그것들은 우리가 왕들처럼 통치할 수 있다고 주장할 만한 요인들이 되지는 못한다. 한마디로 요약하여 우리는 다시 사도 바울의 말로 결론을 지을 수 있다.

"또 미리 정하신 그들을 또한 부르시고 부르신 그들을 또한 의롭다 하시고 의롭다 하신 그들을 또한 영화롭게 하셨느니라"롬 8:30.

제 2 부

하나님의
사랑의 본질과 위대함[1]

---
1) 성 티에리의 윌리엄과 클레르보의 베르나르가 쓴 소논문들

The Love of God **4**
사랑의 본질과 고귀함[2]

1. 서문

사랑은 모든 예술 중 가장 뛰어난 예술이다. 그것은 자연이 가르치지만, 자연을 지으신 분은 하나님이시다. 사랑은 음란한 애정으로 그 순수성이 부패되기는 했으나 하나님이 우리에게 주신 것이다. 이 사랑은 우리에게 우리가 본질적으로는 하나님의 제자들이 아니라고 가르친다. 그러나 우리가 하나님의 사랑을 받아들일 때 우리는 가르침을 받을 수 있다.요 6:45. 영혼 안에 있는 이 사랑은 그 동인(動因)을 통해 그 목적과 목표를 이루는 능력이다.

만물은 제 나름의 경향을 지니고 있다.
영적인 것이든 물질적인 것이든 모든 피조물은 나름대로 끌어당기

---

[2] 이 논문은 1120년 초 성 티에리의 윌리엄에 의해 쓰인 것으로서, 아마 성 티에리의 수도사들에게 행한 매일의 설교 형태로 쓰인 듯하다.

는 영역을 가지고 있다. 그것은 중력의 영향을 받는 것과 같다. 이 법칙은 철학자 아리스토텔레스에 의해 주창되었다. 그러나 모든 것이 다 아래쪽으로 끌려가는 것은 아니다. 물은 떨어지고 불은 올라가듯이, 만물 중에는 올라가는 것도 있고 떨어지는 것도 있다. 인간도 역시 이 법칙에 복종하여 그의 영혼은 올라가고 육체는 내려간다. 그의 각 부분은 나름대로 바라는 목표를 향하여 간다.

흙은 흙으로 돌아가듯 인간은 하나님을 향해야 한다.

육체가 거할 곳은 어디인가? 성경은 "너는 흙이니 흙으로 돌아갈 것이니라"창 3:19고 말한다. 그러나 전도서에서는 영에 관해서 "흙은 여전히 땅으로 돌아가고 영은 그것을 주신 하나님께로 돌아간다"고 말한다전 12:7.

그러므로 우리는 인간이 자신이 소유하고 있는 본질을 표현하고 있음을 알게 된다. 영은 그것을 창조하신 하나님에게로 돌아간다. 그리고 육체는 땅으로 돌아가는바, 땅 속으로 돌아갈 뿐만 아니라 그것을 구성하였던 원소들로 되돌아간다. 이와 같이 흙, 불, 물, 공기는 각기 육체로부터 무엇인가 반환을 요구한다. 이것을 우리는 자연적 분해 혹은 부패라고 부른다. 이 작용이 완성되면 모든 원소들은 각기 고유한 위치로 환원된다.

범죄한 영혼은 하나님을 향하지 않는다.

이러한 자연의 요소들은 모두 그 과정에서 이탈하지 않는 반면에, 죄악에 의해 타락한 불운한 혼(魂)과 타락한 영(靈)은 근원으로 되돌아가는 법을 알지 못한다(혹은 매우 어렵게 깨닫는다). 진실로 영혼은 축복에 대한 열망에 사로잡혀 있고 축복 외에는 아무것도 추구하지 않는다. 그러나 "여호와를 자기 하나님으로 삼는 백성은 복이 있도다"시 144:15. 그와 같은 축복을 다른 방법으로 찾는다든가 모든 선의 창조주가 아닌 다른 근원으로부터 찾는 것은 헛되이 방황하는 것이다. 그와 같은 가르침을 잃고 방황해 온 영혼은 적절한 교사, 즉 영혼이 사랑을 통해 추구하는 축복에 대해 가르칠 수 있는 분을 필요로 하고 있다. 그리하여 영혼은 어디에서, 어떻게, 어떤 영역에서, 그리고 어떠한 길을 추구해야 할 것인지에 대한 충고를 얻을 것이다.

육욕은 사랑이 아니다

육체적 사랑은 악한 교사들을 소유하고 있다. 그들은 스스로 타락했으며 남들을 타락하게 하는 데 훌륭하고 효과적인 기술을 가진 사람들이므로 그들의 사랑의 대가(大家)-오비디우스-조차도 음란한 것들을 사랑하거나 좋아하는 자들에 의해서 그가 그렇게도 정열적으로 격찬하던 것을 저버리도록 강요받았다. 이리하여 육체적 사랑의 불길에 대해 열정적인 저술을 하였던 오비디우스도 사랑을 위한 치료책에 대해 저술하도록 강요받았다. 그는 모든 정열을 일으키거나 새로운 것들을 고안함으로써 사랑을 만들어내는 동기를 묘사하는 데 자신의 모든 기술을 동원했다.

이 그리스-로마 세계의 타락으로부터 무절제하고 방탕한 광기와 풍성한 욕망의 유인(誘因)들이 나타난다. 모든 자연의 구조는 끊임없이 무절제하게 솟구치는 욕망이라는 악만을 소유한 사람들의 타락과 탈

선으로 질서를 잃고 파괴되었다.

육욕은 동물적이다.

하나님이 세상을 창조하실 때 부여하신 자연 질서에 따르면 인간의 영은 그 자신의 동기와 창조하신 하나님을 향한 사랑에 의해 위를 향해야 했다. 그러나 육체의 미혹으로 모욕을 당하고 타락한 사람은 그렇게 하지 않는다. 오히려 그는 동물처럼 생활한다. 따라서 시편 기자는 사람은 "멸망하는 짐승 같다"시 49:12고 말한다. 또 여호와께서도 "나의 영이 영원히 사람과 함께하지 아니하리니 이는 그들이 육신이 됨이라"창 6:3고 선언하신다. 그리고 시편 기자도 동료 인간들을 대신하여 "내 마음은 밀랍 같아서 내 속에서 녹았으며"시 22:14라고 말한다.

마음은 육욕의 지배를 받지 않고 오히려 지배해야 한다.

하나님은 인간의 마음을 육체의 좁고 중심 되는 부분에 창조하셔서 그곳에서 보다 높은 감각을 지키고, 보다 낮은 육체를 전체적으로 다스리도록 하셨다. 그러므로 마음의 역할은 모든 사색의 영역과 그 주위의 행동을 다스리는 일이다. 그러나 타락시키는 영향을 받은 마음의 감성은 인간의 감각을 수치스럽게 하고 비천한 열정으로 인간을 지배할 뿐만 아니라 오직 하나님을 위해서 피조된 본래의 고귀함을 잊게 하는 짐승의 탐욕으로 바뀐다.

마음은 오직 하나님만을 위하여 창조되었기 때문에 타락한 사람들과 다른 사람들을 타락하게 하는 사람들은 마음을 육욕에 더욱 어울리는 거주지요 온갖 악을 위한 매음의 집으로 간주한다. 이와 같이 육욕을 주장함으로써 자신들을 타락시키는 사람들은 얼마나 잘못된 사람들인가? 그들은 창조주 하나님께 속하며 어떤 피조물에도 개방되지 않은 그들 영혼의 자리를 사탄의 권좌계 2:13로 만들었다. 그들의 마음은 음탕한 자리, 무한히 많은 악의 처소가 되었다.

2. 사랑의 근원과 발전

우리는 부패된 상태의 사랑이 아니라 하나님이 친히 우리에게 감화하신 사랑에 대해 말하기를 원한다. 하나님은 사랑의 근원이시다.

먼저 사랑의 원천, 그리고 일련의 성장 단계를 통하여 사랑이 어떻게 그 성숙한 시기에 이르는지 살펴보자. 이 성숙한 시기는 노망(老妄)이 섞인 우울(憂鬱)로 가득 찬 것이 아니다. 그것은 풍성한 자비로 가득 찬 시기이다. 인생의 여러 단계들이 (그것들을 어떻게 보는가에 따라) 부침(浮沈)하듯이 아이는 젊은이가 되고, 젊은이는 어른이 되고, 어른은 노인이 된다. 그리고 각 단계에는 질적인 변화가 있다. 사랑에 있어서도 마찬가지이다. 세상은 덕을 발전시키고, 덕은 성장하여 사랑이 되고, 사랑은 자비로 이어지고, 자비는 지혜로 발전된다.

사랑의 근원

지금 우리가 이야기하고 있는 사랑의 숭고한 계보에 대해 알 필요가 있다. 왜냐하면 사랑은 고귀한 가문에서 나오기 때문이다. 그것은 하나님께 그 출생의 근원을 두고 있다. 사랑은 하나님에게서 태어나고,

하나님 안에서 양육되고, 하나님 안에서 성장하고 발전한다. 사랑은 하나님 안에서 이방인이 아니라 참된 시민이다 엡 2:19. 사랑은 하나님에 의해서만 주어지고, 하나님 안에서 계속 존재하기 때문이다. 사랑은 오직 하나님에게서만, 그리고 하나님을 위해서만 합당한 것이다.

사랑의 탄생을 논의할 때 우리는 삼위일체 하나님을 생각하게 된다. 하나님은 인간을 자신의 형상대로 창조하셨다. 하나님이 인간을 자신의 모양으로 형성하셨으므로 창조주의 삼위일체적 특성은 인간 안에, 그리고 인간을 통하여 빛나고 있다. 하나님은 이 형상에 의해 이 새로운 하나님의 창조의 거주자, 즉 인간이 불가분리적으로 창조주이신 하나님을 붙잡기를 열망하셨다. 만일 그리하지 않는다면 여러 가지 다른 피조물들에 끌려 방황하고 소외되고 괴로움을 당하게 된다. 이 소규모의 피조된 삼위일체 안에서 인간은 지고한 삼위일체의 창조주와 합일되는 일로부터 자신을 분리하려 한다.

인간 생존의 삼위일체

하나님이 인간에게 생명의 숨을 불어넣으셨을 때 창 2:7 인간은 영적 또는 지적인 능력을 부여받았다. 이것이 영감-인간에게 숨을 불어넣는 일의 의미이다. 그는 또한 동물적 능력, 생물학적 생명력도 부여받았는바 이것이 그로 하여금 살아 있는 피조물이 되게 한다. 하나님은 인간의 우월한 기능 안에 기억이라는 능력을 세우셔서 인간이 언제나 창조자의 권능과 선하심을 기억하도록 하셨다. 그리고 기억은 이성을 낳고, 또 기억과 이성이 의지를 낳게 하셨다.

인간은 삼위일체 하나님을 필요로 한다.

기억은 우리가 추구해야 할 목표를 알고 그곳으로 인도한다. 이성은 우리가 추구해야 할 바를 말해 준다. 의지는 그것을 추구한다. 그것은 추구하는 능력이다.

이 셋-기억, 이성, 의지-은 하나이다. 그러나 그것들은 각기 효과적으로 작용한다. 거룩한 삼위일체 안에는 하나의 실체에 세 위격이 있다. 그 삼위일체 안에서 성부는 낳는 자, 성자는 탄생된 자이며, 성령은 이 둘로부터 발현한다. 이와 마찬가지로 기억은 이성을 낳고, 의지는 기억과 이성으로부터 나아온다.

인간 안에 피조된 영혼이 하나님께 집착하도록 하기 위해서 성부께서는 기억이 자신의 것이라고 주장하시고, 성자는 이성을, 이 양자로부터 발현된 성령은 기억과 이성으로부터 나아오는 의지를 자신의 것이라고 하신다.

그러므로 이것이 의지의 근원-출생, 쓰임, 권위, 그리고 숭고함-이다. 은혜가 촉진시키고 협력할 때에 의지는 자유롭게 성부와 성자의 사랑과 의지인 성령에 굳게 결합한다. 의지는 자발적으로 열망하기 시작하고, 하나님이 원하시는 바를 열렬히 원하고, 기억과 이성이 마땅히 원해야 한다고 제의하는 것을 원하기 시작한다. 이 열렬한 의지는 사랑이며, 사랑은 다름 아닌 선을 향한 열망이다. 의지는 그 자체로 선을 열망하는 단순한 태도(즉 사랑)이다. 그것은 이성적 영혼 안에 그 뿌리를 두고 악뿐만 아니라 선도 행할 수 있다.

영혼에게 중요한 것은 은혜이다.

사랑은 은혜의 도움을 받을 때에 선하게 된다. 그것이 스스로 존재할 때에는 악하다. 왜냐하면 그것은 본질적으로 부족한 것이기 때문이다. 창조주의 관점에서 볼 때, 인간 영혼에는 아무것도 결여되어서는 안 된다. 그러므로 영혼에 자유의지가 두 가지 방법으로 주어졌다.

첫째, 의지는 은혜의 도움을 받아 덕을 향해 발전한다. 그리고 사랑이라는 명칭을 취하여 사랑이 된다. 둘째, 의지는 스스로 존재할 때 이기적으로 자신을 즐기기를 택하며 자체의 결여로 고통을 받는다. 그래서 여기에는 탐욕, 허욕, 육욕 등 여러 가지 악덕의 명칭들이 붙는다.

태초부터 의지는 피타고라스의 문자 Y처럼 자유롭게 창조되었다. 만일 의지가 그 근원의 고귀함과 일치하여 사랑으로 승화된다면 하나님이 정하신 구조에 따라 의지는 사랑에서 자비로, 그리고 자비에서 지혜로 발전할 것이다.

은혜가 없는 의지는 파괴적이다.

반대로 이러한 자기-배열이 없는 의지는 하나님의 의지가 정하신 바에 따라 파멸하게 될 것이다. 하나님의 은혜로 인한 즉각적인 도움이 없다면 의지는 혼돈의 어둠에 압도되어 악의 지옥에 파묻힐 것이다. 의지가 진실로 이 지옥에의 길을 버릴 때에만 그것은 다시 한 번 그 발걸음으로 자신을 인도하고 지도하는 은혜를 따르기 시작할 것이다시31:3. 그렇게 될 때에만 의지는 사랑으로 성숙하게 될 것이다.

젊은 힘으로 가득한 의지는 주님을 경외함으로 말미암아 감화되어서 아이들같이 형벌을 두려워하여 놀라지 않게 된다. 이 의지는 하나님에 대한 참된 경배와 사랑으로 감화된다. 이것이 참된 경건이다. 욥의 말처럼 "주를 경외함이 곧 지혜이다"욥 28:28.

참된 젊음은 인간의 자연적인 힘이나 그 나이에 따른 능력을 보이는 데서 나타나는 것이 아니다. 그러므로 젊음의 자연적인 자극들을 발산하지 않도록 하라. 이성은 이러한 것들을 부패시키는 일을 금하려 한다. 사람들은 피상적인 방황 가운데 젊음의 이상을 부패시키기 때문이다. 그들의 영은 짐승들의 영과 같다시 49:12. 그리고 그들의 육체는 들나귀들과 같아서 미친 듯한 자극을 주어 그들을 미치게 한다겔 23:20.

이것이 의지를 잘못 사용한 사람들에게 일어나는 일이라면, 신령한 젊음의 열기 안에서 의지를 올바르게 사용한 사람들에게는 얼마나 더 큰 은혜가 되겠는가. 그러나 참되게 사랑하는 자가 선한 것들을 향해 나아가는 것보다 부패한 사람들이 더욱 신속히 부패하는 데로 나아가는 것을 보는 일은 참으로 슬픈 일이다.

3. 참사랑 안에 있는 거룩한 어리석음

사도 바울의 거룩한 정신 이상에 귀를 기울이라! "우리가 만일 미쳤어도 하나님을 위한 것이요 만일 정신이 온전하여도 너희를 위한 것이다"고후 5:13.

이 거룩한 어리석음에 대해 더 자세히 듣기를 원하는가? 모세는 "그러나 이제 그들의 죄를 사하시옵소서 그렇지 아니하시오면 원하건대 주께서 기록하신 책에서 내 이름을 지워 버려 주옵소서"라고 말하였다 출 32:32.

세 번째 예를 들어보자. "나의 형제를 위하여 내 자신이 저주를 받아 그리스도에게서 끊어질지라도 원하는 바로라" 롬 9:3.

분명히 미치게 하는 것은 이 확고한 영혼의 성향 속에 있는 거룩한 온전함이 아닌가? 마음이 얼마나 그리스도를 향한 사랑으로 기울어지면 저주가 되고 그리스도로부터 끊어질 수 있는가?

거룩한 모임은 하나님이 감화하신다.

성령 강림 때에 사도들은 성령에 취하였다 행 2장. 베스도가 바울에게 "바울아, 네가 미쳤도다"라고 말한 바울도 이처럼 미쳤다 행 26:24. 바울이 미쳤다는 말을 듣는 것은 결코 놀랄 일이 아니다. 그는 그리스도를 추종하였다는 이유로 사형선고를 받는 순간에도 재판관들을 그리스도께로 회심시키려 하고 있었다.

베스도가 말한 것과 같이 바울을 미치게 한 것은 바울의 많은 학문 행 26:24이 아니었다. 그 왕은 진리를 알면서도 그것을 숨겼다. 그것은 성령에 의한 취함이었다. 따라서 바울은 그를 심판하는 사람들이 결박된 것을 제외하고는 작은 일에서나 큰일에서나 자기와 같기 원했다 행 26:29.

한 가지를 더 인용해 보자. 그리스도를 위하여 모든 것을 버리고, 다시 그리스도를 위하여 세상으로 돌아오고, 순종과 형제 사랑 안에 돌아온 사람들에게서 발견할 수 있는 어리석음보다 더 크고 예측할 수 없는 것이 무엇이겠는가? 하늘나라에 도달하고자 하면서도 그는 자신을 그와 같은 썩어짐에 던져 버리는 것인가? 그러나 그것이 바로 어리석기 때문에 자신의 이익이나 다른 것을 알지 못하는 베냐민의 경우이다. 그는 오직 그가 완전하게 갈망하는 분만을 알고 있었다 시 68:27.

이 미침은 또한 심한 고문을 받으면서도 기뻐한 순교자들의 미침이기도 했다. 이에 대해 감각적인 열정에서 한 버질의 말을 인용할 수 있을 것이다: "어리석은 짓은 잘 허용된다."

거룩한 모임은 이성에 의해 자유로워지지 않는다.

그것은 사랑 안에, 하나님 앞에서의 마음가짐 안에, 그리고 경건한 정열 안에 분명히 나타나는 젊음에 찬 열정이 된다. 이 단계에서의 열정은 이성이라는 고삐를 소유하지 않으며, 소유할 필요도 없다. 방종한 이기주의, 풍부한 재산, 그리고 안락한 생활은 참된 초심자의 질서와 양립할 수 없다. 그래서 이 영은 다른 사람들 안에서 용기를 잃어서는 안 된다. 스스로에게 엄중하고 타협하지 않는 훈련을 부과해야 한다. 그러나 타인들에게는 부모의 사랑, 형제의 사랑을 가지고 대해야 한다.

초심자를 인도하고 가르치는 경건한 사람은 모든 일에 있어서 겸손하고 온화하고 순종해야 한다. 이것들 중 어느 것이라도 결여된다면, 게으르고 열성이 없는 영혼이 있을 때 인내할 수가 없다. 혹은 젊음의 열정이 급격하게 파멸될까 두려워할 수도 있다. 이것이 초심자의 전 생애가 그리스도를 위한 모든 일에 어리석은 자가 되어야 하는 이유이다 고전 4:10.

거룩한 모임에는 영적 가르침이 필요하다.

초심자는 보다 현명하고 나이 든 사람, 하나님으로부터 배운 것을 가르친다고 알려진 사람의 지도를 받아야 한다. 하나님의 도를 배우는 데 있어서 아직 젊은 사람이 계속 자유를 보존하고 판단하기 위해서는 그가 들은 일에 대한 장기간의 인내력 있는 경험이 있어야 하기 때문이다. 그러므로 무엇보다 먼저 하나님께 순종하는 가운데 자신을 훈련하는 데 힘써야 한다. 기록된바 "너희가 진리를 순종함으로 너희 영혼을 깨끗하게 하라"벧전 1:22. 이것이 하나님의 선하시고 기뻐하시고 온전하신 뜻이기 때문이다롬 12:2.

거룩한 모임에는 기도가 필요하다.

이러한 성향을 얻어서 보존하기 위해서는 계속 세심하고 인내력 있는 기도의 도움을 구해야 한다. 믿음은 기도 안에서 그 모든 것을 바란다고전 13:7. 기도는 하나님께 강요하는 듯한 헌신이다. 그것이 찾는 모든 것, 그것이 기도 자체를 통해 얻을 수 있다고 느끼는 것은 사랑이다. 모든 것 안에서 우리 자신의 뜻이 아니라 하나님의 뜻이 이루어지기를 선택하는 것은 은혜로운 겸손이다요 6:38.

거룩한 모임에는 정화(淨化)가 필요하다.

이 단계까지 가능하게 되었을 때에 젊은 헌신자로 하여금 깨끗한 마음, 정결한 육체, 침묵 혹은 신중한 언사, 겸손한 눈, 근질거리지 않는 귀, 조용하고 부드러운 태도, 수양과 자제력을 갖도록 애쓰게 하여 그가 행하는 모든 선한 일들이 방해받지 않게 하라. 그가 폭소를 통해 기만에 찬 마음에서 육욕을 일으키지 않고, 부드러운 미소를 통해 은혜를 가져오게 되기를…. 그가 영적 묵상을 계발하고 책을 잘 선택하여 읽어서 쓸데없는 호기심을 일으키지 않도록 하라. 윗사람들에게 복종하고, 상급자에게 경의를 표하고, 하급자를 사랑하도록 하여 권위를 갈망하지 않고 동료들을 사랑하고 도와주게 하라. 그가 엄격함에 압도되거나 관대함에 정복되지 않도록 하라. 얼굴에는 평온함을, 마음에는 모든 사람에 대한 친절을, 그리고 모든 일에 있어 관대함을 갖게 하라.

이 사랑의 단계는 무절제한 쾌락을 끊고, 모든 악을 뿌리 뽑고, 모든 잘못된 욕망을 부숴버리는 시간이며 장소이다. 그는 잘라 버려야 하는 바 자연적으로 자라나는 음란하고 거짓된 가지, 즉 교묘한 욕망들을 다룰 수 있게 될 것이다. 이러한 것들은 욕망이라기보다는 육신의 정욕, 안목의 정욕, 이생의 자랑이다요일 2:16. 이 단계에 이르면 그는 영적이고 참된 발전을 바랄 수 있다.

4. 사랑 안에 발전하려는 노력과 기쁨

경건한 자는 근면하다.

이것은 사랑하는 자가 앞으로 나아가고 힘써 어려운 일을 하는 단계이다고전 9:24-26. 이것은 많은 땀을 흘리는 일이며, 많은 노력이 요구되는 일이다. 사랑은 아직 맹목적이기 때문에 그것이 열망하는 바를 행한다. 그러나 그것이 어디에서 오는지 어디로 가는지 알지 못한다요 3:8. 그렇게 되면 사랑은 손으로 더듬어서 "보는" 장님과 같은 애정을 가지고 역사할 것이다. 장님은 손으로 일하지만 자신이 하는 것을 보지 못하며, 행해지는 일도 보지 못한다. 이 단계는 마치 장님의 훈련과 같아서 교사는 몸을 굽혀 그를 인도하고, 자신의 일을 정교하게 하기보다는 유용하게 행할 수 있는 법을 가르친다.

맹목적인 사랑은 일종의 정직한 삶이나 그 기준에 의해 외부로부터 형성된다. 그러나 오랜 수련의 실천을 통해 속사람이 부드러워졌을 때 그는 사랑의 형체에 의해 내면적으로 인상을 받고 형성될 수 있을 것이다. 그때 형성된 자는 평화로운 구원의 열매를 맺을 것이다 히 12:11. 그리고 단순한 외형적 모습이 아니라 내적인 모습에서 이 모든 것과 다른 의식의 유용성을 이해하게 될 것이다.

경건한 자는 양심적이다.

우리는 아직 사랑을 개략적으로 표현하지 못했다. 이제까지 우리는 욕망과 이성의 보호를 다루었다. 시편 기자가 겸손히 노래할 수 있었던 것은 이러한 상태에서이다: "주의 규례들을 항상 사모하나이다" 시119:20. 앞에서 눈으로 보지는 못하지만 손으로 일하고 있는 장님에 대해 이야기했다. 위대한 일에 있어서 발전하려 하는 자들의 경우에도 마찬가지이다. 그는 작은 일에도 충성해야 한다 눅 16:10. 이러한 영역에 있는 사람은 이미 창조주로부터 받은 권능의 특권, 즉 자신의 육체를 극복할 능력을 가지고 있다.

젊은이로 하여금 선한 의지의 봉사를 나타내게 해야 한다. 그로 하여금 바울이 말한 바를 행하게 해야 한다: "너희 육신이 연약하므로 내가 사람의 예대로 말하노니… 너희 지체를 의에게 종으로 내주어 거룩함에 이르라"롬 6:19. 이 말은 다음과 같은 의미인 듯하다: 사랑이 자비로 성숙하게 되고 영혼이 완전히 순결하게 될 때 나는 네게 완전히 다른 것, 신성한 것을 말해 주거나 가르쳐 주겠다.

경건한 자는 의롭다.

당신은 인간적인 것을 받으라. 당신은 나태함과 죄의 심판으로부터 자유롭게 되었다. 전에는 당신의 지체가 모든 일에 있어서, 불법적인 일에 있어서까지도 범죄하게 버려두었다. 의를 위해서는 아무것도 주어지지 않았다.

그러나 이제 당신은 모든 지체를 성화를 위한 의에 봉사하도록 바쳤다. 이 일에 충성하면, 영혼은 이제 본질적으로 다윗이 말한 바를 경험하기 시작할 것이다: "주의 이름으로 말미암아 내 손을 들리이다 골수와 기름진 것을 먹음과 같이 나의 영혼이 만족할 것이라"시 63:4-5. 만일 이 성장이 성령에 의한 것이라면 사람은 육체의 행실을 죽일 것이다 롬 8:13. 그리고 그가 몸 안에서 하나님을 영광스럽게 하면 그 결과로 그의 영혼이 성령의 골수와 기름진 것으로 채워질 것이다. 그렇게 되면 그가 마음의 영 안에서 새로워지기 시작할 것이다. 그는 의와 참된 거룩함으로 하나님을 따라 창조된 새 사람을 덧입을 것이다 엡 4:22-24.

경건생활이 습관화되어야 한다.

이러한 영적 경험으로 인간은 사물에 대한 새로운 시각을 지니게 된다. 그가 지금까지 애써 추구해 온 영적 은사는 더욱 친밀한 면모를 띠기 시작한다. 거룩한 훈련을 통해 겸손해진 육체는 아무리 좋은 습관이라도 거기에서 벗어나 자발적인 영의 봉사로 나아간다. 그의 속사람의 내적인 틀이 날마다 새로워지기 시작하여 마침내 하나님의 선하심에 대한 묵상 속에서 조명된다.고후 5:18.

또한 이제는 빈번하고 예기치 않은 성인들의 영광스러운 환상이 영혼을 되살리고 조명하기 시작하여 계속적인 영적 갈망을 추구할 것이다. 지혜가 즐거이 길을 따라 달리기 때문이다. 욥이 말한 바와 같이 지혜는 "그 손 안에 빛을 감추고 하나님이 알리신 빛을 사랑하는 사람에게 다시 나타나도록 명한다. 그것은 그의 소유이고 그는 거기에 올라갈 수 있다"욥 36:32-33.

경건한 자는 불변한다.

영혼은 오랫동안 자극을 받았으므로 이제부터는 영혼을 위한 휴식이 되는 바 말로 설명할 수 없고 달콤하며 값진 애정을 모으기 시작한다. 이 사랑을 빼앗겨 그것을 고대해도 돌아오지 않을 때 영혼은 강렬한 고통을 겪는다. 영혼은 마치 시골에서 상경하여 궁전에 들어와 처음으로 생소한 음식을 맛보기 시작한 사람과 같다. 만일 그가 불명예스럽고 난폭하게 궁전 밖으로 쫓겨난다면 다시 가난한 생활에 적응하기가 힘이 들 것이다. 그러므로 영혼은 큰 곤경에 빠진 자처럼 귀찮으리만큼 끈질기게 열심을 가지고 자꾸 궁전 문 앞으로 되돌아온다. 영혼은 구걸하는 자처럼 문이 열릴 때마다 혹시 무엇인가가 주어지지 않을까 살핀다.

때때로 영혼은 지혜의 가장 내밀한 식탁에 참여하려는 열망에서 염치없고 수치스러운 줄도 모르고 모든 장애를 뛰어 넘어 뻔뻔스럽게도 그 자리를 차지한다. 그리고 다음과 같은 말을 듣기를 고대한다: "나의 친구들아 먹으라 나의 사랑하는 사람들아 많이 마시라"아 5:1. 여기에서 영혼 안에 거룩한 청빈에 대한 사랑, 알려지지 않은 갈망, 세상적 번민에 대한 공포, 기도의 실천, 잦은 찬송이 발하게 된다.

5. 은혜를 소홀히 하는 데 따르는 위험과 손해

이 단계에서 조심하지 않으면 유혹이 나타나 방해하기 시작한다. 이 장애물들은 지금까지 발전적이고 복된 상태에 있던 영혼을 저지하려 한다. 그러므로 때때로 그들은 다시 퇴보하여 게으름에 의해 무기력하거나 미온적이 된다. 그들은 이제까지 여행을 위해 자비하신 성부로부터 받은 것으로마 15:32 충분하다고 생각하기 시작하여 여행길에 이정표를 세우고, 더 이상 나아가지 못하고 쉴 것이다.

육체적으로 무기력하면 도덕적으로 부주의하게 된다.
보다 심각한 문제는 그들이 하나님의 은혜를 무시하리라는 것이다. 그들은 하나님의 솔직함을 빙자하여 공허한 자만심을 만들어낸다. 그들은 입과 마음으로 자랑하며 하나님이 그들을 결코 버리지 않으시리라고 가정한다. 그리하여 하나님의 방문이나 위로의 은혜를 인식할 때마다 스스로 저주를 먹고 마신다고전 11:29. 이런 까닭에 그들은 하나님의 의지가 아니라 자기 의지의 실행을 신뢰한다.

시편 기자는 "여호와를 미워하는 자는 그에게 복종하는 체할지라도 그들의 시대는 영원히 계속되리라 또 내가 기름진 밀을 그들에게 먹이며 반석에서 나오는 꿀로 너를 만족하게 하리라"시 81:15-16고 말했다. 그들을 먹인다는 말에 주의하라. 또한 그들이 여호와를 미워한다는 점에도 주의하라! 그들을 만족하게 한다는 말에 주의하라. 그러나 그들이 복종하는 체 한다는 점에도 주의하라! 밀뿐만 아니라 기름진 것으로 먹인다는 점에 주의하라. 그리고 그들에게는 반석뿐만 아니라 반석에서 나오는 꿀이 주어졌다. 그들은 이러한 것들로 만족하게 되었으나 여호와의 대적들이라고 선고되고 있다! 그들이 대적이 아니었다면 그렇게도 빨리 만족하게 되지 않았을 것이기 때문이다.

이미 충만하게 받아 만족하게 된 사람은 더 이상 그에게 주어질 것을 구하지 않는다. 가진 것만으로도 그에게는 충분하기 때문이다. 사도 바울은 이것을 다음과 같이 정확하게 표현하였다.

"한 번 빛을 받고 하늘의 은사를 맛보고 성령에 참여한 바 되고 하나님의 선한 말씀과 내세의 능력을 맛보고도 타락한 자들은 다시 새롭게 하여 회개하게 할 수 없나니 이는 그들이 하나님의 아들을 다시 십자가에 못 박아 드러내 놓고 욕되게 함이라"히 6:4-6.

이와 같은 행위는 스스로 하나님의 아들을 다시 십자가에 못 박는 일이다 히 10:29.

육체적 무기력은 하나님의 은혜를 남용한다.

선을 이루기 위하여롬 3:8 악을 행함으로써 하나님의 은혜를 남용하는 것은 담대하게 죄를 짓는 것이며, 모든 내적인 죄를 그리스도의 십자가에 돌리는 일이다. 이것은 자신들 때문에 하나님의 아들을 다시금 십자가에 못 박는 일이 아니고 무엇이겠는가?

우리가 그 결과에 귀를 기울였다면 얼마나 좋았겠는가! 땅은 그 위를 적시는 비를 받아 그 땅을 경작하는 사람들을 위해 계절에 따라 풀을 내고 하나님으로부터 축복을 받는다. 그러나 "만일 가시와 엉겅퀴를 내면 버림을 당하고 저주함에 가까워 그 마지막은 불사름이 되리라" 히 6:7-8.

그러므로 사도 바울이 말한 것처럼 구원에 더 가까운 것, 보다 나은 것으로 되돌아가야 한다. "사랑하는 자들아 우리가 이같이 말하나 너희에게는 이보다 더 좋은 것 곧 구원에 속한 것이 있음을 확신하노라" 히 6:9.

이렇게 되면 이미 선한 소망에 가득 차 있고 하나님의 축복을 받은 젊고 사랑하는 자는 시 43:4 그리스도의 장성한 분량이 충만한 데까지 이르기 시작한다 엡 4:13. 이제 사랑은 강화되고 조명되어 보다 강한 힘과 더 큰 고귀함의 이름을 지닌 사랑으로 옮겨가기 시작한다.

조명된 사랑은 자비라고 불린다. 사랑은 하나님으로부터 오는 것이다. 요한은 "하나님은 사랑이시라" 고 요일 4:16 말하였다. 이것은 짧은 찬양이지만 모든 것을 표현하고 있다. 하나님으로부터 온 것이라고 말할 수 있는 것은 모두 자비로부터 온 것이라고도 말해진다. 이와 같이 은사와 그 수여자의 본질에 따라 관찰된 자비는 수여자 안에 있는 실체와 은사 안에 있는 특질의 명칭이다. 하나님이 자비의 은사라고 불리는 것을 강조하기 위함이다. 자비의 덕은 하나님과 연합하고 하나님같이 만들어졌기 때문에 다른 모든 덕을 능가한다.

자비에 대해 우리는 무엇이라고 말할 수 있는가? 우리는 자비를 보지 못했고 그것을 알지 못하지만 그것에 대한 소문을 들었다 렘 6:24. 사도 바울도 그것을 알고 있었다. 그는 자비를 매우 훌륭하게 찬양했다.

"내가 또한 가장 좋은 길을 너희에게 보이리라" 고전 12:31.

바울의 사랑의 찬가

"내가 사람의 방언과 천사의 말을 할지라도 사랑이 없으면 소리 나는 구리와 울리는 꽹과리가 되고 내가 예언하는 능력이 있어 모든 비밀과 모든 지식을 알고 또 산을 옮길 만한 모든 믿음이 있을지라도 사랑이 없으면 내가 아무 것도 아니요 내가 내게 있는 모든 것으로 구제하고 또 내 몸을 불사르게 내줄지라도 사랑이 없으면 내게 아무 유익이 없느니라

사랑은 오래 참고 사랑은 온유하며 시기하지 아니하며 사랑은 자랑하지 아니하며 교만하지 아니하며 무례히 행하지 아니하며 자기의 유익을 구하지 아니하며 성내지 아니하며 악한 것을 생각하지 아니하며 불의를 기뻐하지 아니하며 진리와 함께 기뻐하고 모든 것을 참으며 모든 것을 믿으며 모든 것을 바라며 모든 것을 견디느니라

사랑은 언제까지나 떨어지지 아니하되 예언도 폐하고 방언도 그치고 지식도 폐하리라 우리는 부분적으로 알고 부분적으로 예언하니 온전한 것이 올 때에는 부분적으로 하던 것이 폐하리라

내가 어렸을 때에는 말하는 것이 어린 아이와 같고 깨닫는 것이 어린

아이와 같고 생각하는 것이 어린 아이와 같다가 장성한 사람이 되어
서는 어린 아이의 일을 버렸노라
우리가 지금은 거울로 보는 것 같이 희미하나 그 때에는 얼굴과 얼굴
을 대하여 볼 것이요 지금은 내가 부분적으로 아나 그 때에는 주께서
나를 아신 것 같이 내가 온전히 알리라
그런즉 믿음, 소망, 사랑, 이 세 가지는 항상 있을 것인데 그 중의 제
일은 사랑이라"고전 13:1-13.

이것이 주님의 쉬운 멍에요 가벼운 짐이다마 11:30. 이 짐은 사람을 가
볍게 한다. 이 복음의 가벼운 짐은 주께서 "내가 너를 더 이상 종이라
하지 아니하고 친구라 부르리라"요 15:15고 말씀하신 사람에게는 감미로
운 것이다. 이전에 율법의 교훈을 지킬 수 없었던 사람으로 하여금 이
제 가능케 하는 은혜로 말미암아 복음의 교훈이 관대함을 발견하게 한
다. "살인하지 말라"눅 18:20는 명령을 이행할 수 없었던 사람은 이제 형
제를 위해 자기 목숨을 내주는 일이 쉽다는 사실을 발견한다요일 3:16.
그리고 다른 계명들에 대해서도 동일한 원칙이 통용된다.

노새에게 무거운 짐을 실으려 할 때 노새가 그것을 운반할 수 없다
고 거부하면 마차를 가져오게 된다. 이것은 전 세계에 퍼지는 복음과
같다시 19:5. 그것은 노새가 운반할 수 없었던 짐을 대신 진다. 그리하여
이제 그다지 힘들이지 않고 두 배가 되는 짐을 운반한다.

혹은 날개와 깃털이 없으면 날아갈 수 없는 작은 새처럼, 힘들이지
않고 솟구쳐 올라가기 위해서 날개와 깃털의 무게를 더한다. 그것은
목구멍으로 삼킬 수 없어서 우유나 다른 액체에 적셔 먹어야 하는 딱

딱한 빵 껍질과 같다.

사랑에는 노력이 필요하다.

사랑에는 노력과 선의(affectus)가 포함되는데 이것들은 모두 자비로 이어진다. 그리고 자비의 손길은 계몽된 눈의 도움을 받으면 더욱 쉽게 작용한다. 우리는 처음에는 손으로 일하고, 그 후에 눈을 깨끗케 하기 위해 손으로 눈을 비비기 때문이다. 다윗은 이것을 다음과 같이 선포하였다: "주의 법도로 말미암아 내가 명철하게 되었나이다"시 119:104.

영혼은 자신의 애정을 분별함으로써 자신의 행위를 이해하기 시작한다. 그리고 덕이 그의 존재 속으로 들어오기 시작하여 하나님이 선하시듯 이제 마음이 선하고 거룩하게 되며, 거룩하고 의롭고 경건한 삶을 살기 시작한다. 이제 영혼은 자기 자신의 삶을 거룩하게 하고, 모든 사람에게 공의를 행하고, 하나님께 헌신하면서 살게 된다.

사랑은 의롭다.

그와 같은 은혜의 성장에 의해 의로운 사랑이 의로운 영혼에 침투하여 영혼의 모든 태도-사랑, 애정, 행동의 방식이 완전히 의롭게 된다. 영혼은 의로운 것 속에서 그 존재가 완전하고 확고한 영향을 받기 때문이다. 이런 이유로 사도 바울은 "사랑은 언제까지나 떨어지지 아니한다"고 말하였다고전 13:8. 때때로 우리가 거울로 보는 것처럼 희미하게 볼 때에 우리의 애정이나 행위가 이탈하거나 그 효과가 감소될 수도 있다. 그러나 자비한 사랑의 감정은 항상 완전하고 지속적인 힘을 가진다.

6. 안정된 사랑과 불안정한 사랑

애정을 지속시키는 일

선의(affectus, 정동, 하나님을 향한 지속적인 움직임)와 애정(affection, 피조된 것들을 향한 간헐적인 움직임)은 서로 다른 것이다.

사랑은 충만한 능력과 영속적인 덕을 지닌 마음을 소유하는 것이다. 그것은 은혜로 말미암아 확고하고 안정적으로 유지된다. 그러나 애정은 시간과 대상이 변함에 따라 변한다. 원죄로 인하여 연약해진 육체는 범죄하고, 타락하고, 종종 심한 상처를 받는다. 마음이 능동적이 못되고 수동적일 때 상처를 받고 내적으로 부당하게 고통을 당한다. 마음은 사랑을 완전히 상실하지는 않지만 한숨지으며 하나님께 부르짖는다: "오호라 나는 곤고한 사람이로다 이 사망의 몸에서 누가 나를 건져내랴"롬 7:24.

이러한 이유로 바울은 "내 자신이 마음으로는 하나님의 법을, 육신으로는 죄의 법을 섬기노라"롬 7:25고 말한다. 또한 그는 "이제는 그것을 행하는 자가 내가 아니요 내 속에 거하는 죄니라"롬 7:17고 말하기도 한다. 그러므로 속사람의 계산에 따라 하나님으로부터 난 자는 육체가 외적으로 행하는 죄를 승인하지 않고 미워하는 한 "죄를 짓지 않는다"요일 3:9. 그는 내적으로 하나님으로 말미암아 영적 거듭남을 유지한다. 간혹 그가 죄의 공격으로 상처받고 연약하게 될지라도, 그 안에 사랑의 뿌리가 깊이 자리 잡고 있을 때에는 멸망하지 않는다. 오히려 그는 다시 일어나고 회복한다. 그는 더욱 풍성한 열매를 맺으며, 선한 열매를 바라는 소망 가운데 살게 된다.

그러므로 요한은 "하나님께로부터 난 자마다 죄를 짓지 아니하나니 이는 하나님의 씨가 그의 속에 거함이요 그도 범죄하지 못하는 것은 하나님께로부터 났음이라"요일 3:9고 했다. 이 말씀의 능력에 대해 더 생각해 보자. "하나님께로부터 난 자는 죄를 지을 수 없다." 즉 죄를 짓고는 견딜 수 없다. 하나님으로부터 난 자는 고의로 범죄하기를 원하지 않고 인내한다. 그는 비록 자신이 죄의 법을 섬기고 죄와 유혹의 공격을 견디어내는 듯이 보이지만, 자신의 육체까지도 그가 마음으로 섬기는 하나님의 법에 복종시키기를 원한다.

사랑은 죄를 극복한다.

베드로는 범죄하였으나 사랑을 버리지는 않았다마 26:72. 그가 주님을 알지 못한다고 자신의 입으로 거짓말을 했을 때 그는 사랑보다는 진리에 대해 죄를 지었다. 실제로 그의 마음은 완전히 주께 속해 있었다. 그러므로 사랑의 진리는 부정의 거짓된 눈물을 씻어버렸다.

다윗도 범죄하였으나 사랑을 잃지는 않았다삼하 11:12. 맹렬한 유혹의 공격을 받아 그의 속에 있는 사랑이 어리둥절했었다고 말하는 것이 옳을 것이다. 그러나 그의 안에 있는 사랑은 결코 파멸되지 않았고 잠시 놀랐을 뿐이다. 그리하여 자신을 책망하는 예언자의 음성을 듣고 깨어난 사랑이 그를 깨웠다. 그는 즉시 매우 열렬한 사랑의 고백을 한다. "주께 죄를 범하였나이다." 그러므로 그는 즉시 용서의 말씀을 들을 수 있었다: "여호와께서도 당신의 죄를 사하셨나니 당신이 죽지 아니하려니와"삼하 12:13.

사랑은 믿음과 소망을 품고 있다.

우리는 믿음과 소망 안에 사랑이 있음을 알고 있다. 그러나 사랑은 그 자체 안에 있고 스스로 존재한다. 사랑 없이 존재하는 믿음과 소망은 생각할 수 있지만 믿음과 소망이 없는 사랑은 생각할 수 없다. 믿음은 사랑의 실체를 확립하기 때문이다. 소망은 우리들에게 사랑을 약속한다.

믿음과 소망 안에서 사랑하는 자는 사랑할 수 있는 것을 믿고 소망한다. 사랑은 믿음과 소망의 대상을 소유하고 있다. 그것은 믿음과 소망을 포용한다. 그 결과 사랑은 사랑하기 때문에 믿음과 소망의 하나님을 보기를 열망한다. 자비는 보기 때문에 사랑한다. 자비는 그 자체가 하나님을 볼 수 있는 눈이다.

영혼은 감각을 가지고 있다. 하나님을 볼 수 있는 시력이나 눈을 가지고 있다. 육체가 생명에 의해 영혼에 결합되게 하는 오감(五感)을 지니고 있듯이, 영혼도 사랑에 의해 하나님께 결합되게 하는 오감을 지니고 있다. 바울은 다음과 같이 말하였다: "너희는 이 세대를 본받지 말고 오직 마음을 새롭게 함으로 변화를 받아 하나님의 선하시고 기뻐하시고 온전하신 뜻이 무엇인지 분별하도록 하라"롬 12:2. 여기에서 우리는 육체적 감각이 우리를 일종의 노쇠 현상에 빠지게 하고 세속적인 일에 빠지게 한다는 증거를 찾아볼 수 있다. 우리는 성령의 도움을 받아 하나님을 아는 지식 안에서골 3:10 새롭게 되어 하나님의 의지와 선하심엡 1:9에 따른 새 생명롬 8:4을 소유하게 된다.

7. 사랑의 오감(五感)

사랑의 촉각

영혼이 육체와 교통하는 다섯 가지 동물적 혹은 육체적 감각이 있다. 가장 낮은 촉각에서 시작하여 미각, 후각, 청각, 시각 등이 그것이다. 마찬가지로 사랑이 영혼에 활력을 부어 주는 다섯 가지 영적 감각이 있다. 그것은 부모의 사랑과 같은 육체적 사랑, 사회적 사랑, 자연적 사랑, 영적 사랑, 그리고 하나님의 사랑이다. 육체는 다섯 가지 감각과 생명을 통해 영혼과 연합된다. 그리고 영혼은 다섯 가지 영적 감각과 사랑을 통해 하나님과 연합된다.

첫째, 부모의 사랑은 촉각에 비유될 수 있다. 이 사랑은 모든 사람에게 있어서 무의식적이며 정상적인 것으로서 분명하게 느낄 수 있다. 그것은 모든 사람들에게 자연적으로 주어져 있고, 지극히 자연스러운 것이기 때문에 피하려 해도 피할 수 없다. 촉각은 육체적 존재 전체를 에워싸고 있으며 다른 육체적 대상의 접촉으로 활성화된다. 그러나 접촉하고 있는 육체가 반드시 살아 있어야 이 감각을 느낄 수 있다. 어디를 가더라도 육체는 촉각 없이 존재할 수 없다.

마찬가지로 영혼도 사랑의 감각이 없이는 존재할 수 없다. 그러나 사랑의 편재성 때문에 성경은 그것을 높이 추천하지 않는다. 오히려 사랑은 지나치지 않도록 제어된다. 주께서 말씀하셨듯이 "누구든지 자기 부모를 미워하지 않으면 내 제자가 될 수 없다" 눅 14:26.

사랑의 미각

둘째, 사회적 사랑은 미각에 비교될 수 있다. 그것은 형제에 대한 사랑, 거룩한 교회에 대한 사랑이다. 성경에는 "형제가 연합하여 동거함이 어찌 그리 선하고 아름다운고"시 133:1라고 기록되어 있다. 생명이 미각을 통하여 육체에 주어지듯이 주님은 사랑에게 생명의 축복을 주셨다. 미각은 육체적으로 행사되지만 그것은 영혼에 영향을 주는 내적인 자극을 일으킨다. 이 때문에 사랑이라는 감각은 생물학적인 생명을 준다는 의미에서 특히 육체적이다.

사회적 사랑은 육체적으로 함께 살아감을 통해, 같은 직업을 통해, 같은 미각을 통해 상호 의무로 연결되고 양육된다. 그것은 상호 봉사에 의해 채워진다. 따라서 우리는 그것이 가장 육체적인 특성을 가진다고 말한다. 그러나 그것은 또한 상당히 영적인 특성을 지닌다. 미각을 돋우는 자극이 있듯이, 형제 사랑이 그 안에 불타기 때문이다. 이에 관하여 다음과 같이 기록되어 있다: "머리에 있는 보배로운 기름이 수염 곧 아론의 수염에 흘러서 그 옷깃까지 내림 같고 헐몬의 이슬이 시온의 산들에 내림 같도다"시 133:2-3.

사랑의 후각

셋째, 후각은 동일한 본성을 공유하고 있기 때문에 모든 사람을 사랑하는 자연적 사랑에 비교될 수 있다. 우리는 보답을 기대하지 않고 모든 사람들을 사랑한다. 이 사랑은 우리 존재의 숨겨진 깊은 곳에서 나와서 영혼 속으로 침투하기 때문에 여기에서는 인간적인 것이 소외될 수 없다.

그러나 이 감각-이것을 후각이라고 말한다-이 육체보다는 오히려 영혼에 속하는 것 같다. 그것은 코에 의해 감지되어 내면으로 스며들어 간다. 이 흡입은 육체를 통과하여 육체뿐만 아니라 영혼에도 영향을 준다. 자연적 사랑은 그것이 사회 및 그와 비슷한 유대를 통하여 모든 인류를 한 핏줄로 결합하는 자연적 범위를 초월하기 때문에 단순히 생물학적이라기보다는 영적인 것같이 보인다.

사랑의 청각

넷째, 청각은 영적 사랑, 즉 원수에 대한 사랑에 비유된다. 청각은 우리의 내적 감각에 영향을 주지 않는다. 그것은 소리의 진동이 고막을 울리듯 우리 외부의 일이다. 그것은 와서 들으라고 영혼을 부른다.

마찬가지로 우리 마음속에 있는 어떠한 자연적 힘, 그 무엇을 필요로 하는 선의는 우리로 하여금 원수를 사랑하지 못하게 한다. 이 일을 수행할 수 있는 것은 순종뿐이다. 이것은 청각을 통하여 알려진다. 그러나 이 사랑은 하나님의 아들을 닮도록 촉구하기 때문에 영적이라고 불린다. 이것은 또한 주께서 말씀하신바 하나님의 자녀들의 고귀함을 표현하다: "너희를 박해하는 자를 위하여 기도하라 이같이 한즉 하늘에 계신 너희 아버지의 아들이 되리라" 마 5:44-45.

사랑의 시각

다섯째로 시각은 하나님의 사랑과도 같다. 육체의 감각 중에서 시각이 가장 중요하듯이 하나님의 사랑은 우리의 애정에 있어서 으뜸가는 위치를 차지하고 있다. 다른 모든 감각들은 우리의 눈이 보는 것을 통하여 느끼지만 눈은 직접 볼 수 있다. 그러므로 우리는 만져 본다, 맛을 본다는 식으로 표현하는 것이다 시 34:8; 45:10.

이와 같이 선한 애정의 사랑을 받는 모든 대상들은 하나님의 사랑을 받는다고 말할 수 있다. 하나님을 위해서가 아니라면 아무것도 사랑할 수 없다는 것이 너무도 분명하기 때문이다. 하나의 대상은 그 자체를 위해서보다는 그것이 사랑받아야 할 이유가 있기 때문에 사랑받는다. 여기에서 다음과 같은 말을 할 수 있다: "하늘과 땅에 있는 각 족속에게 이름을 주신 아버지" 엡 3:14, 15.

시력은 영혼이 소유한 일종의 능력이다. 그것은 흠이 없고 강하며 순수하다. 마찬가지로 하나님의 사랑은 위대한 일을 행하기 때문에 강력하다. 그러면서도 순수하다. 기록된바 "무엇이든지 속된 것은… 그리로 들어가지 못하기" 때문이다 계 21:27. 하나님 때문에 사랑하는 것이 아닌 것들과 하나님을 함께 사랑할 수 없다.

시력은 육체 중에서 가장 앞부분, 즉 머리의 가장 중요하고 뛰어난 곳에 자리 잡고 있다. 시력은 자기 밑에 질서, 고귀함, 그리고 선을 행할 능력에 따라 다른 모든 감각 기관들이 자리 잡게 했다. 앞에서 살펴본 바와 같이 눈에 가까이 있는 감각 기관일수록 더욱 중요하다. 눈으로부터 멀리 떨어져 있는 것일수록 더 육체적이다. 그러므로 촉각은 모든 것 중에서 가장 하위이며 다른 감각들보다 뚜렷하지 못하다. 그것은 육체 전체에 속하지만, 특히 손에 속한다고 보는 것이 적절하다.

사랑의 마음

(인간만이 특이하게 지니고 있는 지적인 영혼인) 마음은 영혼의 정점이다.

그것은 하나님의 처소로 여겨져야 하므로 다른 모든 사랑을 그 지배 아래 둘 수 있다. 또한 다른 감각에 있어서도 마음의 열과 빛으로부터 자신을 감추는 것이 있어서는 안 된다. 마음은 영적인 사랑에 가깝고, 생명 유지에 필요한 육체적 사랑으로부터는 멀리 떨어져 있다. 이것은 우리가 "주 우리의 하나님을 우리 마음을 다하여 목숨을 다하여 힘을 다하여 사랑하고 우리 이웃을 우리 몸과 같이 사랑할 때"의 일이다 눅 10:27.

눈은 육체 안에서 특별한 위치를 차지하고 있으므로 육체 안에 있는 생명의 법칙 이상의 혹은 그것을 초월하는 것을 가진 듯이 보인다. 눈은 마음이 소유한 기억력을 모방하는 경향이 있기 때문이다. 그것은 한 순간 하늘 반쯤이나 올라가고 다음 순간에는 땅의 끝부분까지 볼 수 있다. 이와 같이 하나님의 계시된 사랑도 신자의 영혼 안에 그 보좌를 보유하고서 하나님의 권능을 닮은 것을 향하여 영혼을 움직인다.

동시에 영혼은 유한한 피조물로서 하나님 앞에서는 아무것도 아니다. 그러나 그것은 사랑으로 성부의 손 안에 있는 모든 것을 믿을 때 요 16:15 "모든 것이 합력하여 선을 이룬다"는 사실을 인식하게 된다 롬 8:28. 바울이든 게바든, 생명이든 죽음이든, 현재의 것이든 장차 올 것이든 모든 것은 사랑에 속하기 때문이다 고전 3:22. 실로 모든 축복의 세계는 신실한 자들에게 속한다.

8. 이성과 사랑은 영혼에게 견인(堅忍)의 용기를 부여한다

하나님을 보는 눈-자연을 지으신 분에 의해 창조된 영혼의 자연적인 빛-은 사랑이다. 영혼에는 하나님을 보기 위해 빛 되시는 하나님을 끊임없이 추구하는 초점을 가진 두 눈이 있다. 이 기능은 사랑과 이성에 비교될 수 있다. 이들의 효과는 상호 의존하기 때문에 이 둘이 결합할 때 가장 큰 효과를 낸다. 그러나 이것이 서로 분리되면 별로 쓸모가 없다. 그렇게 된다면 그것은 아가서에 기록된 상황처럼 된다: "나의 친구여 네 눈이 한 번 보는 것으로 내 마음을 빼앗았구나"아 4:9.

영혼의 시력의 두 가지 근원

시력의 두 가지 근원은 모두 나름대로 고통을 받는다. 전자, 즉 이성은 하나님이 존재하시지 않는 곳에서만 하나님을 볼 수 있다. 반면에 후자, 즉 사랑은 하나님이 계신 곳에서만 안식을 취한다. 사실 이성이 온갖 노력을 기울여 감지하고 발견할 수 있는 것은 단지 "이것이 나의 하나님인가?"라는 질문이다. 이성은 자신이 발견한 것이 하나님이 아니라는 사실만 발견할 뿐이다.

이성은 한계가 있고 제한되어 있다. 그러나 사랑은 그 결점에 의해 더욱 발전하고, 그 무지에 의해 더욱 이해한다. 이성은 하나님이 아닌 것을 통하여 하나님인 것을 향해 나아가는 것이다. 그러나 사랑은 하나님이 아닌 것을 버려두고 오직 하나님인 것 안에 열중하기를 즐거워한다. 사랑은 하나님으로부터 나왔기 때문에 자연히 그 근원으로 되돌아가려 한다. 이성은 가장 맑은 정신을 가지고 있고, 사랑은 보다 큰 행복을 가지고 있다.

이성과 사랑은 어떻게 서로 돕는가?

이미 언급한 바와 같이 이성은 사랑을 가르치고 사랑은 이성을 밝혀주며, 이 둘이 서로를 도울 때 이성은 사랑의 선의(affectus) 안으로 스며들고, 사랑은 이성의 한계 안에 스스로를 제한한다. 그리하여 이 둘은 서로를 위해 보다 큰일을 할 수 있다.

이 둘이 달성할 수 있는 능력은 무엇인가? 열렬한 영혼은 단지 경험의 기술을 배우는 데 있어서 발전을 이룬다. 그러나 "그처럼 경험하지 못한 사람들에게는 그것을 전할 수 없다." 지혜가 말한 바 "마음의 즐거움은 타인이 참여하지 못한다" 잠 14:10.

사랑의 훈련

이 순간부터 사랑의 온화함과 기쁨으로 양육된 영혼은 때때로 하나님의 자애로운 보살핌의 훈련에 의해 매를 맞기도 한다. 그러나 이를 통하여 영혼은 더욱 강건해진다. 사랑의 검(劍)은 세상에 대한 사랑과 욕망으로부터 영혼을 잘라낸다. 이것은 에녹의 경우에서 보는바 하나님이 그를 데리고 가셨으므로 더 이상 세상 일에서 발견되지 않았다 창 5:24.

육체는 죽음에 의해 모든 감각을 잃는다. 그러나 영혼은 죽음에 의해 그 모든 기능이 발전하고 각성하고 힘을 얻는다. 이제 그것은 모든 단계와 길에 있어서 확고하고 지속적이고 지혜롭게 발전한다 시 17:5. 지금까지 영혼은 무지, 의심, 동요에 사로잡혀 있었으므로 과감하게 선을 추구해 나아갈 수 없었다. 그러나 여호와의 도가 정직한 자에게는 산성이 되는 것이다잠 10:29.

세상에 대한 영혼의 무관심

이제 영혼은 세상의 많은 활동과 욕망에 대해 죽었으므로 세상에 무감각하다. 사도 바울이 "세상이 나를 대하여 십자가에 못 박히고 내가 또한 세상을 대하여 그러하다"고 말한 것과 같다갈 6:14. 세상과 영혼은 대조적인 욕망에 의해 분리되어 서로 염려하지 않는다. 그것들은 서로 접근할 수도 없고 접근하려 하지도 않는다. 바울과 세상은 서로에 대하여 십자가에 못 박혔다.

바울의 모든 생명은 하늘에 있었지만빌 3:20 필요할 때에는 육체와 함께 세상에 있었다. 그는 "… 떠나서 그리스도와 함께 있는 것이 훨씬 더 좋다"빌 1:23고 말한다. 그러나 바울은 그리스도께서 세상 끝날까지 그와 함께 계시리라는 것을 알고 있었다마 28:20. 그리스도가 언제나 그와 함께하신다는 것은 그에게 얼마나 큰 확신을 주었는가! 묵상 중에 이 땅 위에서 그리스도를 소유하는 것, 영광중에 계신 그리스도를 소유하는 것. 바울은 얼마나 복되고 영광스러운 상태를 누리고 있었는가! 이와 같이 하나님의 사랑은 그를 높이 들어 올렸고, 반면에 이웃에 대한 사랑은 목에 무거운 것을 달고 있는 것처럼 그를 내리눌렀다. 그러므로 그는 이렇게 말하였다: "그러나 내가 육신에 거하는 것이 너희를 위하여 더 유익하리라"빌 1:24.

하나님 안에 있는 영혼의 기쁨

하나님을 향한 사랑의 갈망들이 지니는 활력성들은 서로 불가분적으로 집착한다. 그것들은 하나님 앞에서 심판을 보므로시 17:2 영혼은 내적으로 말씀하시는 하나님의 선한 의지를 기쁘게 하는 행동을 한다롬 12:2. 영혼은 하나님 앞에서 살면서 생명의 말씀을 읽고 이해하는 데서만 기쁨을 발견한다계 22:19. 이것은 영혼이 지키며 살아야 할 법으로서 신앙을 밝히고, 소망에 힘을 주고, 사랑의 불을 켜는 일이다.

실제로 성령은 거룩한 영혼에게 무엇을 하고, 어떻게 하는가를 밝히 가르치는 지식의 영이다. 권능의 영은 영혼에게 이것을 수행할 수 있는 능력과 덕을 부여한다. 그리고 영혼이 하나님 안에서 자유롭게 되어 계속 하나님을 바라게 될 때 그것은 경건한 헌신과 의지의 일치를 통해 하나님과 같이 된다. 그러나 영혼이 인간과 인간사(人間事)로 되돌아오도록 강요될 때 영혼은 말과 행동, 그리고 하나님의 사랑의 기름이라는 특성을 가진 모든 것 안에서 영광과 평정을 발휘한다. 영혼의 친절과 은혜는 인류를 정복하고 그들로부터 그것이 원하는 일에 대한 존경과 순종을 획득한다.

때때로 영혼이 그 은둔처로부터 되돌아와 죄인의 태만하고 타락한 악을 질책할 때, 그것은 하나님의 심판의 심각성과 진리 때문에 두렵고 무서운 것처럼 보일 것이다. 그러나 영혼이 불변하는 하나님의 진리의 법에 순종할 필요가 있는 사람 앞에 설 때, 영혼이 그 일을 수행할 준비가 되어 있을 때, 그리고 영혼이 모든 것을 위엄있고 정의롭게 행하려 애쓸 때, 그것은 사랑에게 양보한다. 그 진노가 이제는 사랑의 훈련으로 이해되기 때문이다.

하나님 안에 있는 영혼의 온유함

에스겔이 환상 중에 본 바 생명의 영으로 움직이는 수레처럼겔 1:21 영혼은 하나님의 뜻을 이루기 위해 움직인다. 그들은 자신의 일을 하려고 돌아서지 않는다. 앞으로 나아가라는 명령을 받으면 전진하고 멈추라는 명령을 받으면 겸손히 멈추어 선다. 그리고 다른 것들과 함께 협동해야 할 때에는 사랑으로 협력한다. 그러므로 고위 성직자들은 마치 아버지가 아들들을 대하듯이 행동해야 한다. 그리고 하급자들은 자녀가 부모에게 하듯이 행동해야 한다. 또 동료들과 함께 생활할 때에는 서로 모든 사람의 종이 되려 해야 한다고전 9:19.

경건한 영혼과 이웃의 관계

이와 같이 경건한 사람들의 애정은 모든 사람들을 공경한다. 이는 선을 행하려는 즐거운 갈망 때문이다. 그러므로 타인과의 만남은 기쁨 속에 이루어지고 그들은 은혜 안에 함께 거한다. 그들은 이웃을 사랑으로 대한다. 아랫사람들을 부드러운 사랑으로 대하고 연장자들에게는 사랑으로 순종한다. 그리고 사람들을 위해 공손하게 봉사한다.

애정을 지닌 사람은 모든 일에 있어서 자신의 이익이 아닌 다른 모든 사람들의 이익을 추구한다. 그는 가능하면 모든 사람의 관심을 자신의 관심으로 만든다. 그리하여 용이하게 다른 사람들에게 적응하며 법이 정한 모든 것을 지키며 산다. 이는 그가 이 일에 봉사하도록 성령의 보증으로 인침을 받았기 때문이다고후 1:22. 또한 그는 자신이 곧 양자(養子), 하나님의 아들이라는 계시로 변형될 것을 인식한다롬 8:15, 19.

9. 사랑의 학교

이제 사도 바울이 선하고 즐거운 형제애 안에서 결합된 훈련된 생활을 찬양하여 성령의 교제빌 2:1라고 부른 것에 대해 생각해 보자. 거기에서 주님은 축복을 주신다시 133:3. 주님은 그것에 대해 "적은 무리여 무서워 말라 너희 아버지께서 그 나라를 너희에게 주시기를 기뻐하시느니라"눅 12:32고 말씀하셨다. 이 훈련된 생활은 위로부터 주신 성령을 받고, 성령에게서 배워눅 24:49 함께 생활하는 길을 수립한 사도들에게 그 근원을 두고 있다. 이것이 무리로 하여금 한 마음, 한 뜻이 되어 모든 것을 나누고 항상 성전에 함께 있을 수 있게 할 것이다행 2:44-47; 4:32.

사도들이 모범을 보인 훈련된 생활

사람들은 이 사도적 생활 방식-집과 생계를 소유하지 않고 여호와의 집, 기도하는 집에 사는 삶-을 모방했다시 56:7; 눅 19:46. 그들은 모든 일을 주님의 이름으로 행했다시 124:8. 그들은 동일한 생활방식을 택하고, 하나의 규칙 아래 생활하고, 개인의 것은 전혀 소유하지 않았다. 몸과 뜻도 그들 자신의 것이 아니었다.

이 사람들은 밤에 함께 잠자리에 들고 아침에 함께 일어나며, 함께 기도하고 시편을 노래하며 함께 독서한다. 상급자들에게 순종하고 그들의 가르침에 복종하는 것이 그들의 확고한 결심이다. 상급자들은 또한 자신이 하급자들을 책임져야 하리라고 인식하고 있다. 그들은 그다랴가 이스라엘에 선포한 바를 선포한다. "나는… 우리에게로 오는 갈대아 사람을 섬기리니 너희는 포도주와 여름 과일과 기름을 모아 그릇에 저장하고 너희가 얻은 성읍들에 살라"렘 40:9-10.

그들은 자유로운 여인의 약속의 아들인 이삭처럼 다른 사람들을 위해 매일 마음의 기쁨과 즐거움을 하나님께 드린다창 21:6 이하. 그들은 스스로 영의 열매를 소홀히 하고갈 5:22 자신을 위한 봉사에 빠질 때에 속박의 아들창 21:6로서 섬기는 이스마엘을 기억한다. 그들은 하나님의 백성에게 안식일을 선포하면서 세상에 대해 이방인이 되어 탐욕 때문에 일어나는 모든 걱정으로부터 해방되라고 격려한다.

단순한 생활

그들의 욕구가 최소한도로 줄게 되면 그들은 지극히 적은 것으로도 살아간다. 그들의 의복은 검소하고, 식사는 평범하며, 그밖에 모든 것은 그들이 따르는 규칙에 의해 결정된다. 그래서 아무도 허용된 것 이상을 소유하지 않으므로 모두에게 풍족하다. 모든 사람이 허락된 것을 소유하고 있다면, 더 많은 것을 부추기는 사람도 없다.

이것이 세상의 낙원이 아니라 하나의 유토피아처럼 보이는가? 그렇지 않다. 이 낙원에서는 상급자들만이 지속적으로 선악과를 먹도록 허락되어 있기 때문이다. 그들은 그것을 신중히 나누어 주도록 허락되어 있다. 그러나 공동체 자체를 볼 때 순종하며 이익을 따지지 않는 것이 그들의 의무이다.

침묵 생활

그들은 항상 침묵을 지키려고 노력하므로 입으로보다는 마음으로 의사소통을 할 수 있다. 상급자들은 잦은 권면으로 그들을 격려할 수도 있지만, 그들은 상호간의 모범으로써 서로를 격려한다. 그들은 다른 사람을 섬기고 봉사하는 데 있어서 서로를 능가한다롬 12:10. 바울이 말한 것처럼 "서로 돌아보아 사랑과 선행을 격려한다"히 10:24. 그들은 전도자가 "홀로 있어 넘어지고 붙들어 일으킬 자가 없는 자에게는 화가 있으리라"전 4:10고 말하지 않도록 하기 위해 아무도 홀로 남아 있게 하지 않는다. 그들은 자기 양심을 털어놓을 수 있는 친구를 선택하지 않는 사람 혹은 항상 남들과 교제하지 않아 형제들을 불안하게 하는 사람을 고독한 사람으로 간주한다.

상황에 따라 영육간의 문제에 필요한 일들에 대한 조용한 대화가 허용된다. 그렇지 않을 때에는 침묵이 우선한다.

그러나 어디에서든지 하나님이 섭리하시는 규칙 아래 있는 "모든 곳에"시 103:22 계속적이고 강렬하고 헌신적인 기도가 있다. 또 시편의 충실하고 아름답고 열정적인 곡조, 즉 하나님을 향한 마음의 갈망을 깊게 해주는 생명의 노래들이 있다. 잘 작곡되어진 시편들은 음악적인 화음보다는 넘치는 사랑에서 우러나온다.

함께 헌신할 때에 그들의 얼굴에서는 성품의 평온함을 볼 수 있고, 스랍들처럼사 6:2-3 거룩한 갈망으로 주님의 임재를 둘러싸는 육체의 고요한 태도를 볼 수 있다. 예배자는 다른 예배자로부터 더 많은 하나님의 사랑을 받을 수 있으므로 아무도 그가 정열적으로 주려고 하는 만큼 줄 수 없다.

사랑이 가득한 생활

이것은 특이한 사랑의 학교이다. 여기에서는 이성적 추론이 아니라 이성과 경험의 열매들에 근거하여, 그리고 사물의 진리의 본질에 의해 사랑이 실천되고 그 주제가 재연되고 그 결론에 도달하게 된다. 피곤한 여행자는 여기서 자신 및 함께 사는 사람들에게 필요하기 때문에 가지고 온 짐꾸러미 위해 앉을 수 있다. 그는 죽지 않을 것이며, 그가 온 곳으로 돌아갈 필요가 없고, 더 나아가도록 강요됨을 느낄 필요도 없다. 만일 그가 자신의 짐을 지키며 충실하게 남아 있으면 자기보다 앞서 나아간 사람들과 거의 다르지 않을 것이기 때문이다. 그도 역시 승리할 것이다사 30:21-24.

우리의 짐을 둔 장소가 우리를 압박한 모든 것이 아닌가? 우리가 집착하는 가정에 대한 충실성이 마음을 치는 일-등을 가는 일시 129:3-이 아닌가? 그것들은 밖으로는 다툼이요 안으로는 두려움이며고후 7:5 우리가 섬기는 모든 것에 대한 끊임없는 염려가 아닌가고후 11:28. 그렇다. 주님의 산과 야곱의 집에 오르는 길은 아직도 멀다사 2:3. 그러나 이 지점을 넘어선 후에 짐을 진 자는 지나갈 수 없다.

더 이상 짐을 질 힘이 없을 때 노년이 시작된다. 노인들은 공경을 받아야 한다. 그러나 나이가 많기 때문에 존경과 명성을 얻는 것이 아니라 그가 실천하는 덕행에 의해서이다. 그러므로 우리는 자신의 수고로부터 쉴 수 있는 성숙한 지혜를 바라게 된다. 그것은 군복무를 마친 데 대한 보상과 같다.

그와 같은 순례의 과정을 진행하는 지혜는 사랑을 버리는 것이 아니라 더욱 개발한다. 그러나 이미 살펴본 바와 같이 지혜는 다른 것들을 예비하기 때문에 사랑의 짐을 나르는 데 싫증 나 있다. 지혜는 준비하여 주님의 즐거움에 들어가려 한다마 25:21, 23.

지혜는 다른 염려로 마음 쓰는 일을 싫어한다. 지혜는 계속 노력을 하지만 염려에 사로잡히는 것을 원하지 않는다. 지혜에는 능력이 있다. 그것은 영혼과 하나님의 임재 사이에 붙여진 어떠한 장애로부터도 벗어난다. 이와 같이 여행 과정에 있는 거룩한 영혼을 격려하고 주님의 안식(安息)에 들어가도록 자극하기 위해 주님의 말씀이 주어졌다. "너는 마음을 다하고 뜻을 다하고 힘을 다하여 네 하나님 여호와를 사랑하라" 신 6:5.

10. 거룩한 것을 맛봄

여기에서 우리는 네 가지 사랑을 실천하라는 요청을 받는다. "마음을 다하여"는 하나님이 온전한 의지를 요구하심을 의미하고, "성품을 다하여"는 하나님이 우리의 모든 사랑을 요구하심을 의미하고, "힘을 다하여"는 자비의 덕을 묘사하고, "뜻을 다하여"는 지혜의 즐거움을 의미한다.

먼저 의지가 영혼으로 하여금 하나님을 향하도록 움직이고, 사랑은 영혼을 더 나아가게 하고, 자비는 묵상하고, 지혜는 즐거워한다.

지혜는 정신(mind) 안에 자리 잡고 있다. 마음은 영혼을 발성하게 하거나 영혼의 가장 탁월한 기능이기 때문에 마음을 가장 뛰어난 덕이라고 부르는 것은 당연하다. 마음은 우리로 하여금 하나님을 즐거워하기 위해 하나님과 합일(合一)하게 하는 영혼의 분명한 기능이다. 이 즐거움은 일종의 신적인 풍미로 구성되며, 지혜는 이 풍미에서 유래된다.

이것은 그것에 합당치 않은 사람은 아무도 묘사할 수 없는 맛이다. 성경에 기록된바 "너희는 여호와의 선하심을 맛보아 알지어다"시 34:8. 사도 바울의 말에 따르면 이 맛에 의해 사람은 "하나님의 선한 말씀과 내세의 능력"히 6:5을 맛본다. 그러므로 우리는 지혜가 풍기는 이 맛에 대해 좀 더 세밀하게 알아볼 필요가 있다.

지혜를 사랑하는 자

하나님을 향해 위로 올라가는 영혼은 점진적으로 지혜의 궁전에까지 올라갈 수 있다고 말해야 한다. 그러나 모든 단계에 있어서 지혜 자체가 지혜서에 기록된 바와 같이 지혜를 찾는 자를 찾는다. 지혜는 지혜를 찾는 사람들을 찾아 거리로 나서며 그들에게 즐거이 자신을 계시한다잠 1:20-21. 지혜가 먼저 나서지 않으면 의지는 움직일 수 없고, 사랑이 나올 수 없고, 묵상이 자비로 인도될 수도 없으며, 즐거움이 지혜로 나아갈 수도 없다. 이 때문에 이 맛이 무엇을 의미하는지 더 조사할 필요가 있다.

그리스도의 감각

신약이나 구약에서 예수 그리스도의 몸은 모두 교회이다. 원시 교회 혹은 초대 교회에는 이 몸의 인도 아래 네 가지 감각, 즉 시각, 청각, 미각, 촉각이 있었다. 눈은 숭고한 묵상을 하기 때문에 천사와 같다. 귀는 그 순종의 덕 때문에 족장들과 같다. 코 또는 후각은 부재하는 실체를 인식하기 때문에 예언자와 같다. 그리고 촉각은 모두에게 공통된 감각이다.

이 모든 감각들은 중재자가 오기 전에는 머릿속에 있었다. 천한 육체는 한 가지 감각의 부재, 즉 미각의 결여 때문에 이러한 감각들이 고통을 당했다. 이 미각이 없이는 육체가 살 수 없으며, 감각들도 자신들을 활발하게 할 능력을 얻을 수 없었다.

사실 몸 전체의 양육에 의존하는 몸의 어느 기능을 택하여 모든 감각을 가지고 있는 온전한 몸의 앞이나 아래 혹은 주위에 놓아 보라. 만일 미각이 결여된다면 다른 감각들이 무슨 소용이 있는가? 귀에다 영양을 외치고 코나 신체의 어느 부분에 집어넣어도 그것은 자라지 않을 것이다. 그것은 쓸모없는 것으로 남게 된다.

다른 모든 감각들과는 고립된 특이한 방법으로 그 내적 존재와 함께 맛보는 미각으로부터 달콤한 맛이 나올 것이다. 그것은 맛을 받아들여 다른 모든 것들을 분별하고 판단한다. 그것은 다른 모든 감각뿐만 아니라 자신도 강화하고 긍정한다. 미각은 머리와 몸 사이, 즉 목구멍에 놓여 있으므로 머리와 몸을 연결한다.

그리스도는 우리의 고통

그러므로 그것은 우리와 같은 육체를 취하고 천사들보다 조금 못하게 되신 그리스도를 상징한다시 8:5; 히 2:7. 그는 인내와 겸손을 나타내심으로써 자신을 비천하게 하셨다. 거룩한 족장들과 예언자들은 그들의 강한 덕으로 적들을 땅에 내어 던질 수 있었으나, 그는 제자들을 매우 다르게 가르치셨다. "누구든지 네 오른편 뺨을 치거든 왼편도 돌려대라"마 5:39.

족장들과 예언자들 뒤에 오셔서 율법과 은혜, 머리와 몸의 경계에 놓이신 그리스도는 자신의 인간성, 수난, 부활의 신비를 통해서 육체를 생명력 있게 양육하기 위해 율법, 예언서, 시편에서 요구된 모든 것을 가져 온 맛이다. 인간 그리스도께서는 마치 인간의 입으로 맛을 느끼듯이 이 일을 행하셨다. 내적인 신성(神性)의 맛에 의하여 그리스도, 즉 하나님의 지혜는 우리를 위한 지혜가 되셨다 고전 1:30. 그는 맛있는 것들을 발견하셨으며, 그것들이 우리를 위해서도 맛있고 유용한 것이 되도록 하셨다.

그리스도는 우리의 기쁨

그리스도는 자신 안에 생명을 가지고 있으므로 삶에 활기를 불어넣고, 몸 전체에 안락을 주셨다. 그는 자신의 몸을 죽임으로써 눅 15:7-10 자신에게 기쁨을 주고 천사들에게 기쁨을 주신다. 그는 또한 족장들과 예언자들에게 주님의 날을 계시하여 그들을 기쁘게 한다. 그는 아브라함에 대해, "너희 조상 아브라함은 나의 때 볼 것을 즐거워하다가 보고 기뻐하였느니라"고 말씀하셨다 요 8:56. 그를 통해 기쁨과 생명이 모든 육체에 주어졌다! 이 같은 황홀한 기쁨과 보편적이고 영적인 애착의 영향을 받아 우리는 소리 높여 선포한다: "눈으로 본 바요 자세히 보고 우리의 손으로 만진 바라…너희에게도 전하노라" 요일 1:1-3.

그리스도는 우리의 기도

이것이 우리가 기도할 때에 "우리 주 그리스도의 이름으로"라는 말을 덧붙이는 이유이다. 기도와 찬양의 예배에 있어서 하나님을 우리의 아버지로 부르는 것은 예배가 우리의 중재자이신 그리스도를 통해 이루어지기 때문이다. 그것이 또한 우리가 완전한 은사를 주시는 빛들의 아버지로부터 오는 모든 것 중에서 가장 좋은 은사를 희망하는 이유이다 약 1:17. 우리가 요구하는 은사는 우리의 귀나 코를 통해 오지 않는다. 그것들은 우리의 입, 우리의 맛, 우리의 지혜이신 그리스도로부터 온다. 그러므로 그리스도를 받아들이는 모든 사람에게는 성장이 있다.

그리스도는 우리의 이해

이것은 이해의 영, 즉 성경에 대한 이해에, 하나님의 신비로운 일에 대한 이해의 영이신 예수 그리스도에 의해 우리를 위해 창조된 맛이다 사 11:2. 부활하신 예수 그리스도께서는 이러한 방법으로 제자들에게 나타나셨다. 이는 "그리스도께서 그들의 마음을 열어 성경을 깨닫게 하셨기" 때문이다 눅 24:45.

이제 우리는 성경의 내면적 의미, 하나님의 신비와 거룩한 성례전의 덕을 이해할 뿐만 아니라 그것을 간파할 수 있게 된다. 그러면 우리는 하나님의 일을 특별히 맛봄으로써만 얻을 수 있는 것을 우리의 양심으로 만지고 경험의 손으로 다루기 시작한다. 바로 이것이 그 자체 안에 내적으로 들어가 하나님의 선하심과 공로를 느끼게 됨으로써 우리 안에는 은혜 자체의 강한 선과 효과적인 덕으로 말미암아 은혜의 역사가 이루어진다. 그러므로 지혜의 올바른 역할은 이 일을 수행하는 것이다. 그때 영혼은 가치 있는 것을 판단할 수 있다. 영혼은 기름 부음을 받음으로써 모든 것을 가르칠 수 있다 요일 2:27.

그리스도는 우리의 기름 부음

하나님의 선하심을 우리의 생명에 덧붙임으로써 인침이 되신 그리스도께서 우리를 감화하시고 견고하게 하신다. 그는 우리가 모든 일에 있어서 정온하고 영혼이 온유하도록 우리에게 기름을 부으신다. 만일 완고함이나 완악함이 발견되면 그리스도의 영은 성도의 영혼이 주님의 온전하신 기쁨을 받을 때까지 깨고 부수고 정화할 것이다시 51:7-8. 그리하여 지혜의 영으로 새롭게 되고 새 힘을 얻은 성도의 영혼은 주의 기쁨 안에서 외칠 것이다: "여호와여 주의 얼굴을 들어 우리에게 비추소서 주께서 내 마음에 기쁨을 주셨나이다"시 4:6-7. 이에 대해서 주님은 이렇게 말씀하셨다. "영생은 곧 유일하신 참 하나님과 그가 보내신 자 예수 그리스도를 아는 것이니이다"요 17:3. 영생을 담고 있는 이 지식은 얼마나 복된 것인가!

이 생명—영생—은 이러한 것을 맛봄에서 온다. 왜냐하면 이와 같이 영적으로 맛보는 것이 하나님의 일을 이해하는 것이기 때문이다. 자신을 사도들 중에 가장 작은 자로 묘사한 사도 바울은 이 지혜 안에서 충만하고 기뻐하며 힘을 얻었으므로 이것을 맛봄으로써 다음과 같이 말할 수 있었다. "모든 성도 중에 지극히 작은 자보다 더 작은 나에게 이 은혜를 주신 것은 측량할 수 없는 그리스도의 풍성함을 이방인에게 전하게 하시고 영원부터 만물을 창조하신 하나님 속에 감추어졌던 비밀의 경륜이 어떠한 것을 드러내게 하려 하심이라"엡 3:8-19.

그는 계속해서 말한다: "이러므로 내가 하늘과 땅에 있는 각 족속에게 이름을 주신 아버지 앞에 무릎을 꿇고 비노니 그의 영광의 풍성함을 따라 그의 성령으로 말미암아 너희 속사람을 능력으로 강건하게 하시오며 믿음으로 말미암아 그리스도께서 너희 마음에 계시게 하시옵고 너희가 사랑 가운데서 뿌리가 박히고 터가 굳어져서 능히 모든 성도와 함께 지식에 넘치는 그리스도의 사랑을 알고 그 너비와 길이와 높이와 깊이가 어떠함을 깨달아 하나님의 모든 충만하신 것으로 너희에게 충만하게 하시기를 구하노라"엡 3:14-18.

사도의 지혜가 지니는 의미를 좀 더 깊이 살펴보자.

11. 중재자이신 그리스도의 필요성

하나님의 속성에는 다음과 같이 네 가지가 있다: 권능, 지혜, 자비, 그리고 진리와 영원(이 둘은 하나다. 변하는 것은 진실하지 못하기 때문이다).

이러한 속성들에 대해 우리는 두 가지로 반응할 필요가 있다. 우리를 벌할 수 있는 권능과 결코 피하여 숨을 수 없는 지혜에 대해서 우리는 참된 경외를 나타낼 필요가 있다. 이것은 거짓된 확신이 제거할 수 없고 겉치레가 손상시킬 수 없는 경외이다. 우리가 계명을 지키는 체할 때시 94:20 혹은 하나님이 "값싼 은혜"들을 주신다고 가정할 때 겉치레가 생긴다.

참사랑의 실체

우리는 하나님의 자비와 진리에 대해 사랑의 빚, 즉 나태함이나 불신에 의해 좌절되지 않은 사랑의 빚을 지고 있다. 자비에 대한 빚은 자비 그 자체이다. 자비와 진리의 특성은 모든 불신을 제거한다살후 2:10.

자비를 사랑하지 않고, 진리를 의존할 만한 것이라고 믿지 않고, 영원은 결코 실패하지 않으리라고 믿지 않는 두려움을 불신이라고 부른다. 이런 까닭에 바울은 "능히 모든 성도와 함께… 그 너비와 길이와 높이와 깊이가 어떠함을 깨닫기 원하노라"엡 3:18고 말하였다. 그 높이는 권능이며, 그 깊이는 지혜이고, 그 너비는 사랑이며, 그 길이는 영원이다. 진실로 이것은 그리스도의 십자가이다.

바울은 다른 곳에서도 우리 안에 있는 지고한 지혜의 덕을 분명하게 표현하여 다음과 같이 말하였다.

> "이로 말미암아 주 예수 안에서 너희 믿음과 모든 성도를 향한 사랑을 나도 듣고 내가 기도할 때에 기억하며 너희로 말미암아 감사하기를 그치지 아니하고 우리 주 예수 그리스도의 하나님, 영광의 아버지께서 지혜와 계시의 영을 너희에게 주사 하나님을 알게 하시고 너희 마음의 눈을 밝히사 그의 부르심의 소망이 무엇이며 성도 안에서 그 기업의 영광의 풍성함이 무엇이며 그의 힘의 위력으로 역사하심을 따라 믿는 우리에게 베푸신 능력의 지극히 크심이 어떠한 것을 너희로 알게 하시기를 구하노라 그의 능력이 그리스도 안에서 역사하사 죽은 자들 가운데서 다시 살리시고 하늘에서 자기의 오른편에 앉히사"엡 1:15-20.

하나님의 맛, 그리스도

이와 같이 사도 바울의 기도와 우리 안에 있는 하나님의 역사는 우리에게 이 지혜의 영과 하나님이 누구이신가에 대한 지식을 은혜로이 계시해 준다. 그때 우리는 우리 안에 하나님의 맛을 지니게 된다. 하나님 자신이 맛이기 때문이다. 그리하여 하나님의 깊은 자비를 보이심으로 우리의 눈이 열리고, 우리는 부르심의 소망인 바 이 세상 존재에 대한 지식을 전할 수 있게 된다. 이것이 성도들을 위해 예비된 영원의 영광스러운 풍성함을 아는 것의 의미이다. 이 모든 것에서 우리는 우리를 비추시고 부르신 하나님의 선하심과 깊은 자비를 본다.

우리가 이 거룩한 부르심에 응답할 수 있도록 은혜가 우리에게 수여될 때, 지혜의 영에 대한 경험은 우리에게 우리 안에 있는 하나님의 진리의 본질과 영광을 계시한다. 그리하여 영혼은 신적인 미각을 지닌 성향으로 무장(武裝)되어 신적인 묵상을 누리며, 모든 것을 분별할 수 있게 된다.

영혼은 모든 축복의 근원이신 그리스도 안에서-일차적으로는 하나님을 향한 회심에 의해, 그 다음은 죄사함에 의해, 그리고 진노가 아닌 하나님의 은혜를 수차례 경험함으로써-우리가 하나님의 자녀들임을 맛볼 수 있다. 영혼이 소유한 모든 은총은 우리 주 예수 그리스도로부터 소유한 것이다. 이는 그가 중재자요, 우리의 지혜이며, 그가 없으면 아무리 현명한 사람이라 할지라도 미련한 자이기 때문이다 고전 1:25.

하나님은 지극히 자비하셔서 모든 사람들에게 그 보물을 나누어 주신다. 그러나 아무도 그가 주시는 것만큼 받을 수 없다. 그러므로 어떻게 그것을 받을 수 있는지 가르쳐 줄 수 있는 사람은 아무도 없다. 또한 이러한 은사들이 분배되는 곳으로 올라갈 수 있는 사람도 없으며, 그것을 가지러 내려올 수 있는 사람도 없다 롬 10:6-7. 이러한 이유로 우리와 하나님 사이에 중재자가 필요하며, 그를 통해 우리는 은혜를 받을 수 있다딤전 2:5.

그리스도는 우리의 겸손

마찬가지 방식으로 삼위일체 하나님은 예언자가 말한 바에 대해 권면하신다: "여호와의 계획은 영원히 서고 그의 생각은 대대에로 이르리로다"시 33:11. 하나님이 인류의 모든 혼란, 근심, 불안, 무질서를 보셨으며, 또한 인간이 미혹의 영역 안에서 하나님으로부터 매우 소외되었으며 자신에게 필요한 일을 알거나 해결할 능력이 없음을 보셨다. 하나님이 빛의 사자, 즉 마귀가 교만하게 하나님의 모양을 취하고 "내가 하늘에 올라 하나님의 뭇별 위에 내 자리를 높이리라… 지극히 높은 이와 같아지리라"사 14:13-14고 말하는 것을 보셨다. 이와 마찬가지로 인간도 "네가 하나님과 같아지리라"고 말한 뱀의 제안을 받아들여 하나님처럼 되려 한다창 3:5. 그러므로 성부 하나님은 "내 아들, 나의 영광의 참된 광채, 내 본체의 형상"히 1:3과 동등해지려는 욕망에서 신격(Godhead)의 동료가 되려는 열망을 가진 대적자들이 있으리라고 대답하셨다. 그러므로 하나님은 사악한 천사와 패역한 인간을 모두 던져 버리셨다.

보이지 않는 하나님의 형상이신 성자골 1:15는 타락한 천사와 하나님의 형상으로 만들어진 사람과 매우 대조를 이룬다창 1:26-27. 그들은 하나님의 모양과 같아지려는 무절제한 욕망 때문에 멸망했다. 그러나 성자만은 다음과 같이 말할 수 있었다: "겸손에는 시기가 없다. 그러나 나는 스스로 멸시받은 자, 모든 사람들 중에 가장 작은 자가 되었으며 간고를 많이 겪었으며 질고를 아는 자"임을 보일 것이다사 53:3. 사람들은 이제 나의 겸손을 열심히 모방하여 그가 누릴 참된 영광에 이를 수 있을 것이다. 그때 그는 나의 말을 들을 수 있다: "나는 마음이 온유하고 겸손하니… 내게 배우라 그리하면 너희 마음이 쉼을 얻으리라" 마 11:29.

12. 구속의 특성

하나님의 아들은 겸손이라는 임무를 통해 교만 가운데 멸망해 가는 인간을 구원하시기 위해 인간을 바른 사람이 되도록 하는 과정을 설정하셨다. 그는 하나님과 인간, 즉 하나님으로부터 나왔으나 사탄의 노예가 된 인간 사이에 개입하셨다. 그는 이런 방법으로 행동하여 선한 중재자의 역할을 완수하셨다.

> "이새의 줄기에서 한 싹이 나며 그 뿌리에서 한 가지가 나서 결실할 것이요 그 위에 여호와의 영 곧 지혜와 총명의 영이요 모략과 재능의 영이요 지식과 여호와를 경외하는 영이 강림하시리니" 사 11:1-2.

이 문맥에서 세계라는 운동장에 들어와 경주하기 위해 성령의 기름 부음을 받은 매우 능력 있는 운동가를 상상해 보라. 그는 인간을 다루는 경주에 기꺼이 뛰어드셨다 시 19:6! 예언자가 중재자의 하강을 선포하면서 높은 데서 낮은 데로 움직여 가는 것에 주의하라. 우리는 반대로 성령과 중재자의 도움을 받아 높은 곳으로 오르려 노력하는데 율법,

즉 두려움에서 시작한다.

그리스도는 우리의 순종

그리스도는 성부에의 경외심을 가지고 계셨다. 그것은 그가 만물 안에서 하나님께 영광을 돌리는 정결하며 효성스러운 두려움벧전 3:2이다. "나의 양식은 나를 보내신 이의 뜻을 행하며 그의 일을 온전히 이루는 이것이니라"요 4:34. 시편 기자는 다음과 같이 소리친다: "일심으로 주의 이름을 경외하게 하소서"시 86:11.

성경에는 이런 구절들이 수없이 많다. 그리스도께서 이 경외심을 통하여 자신을 낮추시고 스스로를 비천하게 하시며 자기의 이익을 버리심으로써 하나님이 그리스도를 통하여 행하셨으며, 부패된 사역을 구속하고 새롭게 하신 듯이 보인다.

우리의 중재자는 이처럼 기쁨으로 성부를 경외하셨으며 크신 자비하심으로 굽어 살피어 비참한 인간을 하나님과 화해시키셨다. 그는 하나님과 인간을 어떻게 관련시켜야 할지를 알고 계셨으며, 두 관계에 대한 지식을 가지고 계셨다. 그는 중재의 임무를 수행하기 위해 위로부터 받은 성부의 선한 의지를 가지고 계셨다. 그러나 이 낮은 곳에 있는 비참한 죄인들로부터는 아무것도 받지 않으셨다. 그러나 그의 중재에 있어서 인간으로부터 무언가를 받을 필요가 있었으므로 그는 신앙을 요구하셨다. 그는 먼저 인간에게 은혜를 베푸시고 참신앙을 요구하셨다. 그와 같은 은혜를 받은 비참한 인간은 선하심으로 인간을 압도하는 그를 신뢰할 수밖에 없으므로 이것은 가장 적절한 요구일 수 있었다.

그러나 소망 없이는 아무도 그리스도를 믿을 수 없기 때문에-소망이 없는 자를 누가 믿을 수 있겠는가-그리스도께서 신앙과 더불어 소망을 가져오셨다. 그는 소망으로써 경외함을 증가시키셨는데 이는 경외함이 없이는 참된 소망이 있을 수 없기 때문이다. 이것은 은혜로운 중재자로 말미암아 아무도 버림받지 않으리라는 소망이다. 중재자는 인간을 위한 구원의 언약을 받은 후 성부에게로 돌아가셨다. 그래서 그는 기도하기 위해 홀로 산으로 돌아가셨다마 14:23.

그리스도는 우리의 중재자

주님은 고민하시면서 피땀을 흘리며 계속 기도하셨고눅 22:43-44, "아버지여, 아들을 영화롭게 하옵소서"라고 외치셨다요 17:1.

"여기에 내가 아버지께 드리는 것이 있습니다"라고 그리스도께서 말씀하셨다. "여기에 내가 인간에게 줄 것이 있습니다. 여기에 내가 아버지로부터 받은 것이 있습니다. 여기에 내가 인간으로부터 받은 것이 있습니다. 나는 중재자입니다. 그리고 나의 중재의 토대는 인간 구원의 완성입니다."

"사람이 먼저 강한 자를 결박하지 않고서야 어떻게 그 강한 자의 집에 들어가 그 세간을 강탈하겠느냐 결박한 후에야 그 집을 강탈하리라"마 12:29.

"그러나 위로부터 당신의 아들을 보내소서시 144:7. 그리하시면 내가 강한 영, 즉 당신의 힘과 당신의 덕 안에서계 7:12 강한 적들로부터 포로된 자들을 구출하겠나이다시 18:17. 나는 내가 하고 있는 일을 잘 알고 있기 때문입니다. 나는 아무 죄도 없지만 죄 있는 자들을 위해 죽을 것입니다. 나의 선은 대적의 악과는 비교할 수 없을 정도로 많은 일을 할 것입니다. 나의 무죄에 대한 벌은 인간의 불순종에 가해진 벌보다 훨씬 더 많은 일을 할 것입니다."

이러한 말에 응답하여 성부께서는 "내가 이미 영광스럽게 하였고 또 다시 영광스럽게 하리라"요 12:28고 말씀하신다.

이제 지극히 강력한 중재에는 분별의 영이 필요하다. "만일 이 세상의 통치자들이 이것을 알았다면 영광의 주를 십자가에 못 박지 아니하였을 것"이기 때문이다고전 2:8. 그러나 하나님의 아들은 영광스러운 신성을 감추고 죄 없는 육체의 연약함만을 드러내셨다. 이로써 그는 자신의 거룩한 생명으로 적대적인 사악함의 시기를 제거하셨다. 이 연약함을 보고 적은 그를 이기려는 소망을 가졌었다.

그리스도는 또한 화해자이신 자신에 대한 인간의 신앙을 강화하기 위해 사용한 기적들을 통해 사탄의 시기를 야기하셨다. 속이는 자인 사탄은 오히려 자신이 속아서 죄의 형벌을 받으실 분이 아닌 그리스도에게 해를 가했다. 즉 매우 잔인한 죽음을 부과했다. 그러나 의인은 의를 인하여 부당한 죽음을 당했으나 그에게 부당하게 해를 가한 죽음의 적으로부터 새로운 의를 얻었다.

이 죽음이 그에게 합당한 것이 아니기 때문에-그에게는 죄가 없으시므로-그는 죄 많은 사람들과 이 승리를 함께 나눔으로써 자신의 무죄에 대한 심판을 통해 고발된 자들에게 무죄를 선언하셨다. 그는 자신의 살과 피를 손에 쥐고서 "나를 먹는 그 사람도 나로 말미암아 살리라"요 6:57고 말씀하셨다. 또한 그것을 성부 앞에 놓고는 "나의 아버지여, 여기에 내 핏값이 있습니다"마 27:6라고 말씀하셨다. 또 "의가 주의 앞에 앞서 가며 주의 길을 닦으리로다"시 85:13; "주께서 공의를 견고하게 세우시고 주께서 야곱에게 정의와 공의를 행하시나이다"시 99:4라고 말씀하셨다.

13. 하나님의 자녀의 지혜

인간은 하나님의 지혜로 이루어진 묵상의 열매에 만족해 왔다. 그는 화목되었을 뿐만 아니라 지혜롭게 되었고 이제는 자신이 먹는 것을 맛볼 수 있게 되었기 때문이다. 그는 구속자의 몸과 피를 하늘의 만나히 9:4, 천사들의 떡시 78:24-25, 지혜의 떡전 9:11으로서 먹고 마신다. 그는 그것을 먹으면서 자신이 먹는 것과 같은 본질로 변화된다. 예수 그리스도의 몸을 먹는다는 것은 곧 그리스도와 같이 되는 일, 그리고 성령의 전이 되는 일고전 6:19이기 때문이다. 이 성전이 받은 은혜와 하나님께 바친 헌신으로 아름답게 장식될 때 더 이상 다른 것들을 받을 수 없다. 이제 그것은 그것을 창조하고 지으신 하나님 자신이 거하시는 곳이 되었기 때문이다.

그리스도는 우리의 만족

영혼은 더 이상 물질적이고 썩어질 이 세상 것에 관심을 갖거나 사랑하지 않는다. 그는 생명의 창고를 뒤에 남겨 두고 버리고 떠났기 때문이다. 간혹 영혼이 그것을 다시 사용하기도 하겠지만 그것은 잠정적인 행위일 뿐 결코 다시 소유하려는 욕망을 갖는 것은 아니다. 영혼은 복받아 번성해도 그대로 전진하며, 역경이 닥쳐와도 침착하게 대한다. 사랑하는 영혼은 머리 되시는 그리스도라는 거룩한 침(타액)이 없으면 아무것도 맛볼 수 없으므로 그리스도와 함께 우리가 모든 것을 맛보기 때문이다.

선한 것이든 악한 것이든 육체에 영향을 주는 것은 모두 외적인 것이며 인간의 영혼 내부에 있는 것에는 영향을 미칠 수 없다.

이러한 이유로 바울은 감옥에 갇혀 사슬에 묶여 있으면서 제자들에게 이렇게 썼다: "그러므로 내가 내 일이 어떻게 될지를 보아서 곧 디모데를 보내기를 바라노라"빌 2:23. 그는 자기 주변에 관한 것, 즉 아마 육체라는 외면적인 옷에는 영향을 주지만 참된 자신의 내면에 침투하지는 못하는, 외적 인간에게 되어지는 일들을 이야기한다.

그리스도는 우리의 지혜

바울이 말하는 지혜는 다음과 같다: "우리가 온전한 자들 중에서는 지혜를 말한다"고전 2:6. 이것에 관하여 우리는 전혀 방문한 적은 없지만 많은 말을 들은 바 있는 성읍을 묘사할 수 있듯이, 듣기는 했지만 경험해 보지는 못한 자들처럼 이야기한다. 그러나 직접 방문해 보면 매우 다르게, 훨씬 더 실제적으로 이야기할 수 있을 것이다.

바울은 이 영적인 지혜에 대조하여 매우 다른 지혜, 즉 "이 세상 통치자들의 지혜"고전 2:6를 말한다. 이것은 낮과 밤, 흰 것과 검은 것처럼 대조된다. "지혜를 이겨 낼 수 있는 악이란 있을 수 없다"지혜서 7:30고 말할 수 있다. 악의는 악의 맛이며, 다른 맛으로부터 오는 지혜가 이것에 대적한다.

이처럼 이 세상 통치자들의 지혜는 위로부터 오는 지혜에 반대한다 약 3:15-17. 아래로부터 오는 이 악한 지혜는 하나님의 지혜를 미워한다. 이 두 지혜의 양립 불가능성 안에 상대적으로 선과 악의 내적인 맛이 있다. 한없이 교활한 악은 파괴하는 반면욥 5:13; 고전 3:19 신중한 선은 구원을 이룬다.

신중한 지혜

그러나 (신성한 지혜와 세상적 악이라는) 이 두 원칙 사이에는 흑과 백 사이의 중간 색과 같은 매개적 지혜가 있다. 그것이 둘 사이의 균형을 이루게 하여 그 동기가 하늘과 땅 사이를 오르락내리락 한다. 이것은 사도 바울이 하나님께 속하는 지혜와 이 세상 통치자들에게 속하는 지혜 사이에 위치시키는 것으로서 그가 이 세상에 속한다고 말하는 지혜이다고전 2:6-7. 그것은 정직과 유용한 것들을 다루며, 그렇게 함으로써 매우 신중하게 결정된다. 그것이 대체로 신중한 분별력을 가진 지혜로 구성되어 있으므로 반드시 자신의 판단을 따를 필요는 없지만 무엇이 유용하고 무엇이 실용적이지 못한지, 무엇이 정직하고 무엇이 정직하지 못한지를 판단한다. 그러나 그 동기가 호기심이나 만족시키고 허망한 것에 불과한 "권위"로 인식되기 때문에 이 지식을 교만하게 하는 지식으로 사용하는 사람들이 많다고전 8:1. 지식이 되려고 하는 모든 노력에 있어서 이러한 연구들은 그 어느 것도 이성이 사랑 없이는 존재할 수 없음을 발견하는 영역에까지 이르지 못한다.

14. 거짓 지혜와 참지혜의 차이점

인간적 지혜 혹은 철학은 인간의 일에 대한 지식과 하나님의 일에 대한 지식으로 구분된다. 철학은 인간사에 관해서는 친숙한 것들을 마음대로 다룰 수 있다. 그러나 신성한 것을 다룰 때에는 높이 올라갈수록 더 험한 추락을 맛보며, 시편 기자의 말이 더욱 분명해진다: "주께서 나를 들어서 던지셨나이다"시 102:10.

인간 지혜의 실패

때때로 자연적 재능의 노력은 인간을 멀리 몰고 가기 때문에 사도 바울의 말에 따르면 인간은 하나님에 대해 무엇인가를 알 수 있다. 즉 이성이 하나님에 대해 파악하는 것을 알 수 있다롬 1:19. 현명한 사람들은 이것을 감지할 수 있다. 왜냐하면 하나님이 그들 안에 알 수 있는 기능을 창조하심으로써 그것을 그들에게 계시하셨기 때문이다. 그들은 자신들의 윤리 규범을 넘어서서 이 세상의 피조물부터 하나님의 보이지 않는 일들에 이르기까지 피조된 모든 것들을 통하여 알게 된다롬 1:20.

이러한 것들을 이해한 후에는 하나님의 영원한 능력과 신성을 바라볼 수 있는 능력을 갖는다. 그러므로 그들이 핑계하지 못하는데롬 1:20, 그들은 참된 신학을 이루기 위해 그들이 갈 수 있는 곳으로 더 나아가거나 전진하기로 선택하지 않기 때문이다. 그들은 "하나님을 알되 하나님을 영화롭게도 아니하며 감사하지도 아니하고 오히려 그 생각이 허망하여지며 미련한 마음이 어두워졌다"롬 1:21. 그리고 "스스로 지혜 있다 하나 어리석게 된다"롬 1:22. 그들은 어리석게도 신학을 파괴하였으므로 그들의 자연적 지식을 보존하는 데도 실패했다. 왜냐하면 "썩어지지 아니하는 하나님의 영광을 썩어질 사람과 새와 짐승과 기어 다니는 동물 모양의 우상으로 바꾸었기" 때문이다롬 1:23.

이러한 이유로 그들은 자신들의 윤리를 보유하도록 허락받지 못한다. 하나님은 오히려 그들을 마음의 정욕대로 더러움에 내버려 두심으로 그들의 몸을 서로 욕되게 하셨다롬 1:24. 하나님은 그들을 더러움에, 즉 자연스럽지 못한 것들을 행하는 타락에 넘겨 주셨다롬 1:28.

하나님의 지혜의 승리

참된 지혜는 항상 악을 극복한다. 지혜는 항상 하나님과 함께 거하므로잠 8:3 게으르지 아니하고 앞으로 나아가는 법을 알고 있다. 따라서 그것은 한쪽 끝에서 다른 끝에 이르기까지 모든 일을 잘 처리한다잠 8:1. 그것은 하나님의 일에 관하여 자연적 지식으로 주의 깊고 지혜롭게 행하며, 도덕적 문제에 있어서는 신중하게 처신한다.

앞에서 묘사한 바와 같이 지혜로운 현인들은 일단 모든 그릇된 애정으로부터 정화되어 하나님의 일을 맛본 후에는 인간 앞에 인간을 노출시킨다. 영혼은 모든 일에 있어서 완전히 하나님의 영향 아래 있으므로 모든 피조물들을 참된 지혜의 효율성에 비추어 배치하고 자리 잡게 하여 하나님이 그것들을 보시듯이 하나님 아래 있는 것으로 본다. 영혼은 동일한 방식으로 행동하고, 그것들에 대해 자신의 존재와 삶의 방식으로 판단한다. 스스로 천명하듯이 하나님의 지혜는 "영원한 빛의 찬란한 광채이며 하나님의 활동력을 비쳐 주는 티 없는 거울"이기 때문이다 지혜서 7:26. 그것은 전능하신 하나님의 변치 않는 빛의 순수한 발산이며 하나님의 덕의 숨결이다.

그러므로 성도의 영혼은 그 안에 영원한 생명의 광채와 하나님의 위엄을 비쳐 주는 거울을 소유하게 된다. 지혜는 피조물에게 자신을 표현할 때 하나님의 선과 의의 형상을 전하고 나타낸다. 그리고 그것이 내적으로 하나님의 덕을 호흡하듯이 외적으로는 하나님의 빛과 자비를 발산한다. 그러므로 솔로몬이 다음과 같이 말하였다. "사람의 지혜는 그의 얼굴에 광채가 나게 하나니" 전 8:1. 또 다른 곳에서 그는 "지혜자의 눈이 그 이마에 있도다" 지혜서 2:14라고 말하였다. 이는 지혜가 마음의 자연적 능력을 통해서만 밖을 볼 수 있고, 그곳에 거할 수 있기 때문이다.

솔로몬은 또 "많은 현자들은 세상의 구원이며 현명한 왕은 백성의 번영이다" 지혜서 6:24라고 말하였다. 우매한 자들이 항상 현자들의 지시를 받는다면 인간사의 모든 일이 복될 것이다! 어느 철학자는 현명한 사람들만이 왕이 되고 모든 왕들이 철학자라면 인간사의 모든 일들이 얼마나 복되겠는가라고 말했다 플라톤, 『국가』, 473, 487. 그러나 현자들은 현명하게도 통치하는 일로부터 도망하고, 어리석은 자들은 항상 현자들의 권위 아래 있게 되는 것을 두려워한다. 그러므로 완전한 어리석음, 완전한 혼란, 보편적인 소요가 있게 된다. 현자들은 숨어서 실쭉거리며, 어린아이들이 통치하고 다스린다. 그들은 아침에 향연을 벌이는 관원이 된다. "이 나라여 화가 있도다" 전 10:16. 이제 본 주제로 되돌아가자.

하나님의 지혜는 영을 밝혀 준다.

지혜의 영으로 밝아진 영혼은 정의를 사랑하고 악을 미워한다. 그러므로 하나님은 예수 그리스도 안에 있는 풍성한 즐거움의 기름으로 그 영혼을 바르셨다 시 45:7; 히 1:9. 하나님의 은혜에 흠뻑 젖은 영혼은 모든 것을 기쁘게 하고 모두로부터 사랑받는다. 적들까지도 이것을 보고 두려워 영혼을 공경하게 된다. 사악함은 의로운 선을 모방하려 하지 않지만 실제의 본성은 반박될 수 없기 때문이다.

현자들은 그들 가운데 마음을 이해하도록 돕는 특별한 은혜, 즉 천사의 말을 가지고 있으며, 그 형태조차도 영적인 은혜를 표현하는 일을 돕는다. 이것은 천사들의 지배자, 그의 천사, 그리고 예루살렘 성읍에 살고 있는 이스라엘 지파에 속한 자들에게만 알려진 말이다. 애굽인이나 갈대아인은 이것을 알지 못한다. 그들이 현세에 이미 이것을 맛본 것 같고, 현세에 거룩하게 존재하는 가운데 내세의 축복 속에 들어가기 시작하기 때문이다. 그들의 내적 삶을 영화롭게 하는 일은 거룩한 삶을 묵상하고 즐기는 데 있다. 그러므로 지상에 존재하는 동안에도 그들의 육체는 장차 죽은 후에 완전히 받게 될 영광 중 일부를 받는다.

하나님의 지혜는 능력을 주신다.

이미 언급한 바 합일을 이루어 살 수 있게 하는 은혜를 경험하고 나면 그들은 하나님께 매여 스스로 하나님을 즐거워한다. 그들은 육체의 모든 모순들이 그들로 하여금 선을 행할 수 있도록 하는 도구일 뿐임을 인식하기 때문이다. 그들이 고통을 당하고 연약함으로 힘을 다 소모하더라도 속사람이 새로워지기 때문이다 고후 4:16. 바울이 말한 바 "내가 약한 그때에 강함이라" 고후 12:10와 같다. 그들의 감각은 이미 새로운 영적 은혜의 도래를 감지한다. 그들의 눈은 변함없이 한 목표를 바라보며 그들의 귀는 훈련되어 있다.

종종 그들은 열정적으로 기도하는 가운데 친숙치 못한 향기를 풍긴다. 왜냐하면 그들은 침투력이 있으나 평범한 미각으로는 접근할 수 없는 온유함을 누리고 있기 때문이다. 그것은 자비에 대한 자극제로서 상호간의 접촉을 통해 발견된다. 그들은 자신들로부터 영적 기쁨의 낙원을 만들어내는 듯하다. 그들의 얼굴, 품행, 예절, 행위, 헌신적 봉사, 상호간의 인정, 친밀감, 일치 등 모든 것이 그들을 한데 묶어 그들이 한 마음, 한 뜻인 것처럼 보이게 한다. 이와 같이 순수한 양심과 상호간의 삶의 방식이 가지는 은혜에 의해 그들은 오늘날 그 완성된 장래의 삶이 예비된 육체적 영광을 기다린다.

15. 지혜로운 자들의 축복된 완성

모든 형태의 삶이 햇빛을 받으며 상호 관련성에 의해 파악되는 것처럼 보이듯이 우리도 실제로 생존의 원칙인 삶을 보지 않고서 상호 독립적으로 살고 있다.

하나님의 지혜는 일치를 이룬다.
장차 올 생활에 있어서도 하나님은 각자에게 모든 것으로, 그리고 모든 것 안에 있는 것으로 보이실 것이다. 거룩한 생명을 자연적 눈으로 볼 수 있는 것이 아니라 육체의 영광이 각 사람에게 있는 하나님의 임재를 증언할 것이다.

우리는 이 형상의 영역에 살고 있는 한 물질적이고 감각적인 방법이 아니고서는 거의 아무것도 이해할 수 없기 때문에 물질적 성례전이 우리를 하나님께로 인도하고 우리가 소외되지 않도록 할 것이다. 이것이 종교(religion)가 religare(뒤로 묶다)로부터 파생되었다고 말해지는 이유이다. 그러나 신실한 영혼에게 있어서 성례전은 단지 육체적인 것이 영적인 것을 향하고, 영적인 것이 영적 존재와 육적 존재를 창조하신 분을 향하도록 돕는 도구일 뿐이다. 그러므로 영혼은 모든 장애물을 넘어설 것이다.

하나님의 지혜는 영원하다.

육체 안에 모든 세상의 염려와 장애물들을 버린 영혼은 하나님 외에는 모든 것을 잊고, 하나님 외에 그 어느 것에도 속하지 않을 것이다. "내 사랑하는 자는 내게 속하였고 나는 그에게 속하였도다"아 2:16. "하늘에서는 주 외에 누가 내게 있으리요 땅에서는 주밖에 내가 사모할 이가 없나이다 내 육체와 마음은 쇠약하나 하나님은 내 마음의 반석이시요 영원한 분깃이시라"시 73:25-26.

그리고 죽음이 온다. 이 생명에 들어가는 일을 불신자들은 "죽음"이라고 부른다. 그러나 믿는 자들에게 있어서 그것은 일종의 유월절이 아닌가? 육체의 죽음으로 인간은 이 세상에 대해서 완전히 죽고 하나님 안에 온전히 산다. 이것은 완전한 장막에 들어가는 일이요 축복의 집에 들어가는 일이다시 42:4. 이 논문의 서두에 언급했던 바와 같이 인간 육체의 구성 요소들은 각기 질서에 따라 분해된다. 그리하여 육체는 흙으로 돌아간다. 영은 정한 시기가 오면 들어 올려져 영광을 받고 그를 창조하신 하나님에게로 되돌아갈 것이다.

하나님에게로 가는 이 생명의 전이(傳移)는 무엇인가? 완전한 축복과 영원한 사랑 안에서 모든 장애물이 극복된 후 거룩한 영혼은 지상에서 경험한 것 훨씬 이상으로 완전히 하나님과 연관된다. 그때 영혼은 다음과 같은 것들 중 하나가 될 것이다: "내가 말하기를 너희는 신들이며 다 지존자의 아들들이라 하였다"시 82:6. 이것이 기쁨의 근거로서 예루살렘을 찾고시 137:6 성령의 기름 부음으로 모든 것을 배우는요일 2:27 자들의 운명이다. 그들은 마음에 현명한 생각을 가지고 덕에 덕을 쌓으며마 5:3-12를 보라 그 산으로 오르고 마침내는 시온에서 신들의 하나님을 보게 되는시 84:7 자들이다. 그분만이 신들의 하나님이요, 복된 자들의 진복(眞福)이며, 즐거움으로 가득 찬 자의 즐거움이요, 유일하고 은혜로운 주권을 가진 주님이시기 때문이다.

하나님의 지혜는 완성된다.

지혜는 상승의 초기인 선한 갈망의 목표에서부터 궁극적 완성의 목표에 이르기까지 오르는 자들이 떨어지지 않도록 그들의 힘을 지켜준다. 지혜는 번영뿐만 아니라 역경까지도 온화하게 배치하여, 모든 것이 합력하여 선을 이루게 한다롬 8:28. 그때 영혼은 다시 만물의 근원을 향하게 되며 하나님의 비밀스런 임재 안에 감추어진다시 31:20.

그러나 현명하게 오르려는 자는 오르는 일이 계단처럼 단계적으로 일어남을 알아야 한다. 따라서 각각의 선의(affectus)는 특별한 역할을 완수하기 위해 사물의 체계 안에 나름의 질서와 시기를 가지고 있다. 모든 것이 서로를 기대하고 따르면서 돕는 가운데 함께 작용한다. 종종 먼저 된 자가 나중 되고 나중 된 자가 먼저 되기도 한다마 20:16.

하나님을 관상하는 일에 관하여[1]

The Love of God 5

서문

나는 깊은 고통의 바다에 던져져서 외칩니다. 하나님, 나의 주여, 나의 부르짖음을 들으소서. 내가 당신께 부르짖는 것은 우리 안에 당신께서 심어 두신 당신의 형상과 모양을 변호하기 위함입니다. 내가 부르짖는 것은 당신께서 나를 현 상태의 고통으로 흉하게 버려두실 수 없기 때문입니다. 당신의 손이 나를 무겁게 누르심은 나의 죄 때문입니다. 그러나 당신의 손은 심판에서는 제한하십니다. 당신은 이 깊은 바다, 이 땅에서 우리를 절망으로 몰고 갈 것을 허락지 않으시기 때문입니다.

오, 나의 하나님, 깊은 바다가 서로 부릅니다시 42:7. 나의 심원한 고통이 당신의 무한하신 자비의 깊음을 향해 소리칩니다. 나는 혹시 소

---

1) 이 논문은 성 티에리의 윌리엄이 『사랑의 본질과 고귀함에 관하여』를 쓰기 전인 1119년 혹은 1120년경에 쓰여졌다. 이것은 그가 수도사들과 나눈 구두(口頭) 묵상으로 구성되어 있다.

망이 있을까 하여 주위를 돌아보지만 그것은 헛된 일이며 오직 당신께서만 내게 필요한 굳건한 확신과 도움을 주실 수 있다는 사실을 인식하게 됩니다. 당신이 없이는 생존이 있을 수 없습니다. 나는 오직 하나의 실체만이 있다는 사실, 그리고 당신을 항상 의지할 수 있다는 사실을 발견합니다. 나는 내 마음이 사랑할 수 있는 것을 찾아보려 합니다. 그것은 사랑뿐입니다. 나는 도시의 거리를 여기저기 찾아보고 시골 구석구석을 찾아봅니다. 그러나 자신을 위해서만 살고 있는 자들은 "하나님의 생명에서 떠나 있는 나그네들임"을 발견합니다 엡 4:18.

나는 세상의 광활한 모든 영역, 내 인생의 모든 위기를 포함하여 나의 외부에 있는 것뿐만 아니라 내면에 있는 모든 곳을 찾아보았지만 그 모든 것들은 내게 당신이 필요하다는 사실만을 밝혀 줄 뿐입니다. 그것들은 또한 하나님의 나라가 내 안에 있다는 진리를 증언합니다. 이는 내가 마음속에서 당신을 발견하기 때문입니다. 당신은 밖에 계시지 않습니다. 당신은 나의 존재의 가장 내밀한 능력 속에 계십니다. 당신은 내 영혼이 바라는 바가 아니십니까?

나의 기억 또한 내 안에서 가장 갈망하는 것에 응답합니다. 하나님, 당신께서는 무한히 넓은 바다, 사랑의 바다와 같습니다. 나는 거기서 쉼을 얻고 성소를 발견할 수 있습니다. 하나님, 당신에게 있어서 사랑은 본질적인 것입니다. 그러므로 당신은 당신 안에서 사랑을 찾으십니다. 그러나 만일 당신께서 사랑하지 않으셨다면 당신이 찾으시는 것을 발견하실 수 없을 것입니다. 그러므로 당신께서는 찾으시는 것(사랑)을 소유하고 계십니다. 그것은 당신 안에 있기 때문입니다.

하나님, 나로 하여금 당신으로부터 떨어져서 다른 신들을 찾지 않도록 나를 지키소서. 당신 자신 안에 나를 받아 주시고, 내게 당신의 자비를 베푸사 당신의 공의의 기쁨 안에 나를 올리소서. 나를 도우사 온전히 하나님 안에, 나의 사랑 안에, 나의 기억 안에, 그리고 나의 온전한 존재 안에 살게 하소서. 하나님, 당신은 나의 모든 존재, 행복의 근원이십니다.

그러므로 내게 당신을 사랑하는 일이 주어졌습니다. 양심과 확신 안에서 내게 커가는 열정과 열망으로 당신을 사랑하는 축복이 주어졌습니다. 우리로 하여금 사랑스럽고, 힘 있고, 섬길 만하고, 부드럽고, 온화하고, 무한히 자비로울 수 있도록 당신의 사랑으로 우리를 영화롭게 하옵소서. 하나님, 나의 본성을 당신의 본성과 결합시키소서. 당신의 포옹은 은혜의 계시와 같습니다. 위로하시는 왼손에는 부족한 것이 없습니다. 당신은 그 손으로 나의 머리를 들고 지탱케 하십니다. 그러나 오른손으로는 내게 기쁨을 채우시며 영적이고 영원하신 위로로 나를 안으십니다 시 4:7. 당신의 부드러운 입맞춤 안에서 나의 영혼은 잠잠하고 평화롭게 휴식을 취합니다. 구세주시여, 당신은 나를 소망 가운데 세우셨나이다 시 4:8.

1. 하나님에게로의 비약

"오라 우리가 여호와의 산에 오르며 야곱의 하나님의 전에 이르자 그가 그의 길을 우리에게 가르치실 것이라" 사 2:3.

의도, 사상, 동경, 애정, 내 속에 있는 모든 것들아, 하나님이 보시고 하나님을 볼 수 있는 곳으로 오르자. 걱정, 근심, 불안, 수고, 염려, 그리고 속박에 포함된 모든 노력, 이 모든 것들은 나귀(즉 나의 몸)와 함께 뒤에 남겨 두어야 하고 나와 소년("나"는 지적 기능들을 의미한다)은 속히 산으로 올라갈 것이다창 22:14. 우리는 예배하고 나서 다시 올 것이다창 22:5.

그렇다. 우리는 돌아올 것이다. 불행하게도 너무 빨리 올 것이다. 진리에 대한 사랑이 우리를 갈라놓는다. 진실로 우리 형제에 대한 사랑이 우리로 하여금 당신들을 완전히 버리도록 허락하지 않는다. 그러나 당신들이 필요해서 우리가 되돌아오게 되어도 그 아름다운 경험이 박탈되어서는 안 된다.

"만군의 하나님 여호와여, 우리를 돌이켜 주시고 주의 얼굴의 광체를 우리에게 비추소서 우리가 구원을 얻으리이다"시 80:19.

나의 하나님! 마음이 깨끗지 못하면서도 하나님을 보려는 나의 갈망은 얼마나 그릇된 겉치레이며, 몰염치하고 지각없는 일이며, 질서에서 벗어나고 진리와 지혜의 말씀의 규칙을 어기는 일입니까! 자비하신 주재시여! 지고하신 선이여! 인간 마음의 생명이시여! 당신의 은혜 가운데 나를 불쌍히 여기소서. 내가 당신을 바라보는 중에 깨끗함, 신뢰, 정의를 얻었나이다. 하나님, 나를 당신의 뜻대로 인도하시고 당신의 언어로 내 영혼에게 말씀하소서: "나는 너의 구원이라"시 34:4-5.

나는 응답하여 외칩니다. "주여, 절대적인 주여, 유일하신 우리의 주재시여, 당신만이 홀로 내게 내가 갈망하는 것을 볼 수 있는 방법을 가르쳐 주실 수 있습니다." 당신은 눈먼 거지에게 말씀하십니다. "네가 나를 원하느냐?"눅 18:41. 내가 원하는 것을 당신은 아시나이다. 내가 이러한 마음을 가지는 것도 당신의 은혜로 말미암음입니다. 당신은 나의 마음을 아시며 나의 가장 내밀한 존재를 아십니다. 당신은 내가 세상의 기쁨이나 쾌락에 대한 모든 추구, 지상의 명예에 대한 모든 야망, 그리고 육체의 정욕, 안목의 정욕, 이생의 자랑요일 2:16을 포함하여 나를 유혹하는 모든 것을 버렸음을 아십니다. 당신은 내 마음이 어떻게 당신을 향해 부르짖는지 아십니다: "여호와여 내가 주의 얼굴을 찾으리이다… 주의 종을 노하여 버리지 마소서"시 27:8-9.

당신은 내가 얼마나 열정적으로 행동하는지를 보십니다. 내가 이와 같이 행동하는 것도 당신에 대한 사랑 때문입니다. 내가 육체적인 것들로부터 돌아선 것도 당신 은혜의 선물입니다. 그래서 당신을 기쁘시게 하는 것들은 무엇이든 내게 주시는 당신 자신의 은사입니다. 나는 당신을 볼 수 없으나 당신은 이것을 스스로 보실 수 있습니다. 그러므로 내가 가지고 있는 유일한 갈망은 당신을 얼굴과 얼굴을 대하여 보는 일입니다.

당신과 그토록 가까워질 때 무엇이 우리를 갈라놓을 수 있겠습니까? 나는 왜 당신 앞에 이렇게 벗은 모습으로 있습니까? 당신은 나를 적으로 여기십니까? 당신은 나를 나의 젊은 시절의 죄 가운데 태워 버리시겠습니까? 내가 진실로 회개하고 당신께 돌아오지 않았습니까? 어찌하여 당신은 내게서 그렇게도 멀리 계십니까? 당신은 이스라엘에게 말씀하셨습니다. "너희는 내게로 돌아오라 만군의 여호와의 말이니라 그리하면 내가 너희에게로 돌아가리라 만군의 여호와의 말이니라"슥1:3.

당신은 당신의 은혜가 나의 가련한 마음을 잠잠케 하셨음을 아십니다. 나의 하나님, 내 마음은 준비되었습니다. 그렇습니다, 준비되어 있습니다. 당신이 원하는 것을 명하시옵소서. 나로 당신의 교훈을 알게 하옵소서. 당신의 뜻을 주신 후에 권능을 주옵소서. 그리하면 내가 당신이 원하시는 바를 행하겠나이다.

나의 존재 전체로 당신이 증언하시는 강한 음성, 나의 존재의 깊이를 뚫고 들어오는 음성에 대답할 것입니다. "하나님을 보고 살 자가 없으리라"출 33:20고 선포하시는 당신 진리의 밝은 빛에 나의 내면의 눈이 부십니다. 나는 아직 죄 가운데 있기 때문에, 당신 안에서 살기 위해 내 자신에 대해 죽는 법을 배우지 못했습니다고후 5:15. 그러나 당신에 대한 신앙, 기독교 신앙의 반석, 당신께서 진실로 임재하시는 곳에 서는 것도 당신의 말씀과 은혜로 말미암는 것입니다. 거기서 나는 나를 덮고 보호하시는 당신의 오른손에 입 맞추고 그것을 부둥켜안고 참고 기다립니다.

때때로 나는 당신에 대한 기다림에 가득 차 관상하는 중에 나를 보시는 당신의 "등"을 어렴풋이 봅니다참조. 출 33:23. 내 곁을 지나가시는 당신의 아들 그리스도의 성육하신 방법을 봅니다. 혈우병에 걸린 여인처럼 열심히 그에게 접근하려 할 때 그의 옷자락을 만짐으로써 나의 천하고 아픈 영혼의 치유를 훔칠 준비도 되어 있습니다마 9:20 이하. 혹은 도마처럼 그를 완전히 보고 만지기를 원합니다요 20:25. 심지어 나의 손을 주님의 거룩한 상처 속에 넣어 보기를 원했습니다. 그것은 하나님의 만나를 담고 있던 언약의 궤, 금 항아리, 우리 인간성의 영혼과 같았습니다. 그런데 나는 "나를 붙들지 말라"요 20:17는 명령을 받았습니다. 또 계시록의 말씀을 들었습니다: "개들은 밖에 있으리라"계 22:15.

그러므로 양심이 나를 꾸짖고 괴롭히며, 나의 주제넘은 짓과 사악함에 대해 보상하도록 강요합니다. 그리하여 나는 죄의 털로 덮인 나 같은 너구리의 피난처시 104:18인 반석으로 돌아와 다시 나를 보호하시는 당신의 손에 입 맞추고 그것을 가슴에 안습니다. 이것은 나의 참을 수 없는 욕망을 더 강렬하게 할 뿐입니다. 당신의 보호하시는 손이 내게 은총을 부어 주시는 손이 될 날을 보려 하기 때문입니다. 마침내 당신의 진리에 따라 나 자신에 대해서는 죽고 당신 안에서 사는 날, 나는 가리지 않은 얼굴로 당신의 얼굴을 보게 될 것입니다고후 3:16. 그때 나는 그와 같이 보는 일로 당신과 하나가 될 것입니다.

당신을 보는 가운데 내가 당신과 하나가 될 수 있다니! 그것은 얼마나 복된 광경입니까! 그것은 마음으로 하여금 야곱의 하나님을 위한 장막이 되게 합니다. 그것은 산 위에서 주어진 모든 것을 계시합니다출 25:40. 그때 "내 마음으로 주께 말하되 여호와여 내가 주의 얼굴을 찾으리이다 하셨나이다"시 27:8라고 바르게 노래할 수 있습니다. 그것이 내가 당신 은혜의 도움을 받아 내 양심의 모든 구석을 점검할 때 하나님을 보려는 오직 하나의 갈망만이 있음을 발견하는 이유입니다. 또한 모든 땅 끝까지도 당신을 구원으로 보는 것이 나의 갈망입니다사 52:10. 나의 갈망은 그분을 뵈옵고 사랑하는 것입니다. 그를 사랑하는 것은 생명입니다. 그와 같은 희미한 동경을 가지고 나 자신에게 묻습니다: "볼 수 없는 자를 누가 사랑할 수 있겠는가?요일 4:20. 보이지 않는 것을 어떻게 사랑할 수 있겠는가?"

2. 사모하는 영혼

　여기에 내 마음의 부지런한 수련이 있습니다! 그것은 내 마음을 끊임없이 점검하는 일입니다. 당신의 축복과 사랑은 마치 손과 발 같아서 나로 하여금 당신과 당신의 절대적이고 지고한 사랑을 향해 부드럽게 움직이도록 하기 때문입니다. 그러나 슬프게도 그러한 경험을 진정한 기쁨으로 누릴 수는 없습니다. 오히려 그것은 씁쓸한 달콤함으로 뒤섞인 갈구, 투쟁, 좌절의 하나입니다. 내가 나 자신까지 드리지 않으면 당신께서 나의 제물을 완전히 기뻐하지 않으시듯이, 당신에 대한 우리의 묵상 안에 당신께서 자신을 드러내지 않으신다면 완전한 기쁨을 주실 수 없기 때문입니다.

　내 영혼은 이 묵상에 온 정력을 다 기울이지만 그것은 부싯돌처럼 불꽃을 일으킬 화도(火刀)를 필요로 합니다. 당신의 손발이 나를 돕는 것처럼 당신을 사랑하는 일이 가능하도록 하는 당신의 이러한 특질을 사용하면서 나는 최고의 사랑이며 지고의 선이신 당신께 도달하기 위해 모든 힘을 기울입니다. 그러나 나는 더 높이 올라갈수록 더욱 박절하게 뒤로, 내 속으로, 내 아래로 밀려나는 것 같습니다.

　그래서 나 자신을 돌아보아 점검하고, 나 자신에 대한 판단을 내려보니 나는 큰 골칫덩어리가 됩니다.

　그러나 주님, 나는 당신의 은총을 힘입어 내 마음속에, 내 온 마음속에 당신을 앙망하는 갈망과 당신을 사랑하는 사랑이 있음을 확신합니다. 내가 당신을 갈망하고 사랑할 수 있는 것은 당신의 도움에 의한 것이기 때문입니다.

내가 그처럼 사랑할 때 그것이 어떠한 사랑인지 알 수 있을까요? 갈망을 앙망하고 사랑을 사랑한다는 것은 무엇을 의미합니까?

우리가 무엇을 갈망한다면 갈망에 의해 그렇게 하는 것이고 사랑에 의해 사랑하는 것입니다. 그러나 내가 사랑을 사랑한다고 할 때, 그것은 내가 사랑하고자 하는 것과 그것에 의해 내가 사랑하는 것을 모두 사랑할 수 있는 사랑은 아닙니다. 사랑의 과정에서 내가 사랑하는 것은 나 자신입니다. 내가 온 마음으로 찬양하고 사랑하는 주님을 사랑하고 있을 때, 나는 그 안에서는 아무것도 발견하지 못하고 오직 주님 자신과 당신의 사랑 안에서 발견하는 것을 혐오해야 합니다.

갈망에 대해서는 무어라고 말할 수 있겠습니까? 내가 갈망을 갈망한다고 말할 때 나는 이미 그 갈망이 내 자신 안에 있음을 발견합니다. 그러나 그것이 당신을 갈망하는 데서 나온 갈망입니까? 그러면 나는 어디서 당신을 갈망하는 갈망, 즉 당신의 갈망을 소유할 수 있습니까? 어디에서 그처럼 위대하고 활기찬 갈망이 올 수 있습니까?

나의 내적 성찰의 눈이 혼미하고 어둡고 멀었을 때 나는 당신께 내 눈을 열어 달라고 기도합니다. 그러나 아담의 눈이 열린 것과 같이 수치스럽게 열려지는 것은 아닙니다 창 3:7. 오히려 당신의 영광을 볼 수 있도록 열리는 것입니다 출 33:18. 그때 나는 자신의 부족함과 무가치함을 모조리 잊어버리고 나의 존재 전체가 일어서서 당신의 사랑의 품속으로 달려 들어가 사랑하는 당신을 보고 이제 내가 보게 된 당신을 사랑합니다. 이리하여 본질적으로 죄 많은 나는 나 자신에 대해서는 죽고 당신 안에서 새로이 살기 시작할 것입니다. 주님, 당신 지혜의 은혜 혹은 당신 은혜의 지혜가 그것을 보상해 주기 때문입니다. 이성적인 논쟁이나 토론은 나를 위로 인도하여 당신의 기쁨의 소용돌이와 당신 사랑의 완전한 즐거움에 이르게 하지 못할 것입니다. 오직 부지런히 찾고 끊임없이 두드리는 자만이마 7:7 그것을 얻을 것입니다.

주님, 그것은 매우 드물게 일어나는 일입니다. 그러한 일이 일어날 때 나는 외칩니다: "주여, 우리가 여기 있는 것이 좋사오니 여기 장막 셋을 짓게 하옵소서." 하나는 믿음을 위하여, 하나는 소망을 위하여, 하나는 사랑을 위하여!마 17:4. 그러나 "우리가 여기 있는 것이 좋사오니"가 무엇을 말하는 것인지 알고 있습니까? 나는 즉시 죽은 듯이 땅에 떨어지게 되고 주위를 돌아볼 때 아무것도 보지 못하기 때문입니다마 17:4; 계 1:17. 나는 마음의 번민과 영혼의 고통이 가득한 옛 생활로 되돌아와 있음을 발견하기 때문입니다. 그때 나는 이렇게 부르짖습니다: "여호와여, 어느 때까지니이까? 나를 영원히 잊으시나이까? 주의 얼굴을 나에게서 어느 때까지 숨기시겠나이까? 나의 영혼이 번민하고 종일토록 마음에 근심하기를 어느 때까지 하리이까?"시 13:1-2. 언제든지 당신의 영은 죽을 사람들에게 오가기만 할 뿐 그들과 함께 머물지 않으시렵니까?창 6:3; 요 3:8.

그러나 주께서 시온의 포로들을 돌아오게 하실 때에 우리가 위로를 받을 것입니다. 그때에 우리 입에 웃음이 가득하고 우리 혀에 찬양이 가득 찰 것입니다시 126:1-2. 그러나 지금까지 나는 너무 긴 포로생활을 하고 있습니다. 이것이 나를 얼마나 비참하게 만들었습니까! 나는 내 영혼으로부터 소외되어 게달의 장막 중에 함께 거하였습니다시 120:5-6. 그러나 내 마음속 깊은 데서 당신의 위로의 진리와 진리의 위로가 내게 말씀하십니다.

3. 축복받은 자들의 사랑에 불평등이 있는가?

진실로 사랑에는 소유의 사랑과 갈망의 사랑이 있습니다. 사랑을 갈망하는 일은 때때로 환상으로 보상을 받습니다. 환상의 보상은 소유이며, 소유의 보상은 완전한 사랑입니다.

당신의 종 된 나는룻 2:13 직관적으로 당신의 은혜가 위로로서 내 마음에 말씀하신 것에 감사드립니다. 나는 당신 영의 증표를 받아들이고 소중히 안아 즐거이 당신 언약의 성취를 고대합니다. 나는 당신을 사랑하기를 갈망하고 갈망하기를 사랑합니다. 그래서 나는 내가 당신을 완전히 사랑하게 될 날을 고대합니다. 당신이 먼저 나를 사랑하셨고, 당신은 사랑받으실 만하며, 당신은 사랑이시기 때문입니다요일 4:8.

당신을 사랑하는 이 복된 상태가 이 상태에서 존재합니까? 그렇다면 어디에서, 그리고 언제 그러합니까? 생명의 샘이신 하나님을 갈구하는 영혼이 만족하게 되고 충만하게 되어서 "충분하다"고 소리칠 수 있습니까?

그렇게 말할 수 있는 사람이 있다면 참으로 놀라운 일입니다. 그는 오히려 무엇이 부족하다고 말하는 것이 옳을 것입니다. 그러나 우리에게 이 풍성함을 누리기에는 부족함이 있다고 가정한다면 우리가 어떻게 완전한 상태에 이를 수 있을까요? 그것은 어느 곳에서도 결코 얻을 수 없을까요? 그러면 불의한 자들은 어떻게 됩니까? 그들은 당신의 나라를 소유하게 될까요?

불의한 사람은 하나님에 대한 갈망, 빚을 졌다는 인식, 당신의 사랑에 대한 이해, 그리고 피조물의 능력의 한도에서 사랑으로 돌아올 필요성에 대한 이해를 가지고 있지 않습니다. 그러나 스랍들-하나님 가까이 있고 하나님을 분명히 볼 수 있는 그들은 "타오르는 존재들"이라는 이름을 가지고 있습니다-의 사랑은 하나님에 대한 사랑으로 천국에서 가장 작은 자들의 사랑보다 더 큽니다마 5:19.

그런데 천국에 있으면서 지극히 작은 자라고 말할 수 없는 사람이 있습니다. 그는 힘을 다해서 당신을 사랑하기를 갈망하는 자입니다. 이것은 천사들이 증언하기를 갈망하는 것인지도 모릅니다엡 1:18. 그래서 다른 사람들을 그보다 더 사랑한다 할지라도 그는 아무 경쟁의식이 없이 당신을 사랑하기를 갈망합니다. 그는 헌신과 경건한 모방으로 사랑합니다. 그가 사랑 안에 발전할 때 그의 눈은 밝아질 것입니다엡 1:18. 무례하지도 않고 불의하지도 않아 이러한 내적 실재들이 그의 안에서 점점 자랄 때 그는 자신이 점점 더 커지는 기쁨으로 하나님을 사랑할 수 있음을 알게 될 것입니다. 그는 빚진 자로서 천사들처럼 사랑하는 법을 배울 것입니다. 얻을 수 없는 것을 갈망하는 자는 불쌍한 자입니다. 그러나 그와 같은 좌절은 축복의 나라에서는 완전히 제거되어 있습니다. 그곳에서는 갈망하는 자 모두 원하는 것을 얻습니다.

이것에 대해 무어라고 말해야 합니까?롬 8:31. 주님, "주의 종이 들으므로"삼상 3:10 나는 당신께서 말씀하시기를 기도합니다. 하나님의 나라에 있는 사람들은 크든지 작든지 모두 지위에 따라 당신을 사랑하기를 갈망합니다. 그들로 하여금 다양성을 가지도록 허락하는 것이 사랑의 합일이 아닙니까? 많이 사랑하도록 주어진 자는 많이 사랑하며, "작은" 형제가 된 자는 그렇게 사랑하면서도 시기하지 않습니다. 왜냐하면 그도 자신이 보는 바를 갈망하기 때문입니다. 그 또한 갈망하는 사랑을 충분히 가지고 있지 않습니까?

사랑이 사랑을 받는다는 사실은 진리이기 때문입니다. 하나님은 풍성함과 선하신 본성으로부터 서로 사랑하고 사랑하는 자들, 함께 기뻐하고 기뻐하는 자들에게 동일한 은혜를 채우시기 때문입니다. 하나님이 그들의 영혼에 사랑을 많이 부어 주실수록 그만큼 사랑할 능력을 더 많이 받게 됩니다. 그는 만족하지만 결코 싫증을 내지 않습니다. 만족은 그 갈망을 줄이는 것이 아니라 증가시킵니다. 그러나 걱정과 근심은 제거합니다. 앞에서 말한 바와 같이 이 사랑은 사랑받는 사랑으로서 그에게 기쁨을 채워 주기 때문입니다. 그는 갈망하고 열심히 바라는 가운데 그에게서 모든 고난을 제거합니다. 바울 사도가 말하듯이 그는 "영광에서 영광에" 이르도록 고후 3:18 그들을 밝혀 주고, 그들은 그 빛 안에서 빛을 볼 것입니다 시 36:9. 마찬가지로 그들은 사랑 안에서 사랑을 이해하게 될 것입니다.

여기에 다함없이 흐르는 생명의 근원이 있습니다. 여기에 당신의 사랑하는 자의 집을 그 풍성함으로 채우는 영광이 있습니다 시 112:3. 주님, 갈망하는 자는 그가 원하는 바를 발견하고, 사랑하는 자는 항상 그가 사랑하는 자를 발견합니다. 그리고 갈망하는 자는 항상 더 많은 것을 갈망하기를 사랑하고, 사랑하는 자는 항상 사랑하기를 갈망합니다. 주님, 갈망하고 사랑하는 자를 위하여 당신께서는 그가 갈망하는 것을 풍성하게 하셨으므로 그는 결코 좌절하지도 않고, 그가 가진 것으로 뽐내지도 않습니다.

바로 이러한 점에서 시편 기자가 이렇게 기도한 것이 아닙니까? "내게 무슨 악한 행위가 있나 보시고 나를 영원한 길로 인도하소서" 시 139:24. 영성의 완성은 바로 이 관계입니다. 항상 이와 같이 여행하는 것이 그곳에 도달하는 것입니다. 이것에 대하여 바울은 이렇게 말합니다: "내가 이미 얻었다 함도 아니요… 하나님이 위에서 부르신 부름의 상을 위하여 달려가노라" 빌 3:12-14. 그는 이렇게 덧붙입니다: "우리 온전히 이룬 자들은 이렇게 생각할지니라" 빌 3:15.

4. 우리는 하나님을 위하여 하나님과 모든 것을 사랑해야 한다

온유하신 창조주시여, 당신은 당신의 사랑으로 당신을 사랑하는 자들을 사랑하십니다. 그 사랑은 피조물에 대한 관대하심에서 옵니다. 그 사랑이 당신을 사랑하는 자들을 감화하여 당신을 갈망하고 사랑하게 합니다. 당신께서는 우리의 사랑과는 매우 독립되어 있기 때문입니다. 당신은 당신 자체이십니다. 당신은 불변하여 동일하시며, 항상 선하시며, 본질적으로 스스로 선하시며, 당신 자신 안에서 그리고 당신의 모든 피조물들을 위해 선하십니다. 우리가 당신을 사랑할 때–가련한 우리는 당신을 사랑하지 않고 악 가운데 존재할 수 있습니다–우리는 당신의 사랑을 받아 당신을 향하고, 당신 안에 있게 됩니다 빌 3:15.

당신은 언제나 동일하십니다시 102:27. 당신의 사랑은 우리의 영향을 받지 않습니다. 우리가 사랑한다고 해서 더해지는 것도 없고, 우리가 사랑하지 않는다 해서 빼앗기실 것도 없습니다. 그러나 당신께서 우리를 사랑하시는 것은 당신 자신을 위한 것입니다. 궁극적으로 당신은 우리가 당신을, 당신만을 사랑하기를 갈망하시기 때문입니다.

그러면 큰 은혜의 선물이 주어졌을 때 그것을 자신을 위하여 당신이나 그 자신을 사랑하도록 되지 않고, 오직 당신만을 위하여 당신과 그 자신을 사랑하도록 된다는 것이 가능합니까? 그렇게 함으로써 그는 창조된 방식대로 당신의 형상으로 바뀌기 때문입니다창 1:26. 하나님이신 당신 본성의 실체에 의해 당신은 당신 자신을 사랑할 수 있으십니다. 당신은 당신 자신을 위하는 일이 아니라면 천사도 인간도 사랑하실 수 없습니다.

하나님의 사랑을 받는 영혼은 참으로 복됩니다. 성령과의 합일 안에서 하나님이 역사하시어 하나님을 사랑할 수 있을 뿐만 아니라 하나님 자신을 위하여 사랑하는 영혼 또한 복됩니다. 하나님이 하시는 것과 같이 사랑하고 인정하는 영혼은 하나님 안에서 사랑합니다. 다시 말해서 그 영혼은 하나님과 하나님의 피조물로부터 사랑받는 것만을 사랑합니다.

그러므로 사랑은 개인적인 권리와 같이 피조물의 사사로운 소유물이 아니라 오직 하나님의 것입니다. 당신은 사랑받기에 합당하십니다. 당신은 참된 사랑이시기 때문입니다. 우리가 아는 이것은 우리 안에 계신 당신의 아들이 우리를 위하여 당신께 드린 기도 안에 나타내신 뜻입니다: "아버지여, 그들도 다 하나가 되어 우리 안에 있게 하사"

요 17:21. 이것이 우리의 목표요 완성이요 정점입니다. 이것이 평화요, 성령 안에 있는 기쁨롬 14:17이며, 하늘의 고요입니다계 8:1.

이 땅에서 우리에게도 때때로 하늘의 고요와 같이 말할 수 없는 평화를 누리도록 이 사랑이 주어집니다. 그것은 지혜의 처소와 같은 의로운 영혼에게로 옵니다. 그 평화는 한두 시간 정도로 짧게 지속될 것입니다계 8:1. 그러나 그것에 대한 생각은 일년 내내 축제를 준비할 만큼 충분합니다. 그 복되고 영원한 생활 속에서 "주인의 즐거움에 참여할지어다"마 25:21라는 말이 들릴 것입니다. 그때 거기서만 우리는 완전하고 영속적인 즐거움을 발견할 것입니다. 그 축복은 지금 우리가 겪는 온갖 방해나 장애보다 훨씬 더 클 것입니다. 그때에는 이런 것들이 모두 제거될 것이기 때문입니다. 그리하여 파괴할 수 없는 완성과 썩지 않는 축복으로 영혼의 사랑의 안전이 영원히 확보될 것입니다.

5. 기도는 사랑의 본성이다

오, 사랑이여! 육신의 정욕, 안목의 정욕, 이생의 자랑시 68:2; 요일 2:16이 우리 안에 감염시킨 모든 불쾌한 것들을 연기처럼 당신 계신 곳에서 제거하옵소서. 우리의 사랑은 의붓자식들의 사랑이었습니다. 우리가 사랑이라고 부르는 이 감정은 단지 당신께서 지으시고 당신을 위하여 존재하여야 할 영혼 안에서 썩지 않는 것이기 때문입니다. 그것은 오직 당신만을 위하여 창조되었으므로 당신께 저항할 때에 그것을 탐욕, 정욕, 탐심 등으로갈 5:19 부르는 것이 당연합니다. 그러나 썩지 않은 채

남아 있고 그 존재하는 목적에 순종하는 한, 그것은 당신을 향할 것입니다. 그와 같은 사랑은 오직 당신에게만 합당합니다.

당신의 종들 중 하나인 이성적인 영혼의 사랑은 조용히 거하는 움직임으로서 그 안에서 의지는 분수에 넘치는 것을 구하지 않으며, 소유할 가치가 있는 것 외에는 생각하지도 않습니다. 당신을 초월하는 것을 추구하는 사람은 결코 존재할 수 없는, 그리고 홀로 존재한 일이 없는 것을 찾고 있는 것이기 때문입니다. 당신보다 더 사랑스러운 것이나 사랑스러운 분이 있을 수 없습니다.

그러므로 사람이 욕망으로 당신을 초월하여 비약할 때 그는 간음이나 정욕과 같은 방종 속에 자신을 비존재로 만들며, 진정한 당신의 사랑으로부터 자신을 소외시킬 뿐입니다. 당신만이 홀로 진정한 사랑이십니다. 거듭 말하지만 사랑만이 당신을 향할 수 있으며 사랑만이 홀로 당신 안에 있습니다. 진실로 당신 없이는 아무도 존재할 수 없습니다. 당신 안에, 오직 당신 안에만 조용한 은둔처가 있습니다. 순결한 사랑의 두려움으로 "여호와를 경외하고" "모든 계명을 지키는 일, 이것이 인간의 모든 의무이기" 때문입니다 전 12:13.

6. 우리를 위해 성자 안에 있는 하나님의 사랑이 우리로 사랑하게 한다

나의 주, 나의 하나님! 나의 마음을 다하여 당신을 사랑하도록, 마음을 다하고, 성품을 다하고, 힘을 다하여 사랑하도록 내 영혼에서 모든 불의한 것들은 제하여 주옵소서! 내가 당신과 아울러 다른 것들을 사랑하지 않고, 당신만을 사랑하는 일에 실패하지 않도록 내게서 다른 모든 경쟁적인 것들이 떠나게 하옵소서. 당신만이 진실로 나의 주님이시며 나의 사랑이십니다. 내가 당신을 위해 무엇인가를 사랑할 때, 나는 그것 자체를 위해 사랑하는 것이 아니라 당신을 위해 그것을 사랑합니다. 진실로 당신만이 주님이시기 때문입니다시 86:8-10. 당신의 지배를 받는 것은 당신에 의해 구원받는 일입니다.

주님, 구원은 당신으로부터 오고 당신의 축복이 당신 백성에게 있습니다. 당신을 사랑하고 당신으로부터 사랑받는 은사로 주어진 것이 아니라면 이 구원이 무슨 의미가 있겠습니까? 이것이 당신께서 당신의 오른쪽에 앉은 아들시 80:17, 당신에게 인정받은 인간이 예수라고 불리기를 원하시는 이유입니다. "그가 자기 백성을 그들의 죄에서 구원할 자이심이라"마 1:21. 그리스도 외에는 구원이 없습니다행 4:12. 그리스도만이 십자가에서 죽기까지 우리를 먼저 사랑하셔서요일 4:19 우리에게 그리스도를 사랑하도록 가르치셨습니다. 그는 우리를 사랑하시면서 우리를 깨끗케 하십니다. 그는 우리를 사랑하면서 우리로 하여금 그 자신을 사랑하도록 권면하십니다. 무한히 관대한 이것이 그의 사랑의 목적입니다요 13:1.

인간의 사랑에는 기본 원칙이 있습니다: "내가 너를 사랑하니 너도 나를 사랑하라." 그러나 "당신이 나를 사랑하도록 하기 위해 나는 당신을 사랑합니다"라고 말하는 사람은 좀처럼 볼 수 없습니다(이것이 사심 없는 사랑입니다). 이 사랑스런 기쁨을 선포하고 설교하는 사랑스런 기쁨의 사도들은 이렇게 선포합니다.

"우리를 먼저 사랑하신 당신께서 이 일을 행하셨습니다." 주님, 당신은 우리가 당신을 사랑하도록 하기 위해 먼저 우리를 사랑하셨습니다. 이것은 당신이 우리의 사랑을 필요로 하셨기 때문이 아니라 우리가 당신을 사랑하지 않으면 당신이 우리를 창조하신 본래의 존재로 존재할 수 없었기 때문입니다. 그것이 당신이 수천 번, 다양한 방법으로 예언자들을 통해 선조들에게 말씀하신 이유입니다. 그러나 이제 이 마지막 때에 당신은 당신의 아들을 통하여 말씀하셨습니다 히 1:2f. 즉 당신의 말씀을 통해 말씀하셨습니다. 당신의 말씀으로 하늘이 지은 바 되었고 그 입의 기운으로 만물이 이루어졌습니다 시 33:6. 이와 같이 당신을 대신하신 당신의 아들에 대해 말씀하시는 중에 당신은 태양이 뜰 때, 그리고 생명이 운행하는 동안 시 19:5-6 당신이 우리를 얼마나 사랑하셨는지 선포하십니다.

당신은 우리를 그만큼, 그러한 방법으로 사랑하셨습니다. 당신은 아들을 아끼지 아니하셨고 우리를 위해 그를 내주셨습니다 롬 8:32. 그리고 또 성자께서는 우리를 위해 자신을 버리기까지 우리를 사랑하셨습니다 갈 2:20. 주님, 이것이 우리에게 주신 당신의 말씀이며, 어둠이 세상을 덮었을 때 창 1:2 우주의 고요를 뚫고 들려오는 전능의 메시지입니다. 그때 당신께서 보좌에서 내려오셔서 우리의 잘못들을 엄히 꾸짖고 사랑을 부드럽게 찬양하셨습니다. 그가 이 세상에서 모욕, 침뱉음, 때림, 십자가, 무덤 속에서 행하고 말씀하신 모든 것은 성자 안에서 행하신 당신 자신의 말씀이었습니다. 이것이 당신을 향한 우리의 사랑을 일깨우기 위해 당신의 사랑으로 우리에게 행하신 당신의 호소였습니다.

하나님, 모든 영혼의 창조주시여, 당신께서는 인간 마음의 사랑이 강요될 수 없음을 알고 계십니다. 그것은 강요가 아니라 일깨워져야 합니다. 당신께서는 강요는 자유를 제거하고, 자유의 부재(不在)는 곧 의(義)의 부재라는 사실을 아십니다. 그러나 의로우신 하나님, 당신께서는 우리를 구원하기를 갈망하십니다. 당신께서는 의가 아니면 어느 누구도 구원하거나 정죄하지 않으십니다. 당신께서는 우리의 심판과 소송의 주체이십니다. 당신은 보좌에 앉으셔서 의로 심판하십니다. 당신께서 친히 창조하신 의로 심판하십니다시 9:4. 그러므로 당신께서 긍휼히 여길 자를 긍휼히 여기시고 불쌍히 여길 자를 불쌍히 여기실 때 출 33:19; 롬 9:15 온 세상은 고요히 하나님께 복종하게 됩니다롬 3:19. 의의 측면에서 볼 때 우리가 당신을 사랑하지 않으면 구원될 수 없을 것입니다. 그러나 우리에게 주신 당신의 사랑의 은사가 없이는 당신을 사랑할 수 없을 것입니다. 당신께서는 우리가 당신을 사랑하기를 바라셨습니다. 당신의 사랑의 사도가 우리에게 일깨워 주듯이 "먼저 당신께서 우리를 사랑하셨습니다"요일 4:9. 당신은 모든 사랑하는 자를 먼저 사랑하셨기 때문입니다.

7. 하나님은 우리를 얼마나 사랑하시는가?

주님, 당신을 사랑합니다. 당신께서 우리 마음에 심어 주신 선의로 사랑합니다. 당신은 모든 선한 사랑의 근원이십니다. 그러나 당신은 어떠하십니까? 당신도 우리와 동일한 방법과 원리에 영향을 받아 타인에 대한 당신의 사랑이 특별하고 부수적인 행동에 자극됩니까? 절대로 그렇지 않습니다! 그러한 추론은 어리석은 것입니다. 그것은 당신께서 만물의 창조주라는 사실에 반대되기 때문입니다! 그러면 당신께서는 사랑에 의해 사랑받지 않을 때 어떻게 우리를 사랑하십니까?

주 하나님, 지고한 선이시며 궁극의 선이신 분이여, 사랑은 성부와 성자로부터 발현하는 성령과 같이 당신의 깊으신 자비입니다! 태초에 하나님이 혼돈의 수면 위를 덮으셨던 것같이 창 1:2 사람의 마음을 덮으셨으며 고후 4:6 만민에게 자신을 바쳐 자신에게 인도하십니다 요 12:32. 그들 안에서 그들을 향해 숨을 내쉼으로써 요 20:22 하나님이 우리에게 연합되고 우리가 하나님께 연합되도록 악을 몰아내고 선으로 채워 주십니다. 이와 같이 당신의 성령은 또한 성부와 성자 사이의 사랑이라고 불립니다. 그는 그들의 합일이며 그들의 의지이기 때문입니다. 또한 그는 은혜로 롬 8:11 우리 안에 거하시고, 우리 안에 하나님의 사랑에 대한 애정을 심어 주십니다 롬 5:8. 우리로 하여금 하나님께 가납되게 하고 우리를 하나님의 선한 의지로 연합시키는 것이 바로 이것입니다. 이것이 우리를 감화합니다! 이 선한 갈망의 능력은 우리가 사랑이라고 부르는 것, 우리로 하여금 사랑하게 하는 사랑, 진실로 당신을 사랑하는 사랑입니다. 그러므로 사랑은 하나님의 압도적이고 질서 정연한 의지의 또 다른 명칭일 뿐입니다.

사랑받으시기에 합당하신 하나님, 당신께서는 성자를 향한 성부의 사랑, 성부를 향한 성자의 사랑이신 성령께서 성부와 성자로부터 나아올 때에 요 15:26 당신 자신을 사랑하십니다. 그 사랑의 위대함은 그 합일에 있으며, 합일이란 하나의 본질이라는 의미입니다. 성부와 성자는 동일한 존재이기 때문입니다. 당신께서 "아빠 아버지"라고 부르짖는 우리 마음속에 당신 아들의 영을 보내실 때에 우리 안에 있는 당신 자신을 사랑하십니다롬 8:15; 갈 4:6. 이것이 당신께서 감화하신 사랑의 부드러움, 갈망의 능력입니다. 이것이 당신께서 우리로 하여금 다시 당신을 사랑하게 하시는 방법입니다. 이것은 당신께서 우리 안에서, 그리고 우리를 통하여 당신 자신을 사랑하시는 방법입니다. 우리가 먼저 당신 안에서 소망을 갖는 것은 우리가 구원자이신 당신의 이름을 알고, 또 당신의 은혜의 감화를 받았기 때문입니다시 5:11. 그러나 이제 당신의 양자(養子)의 영을 통해 성부께서 소유하신 모든 것이 우리 자신의 것이 되었음을 확신합니다롬 8:15. 이제 우리는 독특한 본성적 권리에 의해 당신의 독생자와 동일한 이름을 부르며 기도할 수 있습니다.

오! 지고하신 빛의 아버지시여약 1:17, 이 모든 축복이 당신으로부터 왔으니 사랑하는 것은 선, 즉 당신께서 주신 모든 선을 행하는 일이며, 우리가 우리를 통하여 당신을 사랑하도록 우리 안에 있는 당신 자신을 사랑하는 일입니다! 그리하여 우리는 당신과 하나가 되고 그 합일에 참여할 때 당신의 사랑을 받을 가치가 있는 사람이 됩니다. 그때 우리는 당신의 아들 그리스도의 기도에 동참하게 됩니다: "아버지께서 내 안에 내가 아버지 안에 있는 것 같이 그들도 다 하나가 되기를 원하나이다"요 17:21. 주님, 우리는 당신의 백성, 하나님의 백성입니다행 17:28f. 이교 시인의 말은 향수병이 되어 선한 생각의 냄새만 뿜어냅니다. 그렇습니다. 우리는 하나님의 "자녀"(Aratus, Phaen. 5), 지극히 높으신 자의 아들들입니다시 82:6. 그와 같이 영적 친척이 되기 때문에 우리는 당신과 보다 가까운 관계에 있음을 주장할 수 있습니다. 양자의 영롬 8:15을 통하여 당신의 아들이 우리의 이름을 취하는 일을히 2:11 거절하지 않기 때문입니다. 그것 때문에, 또 그분에 의해 우리는 하나님의 학교에서 배우게 되고 "하늘에 계신 우리 아버지"마 6:9라고 말할 수 있게 됩니다.

이처럼 당신께서는 우리를 당신의 연인으로 삼으시고 사랑하십니다. 우리는 사랑이신 당신의 영을 받을 때 당신을 사랑합니다. 당신께서는 그 영으로 하여금 우리 마음의 가장 심오한 애정을 꿰뚫고 들어와 소유하게 하십니다. 당신께서는 우리의 마음을 당신의 완전히 순수한 진리로 변화시키며 당신의 사랑에 완전히 일치하게 결합합니다. 그와 같이 놀라운 결합과 집착으로 당신의 아들, 우리 구주께서 표현하신 것과 같은 당신의 온화함을 누리게 됩니다.

"그들이 우리 안에 하나가 되도록"요 17:21. 이 결합은 얼마나 고귀한 것입니까! 그는 거기에 영광을 더합니다: "아버지와 내가 하나인 것과 같이"요 17:11. 아, 그 기쁨, 그 영광, 그 환희는 어떠한가! 지혜도 그 나름의 자랑을 가지고 있고, 다음과 같이 말할 수 있습니다. "부귀가 내게 있고 장구한 재물과 공의도 그러하니라"잠 8:18.

8. 우리는 어떻게 하나님을 사랑하는가?

우리가 하나님과 사랑으로 결합할 수 있으면서 하나님의 축복을 받지 못할 수도 있다고 생각하는 것보다 더 부적절한 일이 어디 있겠습니까? 당신을 참되고 완전하게 사랑하는 자들은 참되고 완전하게 축복받은 자들입니다. 그들은 "이러한 축복을 소유한 사람들은 복되도다"라고 말하지만 이는 거짓말입니다! 하나님을 주로 시인하는 자만이 복된 자이기 때문입니다 시 144:15. 실제로 축복은 무엇을 위한 것입니까? 그것은 오직 선을 구하고 그것을 완전히 소유하는 데 있지 않습니까? 그러므로 당신을 원하는 일, 당신을 강렬하게 원하는 일이 곧 당신을 사랑하는 일, 오직 당신만을 사랑하는 일입니다. 당신께서는 육체적인 것이든 영적인 것이든, 세상적인 것이든 거룩한 것이든 당신을 위하여 사랑되어지는 것이 아닌 다른 피조물들과 아울러 사랑받는 일을 참지 못하실 것이기 때문입니다. 이렇게 당신을 원하는 것이 선한 것을 소유하는 유일한 길입니다. 그것은 우리가 원하는 바를 사랑할 수 있다고 말하는 것과 동일합니다. 누구나 당신을 사랑할 때 당신을 소유하기 때문입니다.

그는 우리가 우리 안에 거하시는 성령의 도우심을 받아 이 모든 일들을 믿고 이해하는 것을 허락하십니다. 이 성령이 우리의 영을 승인하고 우리 영과 하나가 되는 가운데 그가 원하시는 때에 어떻게든 어디서든지 우리를 그가 쉬는 숨으로 돌려놓으시기 때문입니다. 우리는 그의 만드신 바입니다 엡 2:10. 우리는 선한 일을 하도록 창조되었으며 그는 우리의 성화요 의요 사랑이십니다. 하나님, 그 자신이 우리의 사랑이며, 우리는 그 사랑으로 당신께 도달합니다. 오, 가까이 할 수 없는 위엄이시여, 우리는 당신을 포옹합니다. 우리는 사랑 안에서 당신께 접근할 수 있습니다. 인간적 재능이나 영은 당신을 이해할 수 없지만 당신을 사랑하는 자는 당신을 완전히 사랑하는 사랑, 그 위대함 속에서 당신을 완전히 이해합니다. 완전한 전체, 무한한 양(量), 말로 표현할 수 없는 이해이지만 사랑 안에서는 이해합니다. 그러나 우리가 당신을 사랑할 때에 진실로 당신의 거룩하신 성령이 우리 영에 역사하십니다. 그의 내재하는 사랑을 통하여 우리는 우리 마음에 널리 비추는 하나님의 사랑을 소유합니다롬 5:5.

우리를 향한 당신의 사랑은 성자에 대한 성부의 사랑, 성부에 대한 성자의 사랑과 같습니다. 우리 안에 거하시는 성령은 당신을 향한 우리의 사랑이십니다. 이는 그가 사랑이시기 때문입니다. 그는 자신을 향해 돌아서서 모든 "시온의 포로들"시 126:1, 즉 영혼의 모든 애정을 거룩하게 하십니다. 그가 그 모든 일을 행하는 그때에 우리는 당신을 사랑할 수 있습니다. 당신께서 우리를 당신과 하나 되게 하시며, 우리 안에 있는 당신 자신을 사랑하십니다. 그것은 당신 자신의 삼위일체적 합일을 통해서 우리에게 주어진 성령을 통해서만 가능하기 때문입니다. 그러므로 모든 것이 이 하나의 본질로 축소됩니다. 성부께서 성자를 아시는 일은 곧 성자가 되는 일입니다. 성자께서 성부를 아시는 것은 곧 성부가 되는 일입니다. 그러므로 성경은 "아버지 외에는 아들을 아는 자가 없고 아들과 또 아들의 소원대로 계시를 받는 자 외에는 아버지를 아는 자가 없느니라"고 말합니다마 11:27.

그러므로 성령께서 성부와 성자를 알고 이해하시는 일은 성부와 성자가 되는 일입니다. 이 원칙은 우리에게도 적용됩니다. 우리는 당신의 형상을 따라 창조되었습니다창 1:26. 하지만 우리는 아담을 통하여 다른 모습으로 자라났습니다. 그러나 이제는 그리스도를 통하여 날마다 그 형상 안에서 새로워지고 있습니다고후 4:16. 그러므로 우리에게 있어서 하나님을 사랑하고 경외하는 일은 그와 한 영을 갖게 되는 일입니다고전 6:17. 하나님을 경외하고 그 계명을 지키는 것이 인간의 모든 본분입니다전 12:13.

하나님, 우리가 진실로 당신을 찬양하고 예배하고 축복하도록 우리에게 성령을 주옵소서. "주의 영을 보내어 그들을 창조하사 지면을 새롭게 하소서!"시 104:30. 우리가 하나님께 가까이 가는 것은 홍수가 범람할 때도 아니고 감정이 격하여 혼란스러운 때도 아니기 때문입니다시 32:6. 감정은 종류가 수없이 많습니다. 주여, 아담의 자손의 타락은 오래 지속되어 도처에 그 영향이 미칩니다. 그러므로 이 땅에 당신의 성령을 보내소서. 바다로 하여금 당신께서 정하신 곳까지 그 경계가 물러가게 하옵소서창 1:9. 메마른 땅이 생명의 물로 변화되게 하옵소서 계 21:6. 성령이여, 까마귀가 쫓겨간 뒤 입에 감람나무 가지를 물고 온 비둘기처럼 평화를 선포하기 위해 오시옵소서창 8:7-8. 당신의 거룩함으로 우리를 성결케 하옵소서. 당신의 합일로 우리를 합일케 하옵소서. 그리하여 혈육관계처럼 사랑이라는 이름 그대로 사랑이신 하나님께 우리가 합일되게 하옵소서요일 4:8.

그러나 주님, 우리가 당신을 어떻게 사랑해야 하는지 아는 것이 중요합니다. 깨달은 성인 중의 한 사람이 말했듯이 많은 사람들이 "진리가 그들 위에 빛날 때에만 진리를 사랑하고, 진리가 그들을 꾸짖을 때는 더 이상 그것을 사랑하지 않습니다"(어거스틴, 『참회록』, 9:23-24). 많은 사람들이 의로운 감정을 배양하지만 아직 이런 식으로는 행동하지 않습니다. 그들은 스스로 진리의 관념을 승인하고 사랑하기는 하지만 그것을 실천에 옮기지는 않습니다. 아! 참된 의의 하나님, 그들이 당신을 참으로 사랑하는 것입니까? 그러한 사람들이 진리 안에서 당신을 사랑합니까?

이 세상의 철학자들은 과거에서 열심히 진리를 추구했습니다. 그들은 그것을 사랑을 통해, 그리고 행위를 통해 효과적으로 찾았습니다. 그리하여 "덕을 사랑하는 일은 선한 사람으로 하여금 죄를 미워하게 한다"고 올바르게 말할 수 있습니다(Horace, 『서신들』16:52). 그러나 참된 의의 샘과 근원은 오직 당신 안에 있습니다. 그것은 그 목적지인 당신께로 돌아옵니다. 당신이 없다면 모든 인간의 의는 더러운 옷과 같습니다사 64:6. 그러므로 당신을 사랑하지 않는 자들은 진리를 사랑하지 않는다는 비난을 받습니다. 그들이 일종의 사랑을 가지고 있으며, 정직한 일을 했다고 하더라도 그들에게는 아직 사랑으로 역사하는 신앙이 결여되어 있기 때문입니다갈 5:6. 그들의 사랑과 선행은 참된 의의 샘에서 비롯된 것이 아니며, 그 목적으로 나아가지도 않기 때문에 그와 같은 자들은 이탈하여 빨리 가면 갈수록 더 길을 잃는 것입니다. 아버지시여, "나는 길이요 진리요 생명"이라고 하신 당신의 그리스도만이 길이십니다요 14:6.

9. 사랑은 하나님의 계명을 순종하는 데 있다

당신의 진리는 생명이며 우리를 인도해 가시는 길입니다. 이것은 진정하고 단순한 형태의 참된 하나님의 철학입니다.

"아버지께서 나를 사랑하신 것같이 나도 너희를 사랑하였으니 나의 사랑 안에 거하라 내가 아버지의 계명을 지켜 그의 사랑 안에 거하는 것같이 너희도 내 계명을 지키면 내 사랑 안에 거하리라"요 15:9, 10.

아버지께서 아들을 사랑하시고, 아들이 그의 계명을 완전히 다 지켜 아버지의 사랑 안에 거할 때 "사랑하는 분의 사랑받는 자"가 있게 됩니다요 3:35; 5:20. 제자가 스승이신 그리스도를 사랑하고, 그의 모든 계명을 지키며 죽기까지 굳건히 남아 있을 때 "사랑하는 분의 사랑받는 자"가 있게 됩니다. 그는 자신의 진리와 사랑으로 밝아져 모든 일이 합력하여 선을 이루며롬 8:28, 나쁜 것이나 무관심한 것이든지 기독교적 사랑처럼 선한 것이든지 모든 것을 선하게 이용하십니다. 우리가 이미 살펴 본 바와 같이 이것이 자유를 선하게 사용하는 일입니다. 선한 행위란 우리가 나쁘게 사용할 수도 있었던 것의 변형이기 때문입니다.

그러므로 사랑을 잘못 사용하지 않도록 우리는 완전한 사랑의 법칙에 따라 이웃을 사랑하라는 명령을 받았습니다. 하나님이 오직 우리 안에서 자신을 사랑하시고, 우리는 오직 하나님 안에서 우리 자신을 사랑하도록 배운 것과 같이 우리는 이제 이웃을 "우리 자신처럼" 사랑하기 시작합니다마 22:39. 우리가 우리 안에서 하나님을 사랑하듯이, 이웃 안에서도 하나님만을 사랑하기 때문입니다.

오! 구주여, 그러면 당신은 왜 우리에게 그러한 말씀을 주십니까? 나의 가련한 영혼은 헐벗고 추위에 얼어 마비되었습니다. 내 영혼은 당신 사랑의 불에 몸을 녹이고자 합니다. 내게는 벗은 몸을 가릴 의복이 없습니다계 3:17-18. 나는 어느 곳에서든지 할 수만 있으면 누추한 조각들을 모아 기워야 합니다창 3:7. 나뭇가지를 주워 모은 사르밧의 현명한 과부와는 달리, 나는 너무도 허망한 마음의 사막에 있으므로 몇 개의 작은 가지나 모을 뿐입니다. 그리하여 나는 나의 장막으로 돌아오면서시 132:3 내가 죽기 전에 먹을 한 줌의 밀가루와 한 홉의 기름을 갖게 됩니다왕상 17:9.

주님, 그러나 나는 그렇게 빨리 죽지 않을 것입니다! 오히려 죽지 않고 살아 주님의 일을 선포할 것입니다시 118:17. 그러므로 나는 소금 광야에 살고 있는 외로운 들나귀처럼렘 2:24; 욥 39:6 고독의 집안에 서 있습니다. 나는 사랑의 숨을 쉬며, 당신을 향해 입을 열고 성령의 숨을 쉽니다시 119:131. 주님, 때때로 내가 주님을 향해 눈을 감고 헐떡일 때 당신은 내가 알도록 하지는 않으셨지만 나의 입에 무엇인가를 넣어 주셨습니다! 그래서 나는 달콤하고 우아한 맛을 감각하였으며, 그 일이 나를 많이 위로하고 채워 주었으므로 다른 것을 찾을 필요가 없게 되었습니다. 나는 나의 이해와 감각으로는 이것을 분별할 수 없음을 인식합니다. 내가 그것을 지키고, 그것을 관상하고, 그것을 맛보기 원합니다. 그러나 그때 그것은 사라져 버립니다! 그것이 무엇이든지 나는 내가 영생을 희망하며 그것을 삼켜 버렸다고 믿습니다.

나는 그것이 내게 미치는 영향에 대해 오랫동안 생각해 왔습니다. 이렇게 하면서 내 영혼의 피와 골수 안에 이 생명의 수액을 받아들이려 해왔습니다. 나는 다른 모든 사랑의 맛을 제거하고, 오직 이것만을 영원히 맛보기 원합니다. 그러나 그것은 재빨리 지나갔습니다. 나는 그것을 되찾고 다시 경험하기 위해서 내 기억으로 하여금 그 특별한 인상을 보존하게 합니다. 아니면 내 기억서 당신께서 복음서 안에서 성령에 관해 말씀하신 것을 기억하게 됩니다이란 보잘것없으므로 무언가를 적어 놓아 기억을 도우려 합니다. 이 모든 노력을 기울이면: "그가 어디에서 오며 어디로 가는지 알지 못한다"요 3:8. 나는 이 경험의 모든 특징을 담아 두어, 내가 원할 때에 다시 그 처음의 경험을 회상할 수 있기를 바랐습니다. 또한 원할 때마다 이 능력을 조절하기 원했습니다. 그러나 이러한 일이 일어날 때마다 나는 다시 주께서 내게 하시는 말씀을 듣습니다: "성령은 불고 싶은 곳으로 분다." 내가 원할 때가 아니라 그가 원하실 때 내 안에서 숨 쉬시는 것을 알므로, 다른 모든 것이 맛이 없고 죽어 있음을 발견합니다. 그러므로 나는 눈을 들어 바라보아야 하는 분은 생명의 샘이신 당신뿐이며 시 123:1, 오직 당신의 빛 안에서만 빛을 본다는 사실을 시 36:9 다시 인식합니다.

주님, 내 눈은 당신을 향하고 당신만을 바라봅니다. 나의 영혼이 당신께 관련되고, 당신 안에 있고, 당신을 향하는 것 안에서만 발전하게 하옵소서. 그리고 내 힘이 쇠약할지라도 시 71:9 그 약함이 여전히 당신을 뒤쫓게 하옵소서 시 42:1. 그러나 주님, 언제까지 나를 멀리하시겠습니까? 나의 가련하고 당황하며 굶주린 영혼이 얼마나 당신 뒤를 따라야 합니까? 당신 면전에서 은밀한 곳에 나를 숨기시고, 요란스런 세상으로부터 벗어나게 하시고, 비밀히 장막에 감추사 말다툼에서 면하게 하소서 시 31:20.

그러나 이미 나귀가 다시 울부짖고 있으며 소년은 주의를 끌고자 외치고 있습니다!

10. 사랑의 기도

주님, 나는 절대적으로 신뢰하며 당신께 예배합니다. 나는 당신이 하나님이시며, 존재하는 모든 것의 유일한 동기이시며, 모든 현자들의 유일한 근원인 지혜이시며, 복된 사람이 복을 받게 되는 특이한 은사이심을 알기 때문입니다. 내가 섬기고 축복하고 공경하는 분은 당신, 유일하신 하나님뿐입니다. 내가 사랑하는 분 혹은 사랑하도록 사랑받는 분, 내가 마음을 다하고 성품을 다하고 힘을 다하여 갈망하는 분은 당신입니다 신 6:5.

당신을 사랑하는 천사들과 선한 영들도 모두 나를 사랑합니다. 그렇습니다. 나도 이와 같이 당신의 사랑 안에서 나 자신을 사랑할 수 있습니다! 나는 이것을 인식하고 있습니다. 당신 안에 거하고 요 15:4, 그리하여 다른 사람들의 기도와 생각을 이해할 수 있는 사람들은 모두 당신 안에서 나의 말을 들을 수 있음을 압니다. 그들의 증거에 감사합니다. 당신을 보배롭게 생각하는 사람들은 누구나 내가 당신 안에서 성장하도록 돕고 있으며, 결코 내가 당신과 사귀고 있음을 시기하지 않습니다. 오직 배교한 영만이 우리의 고통에 만족을 느끼고, 우리의 은혜를 자신의 저주로 여깁니다. 그들은 공동의 부와 참된 행복으로부터 떨어져 있기 때문입니다. 그는 진리에 복종하지 않습니다. 그는 공동의 선을 미워하고, 고립되어 있으면서 소외된 자신에게만 속하는 기쁨을 부여잡을 수 있을 뿐입니다.

아버지 하나님이시여,
우리는 창조주이신 당신에 의해 삽니다.
지혜의 아버지이시여,
당신을 통해 우리가 구속받았고 지혜롭게 살도록 인도됩니다.
우리 사랑의 대상이신 성령이시여,

우리 사랑의 근원이시여.
우리는 더욱 당신을 사랑하며 살아가고
더욱 사랑 안에 거하기를 갈망합니다.

영원한 삼위일체 하나님
한 분 하나님이시여,
우리는 당신으로부터 존재하고
당신에 의해 존재하고
당신 안에 존재합니다.

죄로 인하여 우리는 당신에게서 멀어졌습니다.
우리 안에 있는 당신의 형상이 파괴되었습니다.
그러나 당신께선 우리가 멸망하기를 원치 않으십니다.
우리는 근원이 되신 당신께 돌아옵니다.
우리의 모범이 되시는 당신께,
우리가 화해하게 되는 은혜이신 당신께
우리는 당신을 찬양합니다!
당신을 축복합니다!
당신께 세세무궁토록 영광이 있으소서, 아멘.

T h e   L o v e   o f   G o d **6**
하나님의 사랑[1]

지금까지 당신은 내게 기도를 요청하는 일에는 익숙해 왔지만 신학적인 문제들에 대한 대답을 구하지는 않았습니다. 나는 내가 이 둘 중 어느 것에도 적합하지 않음을 고백해야 합니다. 진실로 나의 직업에는 기도하는 일이 함축되어 있는 것 같습니다. 그러나 나의 실제적인 행동은 근면하고 능력 있게 해야 하는 것들과 멀리 떨어져 있음을 고백해야 합니다. 그러나 나는 당신이 아직도 세속적인 일들에만 매여 있지 않고 영적인 가르침을 추구하는 데 대해 감사합니다. 다만 나의 능력 이상으로 당신을 도울 수 있기를 바랄 뿐입니다. 그러나 교육을 받은 자나 받지 못한 자나 모두 같은 핑계를 대는 경향이 있습니다. 행위에 의해 증명되지 않는 한 그것이 겸손에 의한 것인지 무지(無知)의 소치인지 판단하기가 쉽지 않습니다. 그러므로 내가 소심한 철학자로 보

---

1) 언제 클레르보의 베르나르가 이 중요한 신학적 저서를 썼는지는 확실치 않다. 이 작품을 헌정 받은 해메릭 경은 1141년에 사망하였다. 이것은 1125년 이후에 쓰여진 것으로 추정되며 신앙적인 소책자이다.

이지 않도록 나의 부족함을 이해해 주십시오.

나는 당신의 모든 질문에 대답할 수 있다고 약속하지 않습니다. 단지 당신이 특별히 하나님의 사랑에 관하여 질문하는 것에 대해서 대답입니다. 그것도 하나님 자신이 이미 내게 주신 대답일 뿐입니다. 다른 질문들은 더 현명한 사람들이 대답하도록 남겨 두십시오. 그러나 내게 있어서 하나님의 사랑이라는 이 주제는 지극히 사랑스러운 것으로서 분명히 다룰 수 있는 것이며, 들으면 큰 유익이 될 것입니다.

1. 왜 하나님을 사랑해야 하는가?

당신은 왜 하나님을 사랑해야 하며, 얼마나 사랑해야 하는지를 알기 원합니다.

우리가 하나님을 사랑해야 하는 이유는 하나님 자신 때문이라고 생각합니다. 하나님을 얼마나 사랑해야 하는가에 대해서는 오직 하나의 척도가 있을 뿐입니다. 그것은 측량할 수 없을 정도의 사랑입니다!

이것으로 충분한 대답이 됩니까? 지혜 있는 사람들에게는 충분할 것입니다. 그러나 나에게는 지혜롭지 못한 사람들도 다루어야 할 빚이 있으므로 롬 1:14 그들을 위해서도 대답할 필요가 있을 것입니다. 따라서 지혜로운 자에게는 한마디면 충분하지만, 어리석은 사람들을 위해서 보다 자세히 대답할 필요가 있습니다. 나는 이 주제를 보다 깊이 다루지는 않으나, 보다 충실하게 다루는 것이 따분한 일이라고 생각하지 않습니다.

하나님 자신을 위하여 하나님을 사랑해야 한다고 주장하는 데에는 두 가지 이유가 있습니다. 하나님이 하나님 자신을 위한 사랑이라는 것은 정당한 일입니다. 하나님이 가장 고귀한 은혜로 사랑받으셔야 한다는 것은 유익한 일입니다. 그러므로 "왜 하나님은 사랑받으셔야 하는가?"라는 질문에는 두 가지 가능한 의미가 있으나 대답은 동일합니다. 왜냐하면 하나님은 하나님이시므로 충분한 사랑의 동기가 되시기 때문입니다.

하나님이 얼마나, 어떻게 사랑받으실 만한 분인지 살펴봅시다.

하나님은 자신을 위하여 사랑받으셔야 한다

하나님은 진실로 사랑받을 가치가 없는 우리를 위하여 자신을 내주셨으므로 사랑받으실 만합니다. 하나님으로서 자신을 내주는 일보다 더 큰 은사가 무엇이 있을 수 있겠습니까? 그러므로 분명히 "그가 먼저 우리를 사랑했기 때문에" 하나님은 우리에게 사랑을 요구하십니다 요일 4:19. 이와 같이 하나님은 자신의 사랑에 대한 응답으로 우리의 사랑을 받으실 만합니다.

누가 그토록 사랑받을 만합니까? 그는 분명히 확실히 성령께서 말씀하신바 "주는 나의 주님이시오니 주 밖에는 나의 복이 없다 하였나이다" 시 16:2 라고 고백하는 분입니다 요일 4:2. 이것이 자기의 유익을 취하지 않는 고전 13:5 하나님의 참된 사랑입니다.

그러면 하나님은 그와 같이 순수한 사랑을 누구에게 베푸십니까? "우리가 죄인 되었을 때에…우리가 하나님으로 더불어 화목되었다" 롬 5:10. 하나님은 이처럼 우리를 아낌없이 사랑하셨습니다.

하나님은 얼마나 우리를 사랑하셨습니까? 요한은 다음과 같이 말합니다: "하나님이 세상을 이처럼 사랑하사 독생자를 주셨으니"요 3:16. 바울은 덧붙여 말합니다: "그가 자기 아들을 아끼지 아니하시고 우리 모든 사람을 위하여 내주셨다"롬 8:32. 주님은 자신에 대해 선포하십니다: "사람이 친구를 위하여 자기 목숨을 버리면 이보다 더 큰 사랑이 없느니라"요 15:13.

그러므로 이것은 거룩하신 분이 죄인들에게 요구하시며, 지고하신 분이 모든 비참한 인류에게 요구하시는 권리입니다. 이것이 인류에게는 적용되지만 천사들에게는 적용되지 않는다고 주장하는 사람이 있을지도 모릅니다. 사실 천사들에게는 이것이 필요치 않습니다. 곤경에 빠진 인류를 구원하신 분은 천사들을 그러한 곤경에 빠지지 않도록 보존하셨습니다. 그러므로 천사들로 하여금 범죄하지 않게 하신 하나님은 인간을 그와 똑같은 정도로 사랑하시기 때문에 죄에 머물도록 버려두지 않으셨습니다. 하나님의 사랑은 천사들에게나 인간들에게 동일하게 계시되었습니다.

2. 하나님은 얼마나 인간의 사랑을 받으실 만한가?

왜 인간은 하나님께 감사해야 하는가?

이 진리를 인식한 사람들은 왜 하나님이 그토록 사랑받으셔야 하는지를 분명히 이해합니다. 만일 불신자들이 이 사실을 감추려 한다면 그 배은망덕함은 하나님이 인간의 감각을 통해 계시하신 수많은 은사들로써 드러납니다. 모든 육체에 음식을 주고, 모든 눈에 빛을 주고, 모든 숨 쉬는 자들에게 공기를 주시는 분이 누구입니까? 그러한 예는 무한하므로 계속 열거하는 것은 어리석은 짓일 것입니다. 주요한 것, 즉 음식, 태양, 공기를 지적하는 것만으로도 충분합니다. 내가 이것들을 주요한 은사로 열거하는 것은 그것들이 다른 것들보다 훌륭하기 때문이 아니라 육체의 생명에 본질적인 것이기 때문입니다.

그러나 인간의 보다 고귀한 은사들은 보다 고결한 부분, 즉 영혼 안에서 발견됩니다. 그것들은 존엄성, 지혜, 그리고 덕입니다.

인간의 존엄성은 그의 자유의지입니다. 이것 때문에 그는 자신이 지배하는 동물들보다 우월하게 됩니다. 그의 지혜는 이 존엄성을 가지고 있으나 그것이 자신이 이룬 일이 아님을 인식하는 깨달음에 있습니다. 덕은 인간으로 하여금 끊임없이 그리고 열심히 창조주를 찾게 하므로, 그를 발견했을 때 하나님께 굳게 매달릴 것입니다.

인간의 세 가지 특권 혹은 은사에는 두 가지 양상이 있습니다.

인간의 존엄성의 증거는 본성의 탁월함만은 아닙니다. 그것은 또한 인간이 행사할 수 있는 지배의 권위이기도 합니다 창 1:26. 모든 동물들은 인간을 두려워하고 무서워하기 때문입니다. 지혜는 인간이 이러한 권위를 가지고 있지만 인간 자신이 만든 권위가 아니라는 사실을 인식합니다.

끝으로 덕(德)도 두 가지 양상을 가지고 있습니다. 그것은 인간이 끊임없이 그리고 열심히 창조주를 찾고 있으며, 그를 발견할 때 온 힘을 다하여 그에게 매달린다는 사실을 인식합니다.

은사를 통한 사랑은 어떻게 감사를 강화하는가?

지혜가 없는 존엄성은 가치가 없으며, 덕이 없는 지혜는 해롭다는 사실을 숙고해 보십시오.

다음의 추론이 이러한 진술을 설정하는 데 도움이 될 것입니다. 은사를 소유하고 있다는 인식이 없다면 은사를 소유하고 있어도 아무런 영광이 없습니다. 그러나 은사를 소유하고 있음을 알지라도 스스로 이룬 것이라고 생각하면 그것은 자신을 영화롭게 할 뿐입니다 롬 4:2. 그것이 하나님으로부터 온 것이라고 인정하지 않으면 하나님께 참된 영광이 되지 않습니다. 자신을 영화롭게 하는 자에 대해 사도 바울은 "네게 있는 것 중에 받지 아니한 것이 무엇이냐 네가 받았은즉 어찌하여 받지 아니한 것같이 자랑하느냐?" 고전 4:7라고 말하였습니다. 단순히 "네가 어찌하여 자랑하느뇨?"라고 말한 것이 아니라 "받지 아니한 것같이"라는 말을 덧붙였습니다. 이는 죄가 그 소유에 있는 것이 아니라 그것이 하나님으로부터 온 것임을 인정하지 않는 데 있음을 보여 주기 위함입니다. 이것이 바로 헛된 영광이라고 불리는 것입니다. 거기에는 진리의 근거가 없습니다. 따라서 바울은 참된 영광과 거짓 영광을 분명히 구별합니다: "자랑하는 자는 주 안에서 자랑하라" 고전 1:31; 고후 10:7; 비교. 렘 9:23-24. 주 안에서 자랑하는 것은 진리 안에 거하는 것입니다. 왜냐하면 우리 주님은 진리이시기 때문입니다 요 14:6.

인간은 자신 안에 존재하지 않는다.

우리는 두 가지 사실을 알아야 합니다. 우리는 자신이 누구인지 알아야 하며, 우리가 본래의 우리가 아님도 알아야 합니다. 이러한 인식이 없다면 우리는 참된 영광이 아니라 헛된 영광을 돌리게 됩니다. 기록된바 "네가 알지 못하겠거든 양떼의 발자취를 따라갈지니라"아 1:8고 말씀하셨기 때문입니다. 이것은 실제로 있는 일입니다.

사람이 높은 영광을 받게 되었을 때 그것이 남들로부터 자기에게 주어진 것임을 알고 감사하지 않는다면 그는 야수와 같아질 것입니다. 그는 자기 능력에 의해 타락하고 욕정의 포로가 될 것입니다. 이와 같이 다른 사람들 때문에 얻게 된 것에 감사하지 않는 사람은 지혜가 아닌 감각에 의존하여 동물과 함께 섞여 살 것입니다. 그는 호기심에 사로잡혔으므로 동물들이 가지고 있는 것보다 더 많은 것이 자신에게 주어져 있다는 사실을 인식하지 못하기 때문에 다른 동물과 동일할 것입니다. 그러므로 우리의 참된 가치를 과소평가하는 무지를 두려워할 필요가 있습니다.

무지보다 더 나쁜 것은 우리를 실제보다 낮게 생각하지 않고 더 높게 생각하는 교만입니다. 이것은 우리 자신을 속여 우리가 본래 자신 안에 무엇인가 선한 것을 가지고 있다고 생각할 때 일어납니다. 가장 나쁜 것은 교묘하게 자신의 영광을 추구하며 스스로 성취하고 완성할 수 있다고 주제넘게 가정하는 것입니다. 실제로 이것은 하나님으로부터 영광을 도둑질하는 일입니다. 따라서 무지는 영광에 대한 감각을 전혀 갖고 있지 않으며, 교만은 영광을 가지지만 하나님이 보시는 영광은 아닙니다.

그러나 세 번째 종류의 악은 하나님을 완전히 무시하고 심지어 멸시하기까지 하는 지극히 참람된 일입니다. 무지가 우리를 짐승으로 만든다면, 참람된 일은 우리를 악마로 만듭니다. 이것은 모든 죄 가운데 가장 나쁜 것으로서 하나님의 은사들을 마치 자신의 당연한 권리인 것처럼 사용하며, 따라서 영광 받으시기에 합당하신 은혜로우신 분의 권리를 찬탈하는 교만입니다.

인간에게는 덕이 있어야 한다.

이러한 이유로 존엄성과 지혜와 아울러 덕이 필요합니다. 덕은 이 둘의 열매입니다. 덕으로써 만물의 창조자요 섭리자이신 분을 만물 안에서 찾고 그에게 영광을 돌려야 합니다.

한편 선이 무엇인지 알면서도 그것을 인정하지 않는 자는 엄한 벌을 받을 것입니다. 그 이유는 무엇일까요? 그는 "스스로 악한 길에 섰기" 때문입니다시 36:4. 설상가상으로 "그는 그 침상에서 죄악을 꾀한다"는 사실입니다시 36:5. 실제로 그는 자신에게 속하지 않음을 분명하게 알면서도 하나님의 영광을 붙잡고 훔치기까지 하는 사악한 종입니다.

이와 같이 지혜가 없는 존엄성은 쓸모 없는 것이며, 덕이 없는 지혜는 가증한 것입니다.

인간은 모든 영광을 하나님께 돌려야 한다.

지혜가 해를 끼치지 못하고 열매가 풍성한 존엄성을 가지고 있는 의로운 사람은 주께 소리 높여 고백합니다: "여호와여 영광을 우리에게 돌리지 마옵소서 우리에게 돌리지 마옵소서 오직… 주의 이름에만 영광을 돌리소서"시 115:1. 즉 의인은 어떠한 지식이나 특성도 자신의 것으로 주장할 수 없습니다. 그는 그것 모두를 오직 모든 선의 근원이 되시는 하나님의 특성으로 돌립니다.

우리는 예수 그리스도를 모르는 사람들도 자연의 법과 롬 1:19 이하; 2:14-15 자신이 수여받은 영육에 의해 하나님 자신을 위하여 하나님을 사랑하도록 가르침을 받았다는 사실을 나타내려는 욕망에서 본 주제로부터 너무 벗어났었습니다.

자기-성취는 용서할 수 없다.

이제까지 언급한 것을 종합하여 간단히 다음과 같이 반복할 수 있을 것입니다.

생존하고, 보고, 숨쉬는 육체의 생활에 필요한 것이 다름 아닌 모든 육체에게 먹을 것을 주신 이 시 136:25로부터 온 것임을 모르는 불신자가 있습니까? 그분은 그 해를 악인과 선인에게 비추시며 비를 의로운 자와 불의한 자에게 내리시는 분이 아닙니까? 마 5:45. 겸손한 분은 창세기에서 "우리의 형상을 따라 우리의 모양대로 우리가 사람을 만들자"고 말씀하신 분이 아닌 다른 분이라고 할 만큼 불경건한 사람이 누구입니까? 창 1:26. 우리에게 지혜를 가르치시는 분이 아닌 다른 사람으로부터 지혜를 받았다고 생각하는 자가 도대체 누구입니까? 시 94:10. 덕의 주님 외에 누가 인간에게 덕을 수여할 수 있습니까?

그리스도를 알지는 못해도 최소한 자기 자신을 아는 불신자라면 하나님이 자신을 위하여 사랑받을 만하다는 사실을 알게 되어 있습니다. 그러므로 마음을 다하고 목숨을 다하고 뜻을 다하여 주 하나님을 사랑하지 못한다면 누구나-불신자까지도-용서받을 수 없습니다 마 12:30. 공의와 상식에 대한 인간의 내적 감각도 모든 것을 주신 분을 온 몸으로 사랑해야 한다고 소리칩니다.

그러나 인간이 자기 자신의 힘과 의지의 노력으로 모든 것을 그 근원 되시는 하나님께 돌리는 일은 어렵고 불가능합니다. 그들이 "다 자기 일을 구한다"고 기록되어 있듯이 빌 2:21 인간은 자기의 이익을 추구하는 경향이 있습니다. 또 성경에는 "사람의 마음이 계획하는 바가 어려서부터 악하다"고 기록되어 있습니다 창 8:21.

3. 신자들은 하나님을 사랑하기 위한 더 큰 동기를 가져야 한다

배은망덕의 수치

신실한 자들은 십자가에 달리신 예수님이 얼마나 필요한지 알고 있습니다 고전 2:2. 그들은 그리스도 안에서 계시된 말할 수 없는 사랑에 놀라고 기뻐하면서도, 그처럼 큰 사랑과 큰 겸손에 대해 작게 보답하는 것을 부끄러워합니다. 더 많이 사랑하는 자들은 더욱 부끄러워하는데, 이는 그들이 더 많이 사랑받고 있음을 알기 때문입니다. 반대로 적게 용서받은 자들은 적게 사랑합니다 눅 7:47.

그러므로 유대인이나 이교도들은 기독교회처럼 사랑의 고통을 느끼지 않습니다. 교회는 "내가 사랑하므로 병이 생겼음이라" 아 2:5는 사실을 경험을 통해 압니다. 교회는 소리칩니다: "건포도로 내 힘을 돕고 사과로 나를 시원하게 하라 내가 사랑하므로 병이 생겼음이라" 아 2:5.

교회는 솔로몬 왕의 "혼인날… 그의 어머니가 씌운 왕관이 그 머리에 있는" 것을 봅니다 아 3:11. 교회는 성부의 독생자께서 십자가를 지시며, 영광의 주님이 채찍으로 맞고 침 뱉음당하신 것을 봅니다요 19:1-7. 교회는 생명의 주께서행 3:15 못 박히고 창에 찔려 상처를 입고요 19:34 모욕당하심을 봅니다. 교회는 마침내 그가 자신의 귀중한 목숨을 친구를 위해 내주시는 것을 봅니다렘 12:7; 요 15:13. 교회가 모든 고난을 목격하고 사랑의 칼이 그 영혼을 찌를 때에 교회는 똑같은 말을 반복합니다: "건포도로 내 힘을 돕고 사과로 나를 시원하게 하라 내가 사랑하므로 병이 생겼음이라"아 2:5.

신부가 그 사랑하는 자의 정원 한가운데 있는 생명나무창 2:9에서 따온 열매들은 석류라고 불립니다아 4:13; 6:11. 그 맛은 하늘의 떡에서호 13:6; 고전 15:54, 그 빛깔은 그리스도의 피에서 온 것입니다. 교회는 사망이 죽고 그 주인이 추방되었음을 봅니다. 교회는 지옥에서 하늘까지, 땅에서 하늘가지 사로잡힌 자가 사로잡힘을 봅니다엡 4:8. "하늘에 있는 자들과 땅에 있는 자들과 땅 아래 있는 자들로 모든 무릎을 예수의 이름에 꿇게 하셨기" 때문입니다빌 2:10. 교회는 옛 저주 아래 가시덤불과 엉겅퀴를 낸 땅이창 3:18; 히 6:8 새로운 축복의 은총으로 다시 한 번 꽃피움을 봅니다. 이 모든 것이 실현될 때 교회는 시편 기자와 함께 "내 마음이 크게 기뻐하며 내 노래로 그를 찬송하리로다"시 28:7라고 말할 수 있습니다. 교회는 나무 십자가에 모은 그의 수난의 열매와 신랑으로 하여금 신부를 자주 방문하도록 유혹하는 향기로운 부활의 꽃들로 새 힘을 얻습니다.

하나님 앞에서 지니는 의존의 기쁨

그때 교회는 소리칩니다: "내 사랑아 너는 어여쁘고 어여쁘다… 우리의 침상은 꽃들로 덮였구나"아 1:15-16. 침상에 대해 말하면서 신부는 자기의 모든 욕망을 포기하였음을 말하려 하고, 꽃들을 언급함으로써 소망이 어디로부터 실현될지를 분명히 가리킵니다. 신부는 자기의 공로가 아니라 하나님의 축복을 받은 들의 꽃들에 의존합니다창 27:27; 비교. 마 6:28-30. 예수 그리스도께서는 그와 같은 꽃들을 기뻐하십니다. 그가 나사렛(봉헌을 의미하는 명사)에서 태어나고 성장하기를 원하셨기 때문입니다.

하나님의 친밀한 우정

신랑은 그와 같은 향기에 기뻐하며 꽃과 은혜의 열매로 덮여 있는 마음의 방으로 즐겨 자주 들어옵니다. 그는 고난의 은혜와 부활의 영광에 사로잡힌 마음을 볼 때 자주 들어와 자유롭게 거하십니다. 그의 고난의 상징과 기억들은 지난해의 열매와 같기 때문입니다. 죄와 사망이 관영하던 시기가 모두 지나롬 5:21 이제 "때가 차서" 결실에 이릅니다갈 4:4 부활의 표징들은 은혜의 능력 아래 여름의 신록처럼 피어나는 새 해의 꽃들과 같습니다. 이 열매는 시간이 더 이상 영원한 상태에 있지 않게 될 일반적인 부활의 시기에 나올 것입니다. 그러므로 "겨울도 지나고 비도 그쳤고 지면에는 꽃이 핀다"아 2:11-12고 기록되어 있습니다. 약혼자는 추운 죽음의 겨울을 지나 "보라 내가 만물을 새롭게 하노라"계 21:5고 말하면서 새로운 생명의 봄으로 들어가는 분과 사귀면서 여름이 옴을 보고 놀랍니다. 그의 육체는 썩을 것으로 심고 썩지 아니할 것으로 다시 일어났습니다고전 15:42. 그의 향기를 통해 메마른 풀들이 계곡의 들에서 되살아나고, 얼어붙은 식물들이 태양으로 다시 한 번 녹아지고, 모든 죽은 것들이 다시 생명을 얻습니다.

꽃과 열매들, 그리고 들의 아름다운 것들이 모두 아름다운 향기를 발하며 되살아나 성부 자신을 매혹시키기 때문에 성부께서도 만물을 새롭게 한계 21:5 성자에 대해 말씀하십니다. "내 아들의 향취는 여호와께서 복 주신 밭의 향취로다"창 27:27. 그것은 "우리가 다 그의 충만한 데서 받은"요 1:16 충만한 밭입니다. 신부는 자기가 원하는 곳에서 꽃을 모아 양심의 깊은 곳에 뿌려 마음의 침상에 신랑이 들어올 때 그 신랑을 위하여 아름다운 향기를 풍길 수 있을 것임을 알고 그 친밀함을 더 크게 누립니다.

거룩한 관상의 특권

그리스도께서 우리를 자주 방문하시도록 하려면 그리스도께서 우리를 위해 죽으심으로 보여 주신 자비와엡 3:16-17 죽은 자들 가운데서 다시 일어나심으로써 보여 주신 강한 권능에 대한 믿음의 실체를 통하여엡 1:19-20 굳건해진 신실한 묵상으로 우리 마음을 채워야 합니다. 다윗이 "하나님이 한두 번 하신 말씀을 내가 들었나니 권능은 하나님께 속하였다 하셨도다 주여 인자함은 주께 속하였나이다"시 62:11-12라고 말한 것은 이것을 증언한 것입니다. 확실히 이러한 진리의 증언들은 그리스도께서 우리의 죄로 인하여 돌아가시고, 우리를 의롭다 하시기 위해 부활하셨고롬 4:25, 성령을 보혜사로 보내시고요 16:7; 행 9:31, 우리를 보호하기 위해 승천하셨다는막 16:19 사실에 충분히 의지할 수 있습니다시 93:5.

따라서 그는 우리 구원의 완성을 위해 다시 오실 것입니다행 1:11. 그는 죽으심으로 자비를, 부활하심으로써 권능을 나타내셨습니다. 이 둘이 연합하여 그의 모든 행위의 영광을 드러냅니다.

거룩한 묵상을 통해 지속되는 사랑

이것은 약혼자가 우리를 신부로 맞이하기 위해 요청하는 꽃과 열매들입니다. 그녀는 자신의 사랑의 열기가 얼마나 쉽게 시들하고 차가워지는지 알고 있기 때문입니다. 그러나 그와 같은 도움은 오직 신방에 들어갈 때까지만 필요합니다아 2:5; 3:4. 그 안에서 그녀는 오랫동안 갈망하던 포옹을 받아 "그가 왼팔로 내 머리를 고이고 오른팔로 나를 안는구나"아 2:6라고 말할 것이기 때문입니다. 그리하여 여인은 그의 모든 사랑의 시를 누리게 되고, 처음 안길 때 그의 왼손으로부터 받은 모든 달콤함을 능가하는 것을 그의 오른손으로부터 받게 될 것입니다. 그때 여인은 "살리는 것은 영이니 육은 무익하니라"요 6:63는 사실을 보다 완전하게 이해할 것입니다. 또한 자신이 전에 읽었던 사실을 증명하게 될 것입니다: "내 기억은 꿀보다 더 달고 나의 기업은 벌집보다 더 달콤하도다"비교. 시락 24:27. 뒤에 이어진 "내 기억은 다가올 세대에도 계속될 것이다"시락 24:28라는 말은 한 세대가 다음 세대로 이어지는 현 시대가 지속되는 한 선택된 자들은 하나님 존전의 영원한 잔치에 기쁘게 참예할 수 있을 때까지 기억을 빼앗기지 않을 것임을 의미합니다. 기록된바 "그들이 주의 크신 은혜를 기념하여 풍성히 말할 것입니다"시 145:7. 확실히 시편 기자가 언급한 "그들"이라는 말은 "대대로 주께서 행하시는 일을 크게 찬양하며 주의 능한 일을 선포하는 자들"시 145:4을 의미합니다.

기억은 세대를 이어 수백 년 내려가지만 그의 임재는 천국을 위한 것입니다. 하나님의 임재는 그 궁극적 축복의 상태에 이른 모든 사람들의 기쁨이 됩니다. 그러나 기억은 이 땅 위에서 목적지를 향하여 가는 순례자인 우리에게 위로가 됩니다.

4. 누가 하나님 안에서 위로를 찾으며, 하나님의 사랑을 알 수 있는가?

참된 묵상자들은 세상으로부터 분리되어야 한다.

우리는 어떤 세대가 하나님의 사랑 안에서 위로를 받을 수 있는지 알 필요가 있습니다. 그것은 궁극적으로 그가 "화 있을진저 너희 부요한 자여 너희는 너희의 위로를 이미 받았도다"눅 6:24라고 말씀하신 이 완고하고 패역한 세대가 아닙니다시 78:8. 오히려 진실로 "내 영혼이 위로받기를 거절하였도다"시 77:2라고 말할 수 있는 자들입니다. 현재의 것들로 만족할 수 없는 자들이 장래의 축복으로 만족하게 되어야 하는 것이 적절하기 때문입니다. 영원한 행복에 대한 묵상이 일시적인 기쁨의 물을 마시기를 멸시한 자들에게 위로가 됩니다. 이것은 자기의 유익을 구치 아니하고고전 13:5 주님 자신을 야곱의 하나님의 얼굴로 구하는시 24:6 참된 주님의 세대입니다.

이와 같이 살아 계신 하나님의 임재를 구하는 자들에게는 하나님에 대한 생각이 기쁨 자체가 될 것입니다. 그와 같은 갈망에는 싫증이 없습니다. 주님 자신으로부터 양육받는 일에 대한 갈망이 점점 더 증가

되기 때문입니다. 기록된바 "나를 먹는 사람은 더 먹고 싶어지고, 나를 마시는 사람은 더 마시고 싶어진다"집회서 24:21. 이 양육을 누리는 사람들은 "나는…깰 때에 주의 형상으로 만족하리이다"시 17:15라고 말합니다. 그렇습니다. 이제 의에 주리고 목마른 자는 복이 있으니 언젠가 그들만이 배부르게 될 것이기 때문입니다마 5:6.

화 있을진저 너희 사악하고 패역한 세대여, 화 있을진저 너희 우준하고 어리석은 백성이여렘 4:22; 5:21, 너희가 주의 기억을 미워하고 그의 임재를 두려워하는도다! 당신은 두려워할 충분한 이유를 가지고 있습니다. "부하려 하는 자들은 시험과 올무와 여러 가지 어리석고 해로운 욕심에 떨어지므로"딤전 6:9 당신은 사냥꾼의 그물에서 도망칠 수 없을 것이기 때문입니다. 그날에 "저주를 받은 자들아, 나를 떠나… 영원한 불에 들어가라"마 25:41는 무서운 진노의 심판을 피하지 못할 것입니다. 이와 같이 무서운 진노에 비추어 볼 때 우리 주님의 고난을 기념하기 위해 다음과 같은 권고를 듣는 것은 그다지 가혹하지 않을 것입니다: "내 살을 먹고 내 피를 마시는 자는 영생을 가졌다"요 6:54. 이것은 그리스도의 죽음을 묵상하고, 이 세상에서 그의 모범을 따라 지체를 죽이는 자들이 영생을 얻을 것임을 의미합니다골 3:5. 따라서 바울 사도는 "참으면 또한 함께 왕 노릇 할 것이요 우리가 주를 부인하면 주도 우리를 부인하실 것이라"딤후 2:12고 말합니다.

그러나 오늘날 많은 사람들은 이러한 말에 반발하여 말로는 아니한다 할지라도 행동을 통해 "이 말씀은 어렵도다 누가 들을 수 있느냐"라고 말하며요 6:60 가버립니다. "그들의 마음이 정직하지 못하며 그 심령이 하나님께 충성하지 아니한 세대"시 78:8는 "정함이 없는 재물에 소망을 두기로"선택한 세대입니다딤전 6:17. 그 세대는 십자가의 도의 압박을 받습니다고전 1:18. 그 세대는 그리스도의 고난의 기억을 억압으로 느낍니다.

그와 같은 세대가 지금 그것을 경험한다면 하나님의 면전에서는 얼마나 더 심하겠습니까? "저주를 받은 자들아 나를 떠나 마귀와 그 사자들을 위하여 예비된 영원한 불에 들어가라"마 25:41는 말씀을 어떻게 감당하겠습니까? "무릇 이 돌 위에 떨어지는 자는 깨어지겠고 이 돌이 사람 위에 떨어지면 그를 가루로 만들어 흩으리라"고 하셨습니다눅 20:18.

그러나 "정직한 자들의 세대는 복이 있습니다"시 112:2. 사도 바울처럼 그들도 있든지 떠나든지 주를 기쁘시게 하는 자가 되기를 힘씁니다고후 5:9. 그들은 상급의 말씀을 들을 것입니다: "내 아버지께 복 받을 자들이여 나아와 창세로부터 너희를 위하여 예비된 나라를 상속받으라"마 25:34.

하나님 앞에서 마음을 정직하게 가지지 못한 세대는시 78:8-뒤늦게-그들의 비탄에 비교하여 그리스도의 멍에가 얼마나 쉬운지, 그리고 지금 그들의 곧은 목에 놓인 것과 비교해 볼 때신 9:13; 31:27 하나님의 뜻에 복종하는 것이 얼마나 가벼운지를 느끼게 될 것입니다마 11:30.

오! 불쌍한 맘몬(Mammon)의 노예들이여, 땅 위에 쌓인 보화를 믿으면서 우리 주 예수 그리스도의 십자가 안에서 영광 돌릴 수는 없습니다마 6:24; 갈 6:14. 황금을 갈구하는 한 구세주의 달콤함을 누릴 수 없습니다딤전 6:17; 시 34:9. 그러므로 만일 여러분이 그리스도의 부재중에 그를 기쁘게 기억할 수 없다면 그의 실제적인 임재 앞에서 쓸쓸해질 뿐입니다.

참된 묵상자는 마음이 청결하다.

신실한 영혼은 그의 임재를 깊이 갈구하여 하나님의 영광을 가리지 않고 묵상할 수 있을 때까지 고후 3:18 묵상 안에서 부드러운 안식을 취하며 자신의 영광을 십자가의 수치 아래 놓습니다 갈 6:14. 영혼은 그리스도의 신부와 비둘기로서 아 5:1-2 받은 기업과 시 68:14 그리스도의 크신 은혜 안에서 시 145:7 안식을 취합니다. 순결무구한 흰색 은날개로 덮인 시 68:13 영혼은 그 무엇보다도 모든 성도들의 기쁨에 찬 광채에 동참하게 될 날을 고대합니다. 그때 영혼은 지혜의 빛으로 밝아질 것입니다.

거룩한 묵상의 친밀함

그때 영혼은 영광을 돌리며 "그가 왼팔로 내 머리를 고이고 오른팔로 나를 안는구나" 아 2:6라고 말할 수 있습니다. 왼손은 예수 그리스도께서 친구를 위해 자기 목숨을 내주면서 드러내신 무한한 사랑에 대한 기억을 상징합니다 요 16:13. 오른손은 그리스도께서 그들에게 약속하신 복된 이상과 그들이 지엄하신 임재 안에서 누리는 즐거움을 상징합니다 요 15:13. 오른 손은 그리스도께서 그들에게 약속하신 복된 이상과 그들이 지엄하신 분의 임재 안에서 누리는 즐거움을 상징합니다. 시편 기자가 황홀하게 노래하듯이 "주의 오른쪽에는 영원한 즐거움이 있나이다" 시 16:11. 그러므로 오른손을 주의 임재로 인한 거룩한 즐거움이라고 설명해도 좋을 것입니다. 그리고 모든 악이 제거될 때까지 영혼이 물러가 쉴 수 있을 때 그 왼손에는 잘 기억되고 항상 기억할 만한 놀라운 사랑이 있습니다 시 57:1.

이와 같이 신랑의 왼손은 적절하게 신부의 머리 밑에 놓입니다. 그리하여 신부가 뒤로 기댈 때 그녀의 머리가 지탱됩니다. 신부는 자신의 마음이 옆으로 벗어나 세상적이고 육적인 열망을 향하지 않도록 갈 5:16; 딛 2:12 주의를 기울입니다. 육체가 영을 거슬러 싸우기 때문입니다: "썩어질 육체가 영혼을 짓누르며 세상적인 것들로 마음은 번잡하게 됩니다."

그처럼 큰 자비, 은혜롭고 또 그렇게 가끔 증명되는 사랑, 예기치 못한 겸손, 바라지 않던 선하심, 끈질긴 온유함, 놀라운 친절로부터 그밖에 무엇이 얻어집니까? 그것들은 오직 영혼을 사로잡고 모든 무가치한 사랑으로부터 완전히 벗어나게 하는 묵상의 결과들입니다. 하나님의 사랑에 깊이 이끌린 영혼은 모든 것을 멸시합니다. 하나님의 사랑과 일치하지 않는 것이 하나님의 사랑을 대신할 수 없습니다.

하나님을 향하여 응답하는 영혼의 열정

묵상의 향기로 덮인아 1:3 신부는 사랑의 열정에 불붙어 신속히 달려가면서도 자신이 사랑할 수 있는 것보다 더 많이 사랑받고 있음을 깨닫습니다. 사랑의 대상인 여인은 가슴이 사랑으로 충만할 때조차도 자신의 사랑이 너무 작다고 느낍니다. 여인은 최근에 이것을 경험했습니다. 그처럼 거룩한 연인의 깊은 사랑을 무엇으로 갚을 수 있겠습니까? 그것은 마치 지극히 작은 양(量)의 모래가 먼저 사랑하시고 온전히 구원 사업에 관여하시는 분으로 계시되신 하나님의 장엄한 사랑에 응하기 위해 온 힘을 기울이는 것과 같습니다.

"하나님이 세상을 이처럼 사랑하사 독생자를 주셨으니 이는 그를 믿는 자마다 멸망하지 않고 영생을 얻게 하려 하심이라"요 3:16. 이것은 성부의 사랑을 언급하는 말입니다. "그가 자기 영혼을 버려 사망에 이르게 하며"사 53:12라는 말은 성자를 의미합니다. "보혜사 곧 아버지께서 내 이름으로 보내실 성령 그가 너희에게 모든 것을 가르치시고 내가 너희에게 말한 모든 것을 생각나게 하리라"요 14:26는 성령을 가리키는 것입니다.

그러므로 하나님이 진실로 우리를 사랑하시며, 그것도 그의 존재 전체로 사랑하신다는 사실이 분명합니다. 삼위일체 전체가 온전히 우리를 사랑하십니다. 여기서 "온전히"라는 말은 무한하고 이해할 수 없으나 본질적인 하나님의 존재를 의미합니다.

5. 하나님의 크신 사랑에 빚진 기독교인

불신자들은 감사의 필요성을 이해하지 못한다.

묵상을 하면 우리가 하나님을 사랑해야 하고 하나님이 우리의 사랑이라고 불리는 이유를 분명히 알게 됩니다. 그러나 불신자들은 하나님의 아들을 인정하지 않습니다. 그러므로 성부도 성령도 알 수 없습니다요 5:12. "아들을 공경하지 아니하는 자는 그를 보내신 아버지도 공경하지 아니하며"요 5:23, 아들이 보낸 성령도 공경하지 아니합니다요 15:26; 16:7. 그러므로 그가 우리보다 하나님을 적게 안다는 것은 결코 놀라운 일이 아니며 하나님을 적게 사랑한다는 것도 이상한 일이 아닙니다. 그러나 그도 자기 존재의 모든 것이 창조주께 빚지고 있음을 알고 있습니다. 나의 하나님은 나의 생명을 풍성하게 주신 분, 필요한 것을 모두 마련해 주신 관대하신 분, 나의 모든 슬픔에서 친절하게 위로해 주시는 분, 나의 길을 지혜롭게 인도하시는 분임을 아는 내게 그는 어떠한 분입니까? 다른 무엇보다도 그분은 나의 구속자, 나를 지키시는 분, 내 모든 부와 영광의 근원이십니다.

구원받은 자들은 진실로 하나님께 진 자신들의 빚을 알고 있다.

기록된바 "여호와께서는… 풍성한 속량이 있습니다"시 130:7. 또한 "자기의 피로 영원한 속죄를 이루사 단번에 성소에 들어가셨느니라" 히 9:12고 말합니다. 시편 기자는 우리의 구원에 대해 "여호와께서… 그의 성도를 버리지 아니하시며 그들은 영원히 보호를 받는다"시 37:28고 말합니다. 하나님의 깊은 자비하심에 대해서는 "너희에게 줄 것이니 곧 후히 되어 누르고 흔들어 넘치도록 하여 너희에게 안겨 주리라" 눅 6:38고 기록되어 있습니다. 또 성경은 "하나님이 자기를 사랑하는 자들을 위하여 예비하신 모든 것은 눈으로 보지 못하고 귀로 듣지 못하고 사람의 마음으로 생각하지도 못하였다"고전 2:9고 말합니다.

바울은 우리를 영화롭게 하는 일에 대해 증언하여 "우리가 구원하는 자 곧 주 예수 그리스도를 기다리노니 그는… 우리의 낮은 몸을 자기 영광의 몸의 형체와 같이 변하게 하시리라"빌 3:20이하고 말합니다: "우리의 잠시 받는 환난의 경한 것이 지극히 크고 영원한 영광의 중한 것을 우리에게 이루게 함이니 우리가 주목하는 것은 보이는 것이 아니요 보이지 않는 것이라"고후 4:17-18.

"내게 주신 모든 은혜를 내가 여호와께 무엇으로 보답할까"시 116:12. 이성과 자연적인 공의는 우리의 소유와 존재에 관하여 모두 빚지고 있는 하나님을 사랑하는 일에 우리 자신을 온전히 바치게 합니다. 하나님이 나를 창조하셨을 뿐만 아니라 내가 나의 존재를 모두 하나님께 의존함을 인식하게 되었을 때 신앙은 분명히 나 자신보다 하나님을 더 사랑하라고 명령합니다. 그리고 하나님은 실제로 나에게 당신 자신을 주셨습니다.

하나님을 사랑하라는 하나님의 요구

그가 육체를 입고 세상에 들어와 십자가에서 죽고, 무덤에서 일어나 성부에게로 되돌아가신 신앙의 때가 이르기 전에 하나님은 이미 자신이 우리를 얼마나 사랑하는지를 보여 주셨습니다. 하나님은 자신의 충만한 은혜로써 명령하실 때 그것을 보여 주셨습니다: "너는 마음을 다하고 뜻을 다하고 힘을 다하여 네 하나님 여호와를 사랑하라"신 6:5. 이것은 하나님이 우리가 우리의 모든 존재, 모든 지식, 모든 능력으로 하나님을 사랑하기를 요구하신다는 말씀입니다.

하나님이 자신의 행위와 은사로부터 이것을 주장하신 것은 이성적인 일이었습니다히 6:10. 인간이 선한 일을 할 수 있게 된 것이 오직 하나님의 은사에 의한 것인데 인간은 왜 자기의 모든 존재로 하나님을 사랑하지 않습니까? 인간은 무로부터 값없이, 그리고 그처럼 높은 존엄성을 가진 존재로 창조되었습니다. 이것이 인간으로 하여금 자신이 하나님께 빚지고 있음을 더욱 분명히 보게 하고, 그 사랑에 대한 주장이 얼마나 정당한지 나타내 주지 않습니까?

게다가 하나님은 사람과 짐승을 보호하시는 은혜를 더하지 않으셨습니까?시 36:6-7. 나는 지금 하나님의 형상을 풀을 먹는 소의 형상과 바꾸었으며시 106:20 죄 때문에 비이성적인 동물과 같아진시 49:12-20 사람들에 대해 말하고 있습니다. 내가 창조에 대한 모든 것을 그에게 빚지고 있다면 내 영혼을 그와 같이 놀라운 방식으로 구속하신 분께 무엇으로 보답할 수 있겠습니까? 하나님이 우리를 구속하시는 일은 창조하시는 일보다 더 많은 것을 요구하기 때문입니다. "그것들이… 그가 명령하시므로 지음을 받았음이로다"시 148:5라는 말은 나뿐만 아니라 모든 피조물에 대해 기록된 것입니다. 그러나 하나님의 한마디 말씀에 의해 존재하게 된 피조물을 구속하기 위해 하나님은 얼마나 더 많은 말씀을 하셔야 했으며, 얼마나 더 많은 기적들을 행하셔야 했으며, 얼마나 큰 수고를 하셔야 했으며, 얼마나 큰 수치를 당하셔야 했습니까!

창조와 구속에 의한 하나님의 요구

"내게 주신 모든 은혜를 내가 여호와께 무엇으로 보답할까"시 116: 12. 창조의 첫 작업에서 하나님은 내게 나 자신을 주셨습니다. 그러나 새로운 창조에서는 하나님 자신을 내게 주셨습니다. 그는 또한 이 구속의 은사를 통해 나를 잃어 버렸던 자아에게로 회복시키면서 나 자신을 내게 되돌려 주셨습니다. 받고 다시 받아 나는 하나님께 두 번이나 빚졌습니다. 주를 위하여 내가 보답하여 드릴 것이 무엇이겠습니까? 내가 나 자신을 천 배로 만들어 모두 하나님께 드린들 그것이 하나님께 무엇이 되겠습니까?욥 9:3.

6. 요약

우리는 하나님을 무한히 사랑해야 한다.

요약하면 우리는 하나님이 무한히 사랑을 받으실 가치가 있으심을 인정해야 합니다. 실로 그는 무한히 사랑받으실 만합니다. 이는 그가 먼저 우리를 사랑하셨기 때문입니다요일 4:10. 그는 무한하시고 우리는 보잘것없지만 그는 그토록 크고 값없이 주시는 사랑으로 우리 불쌍한 죄인들을 사랑하셨습니다. 당신도 기억하겠지만, 이것이 내가 논문의 서두에서 우리가 하나님을 무한히 사랑해야 한다고 말한 이유입니다. 게다가 하나님께 바쳐진 사랑이 측량할 수 없고 무한하신 분을 그 대상으로 하고 있다면 우리 사랑의 크기는 어떠해야 하겠습니까?

하나님은 은혜를 베푸신 분으로서 사랑받으셔야 한다.

사랑이 감사함으로 드려진 것이 아니라 하나님께 진 빚이라는 사실에 대해서는 어떻게 생각합니까? 우리는 엄청난 사랑으로 사랑해야 합니다. 왜냐하면 그것은 영원한 사랑이며엡 3:11, 무한한 사랑이며, 우리를 먼저 사랑하신 하나님의 위대하심이 끝이 없기 때문입니다 시 145:3. 그의 지혜는 측량할 수 없으며시 147:5, 그의 "평화는 모든 이해를 초월합니다"빌 4:7.

하나님은 그의 능력 주심으로 사랑받으셔야 한다.

그러면 우리는 어느 정도 가치가 있는 사랑으로 하나님께 되갚을 수 있다고 생각합니까? 시편 기자는 말합니다: "나의 힘이신 여호와여 내가 주를 사랑하나이다 여호와는 나의 반석이시요 나의 요새시요 나를 건지시는 이시니이다"시 18:1-2. 당신은 나의 모든 것의 모든 것이 되십니다. 그 어느 것도 당신만큼 가치 있고 경배받을 수 없습니다. 나의 하나님, 나의 도움이시여, 내가 당신의 은사로 힘을 얻는 만큼 당신을 사랑하겠습니다. 그러나 나의 사랑은 마땅히 해야 하는 것보다 훨씬 작고, 내가 사랑할 수 있는 것보다 작습니다. 내가 마땅히 사랑해야 할 만큼 사랑할 수도 없지만 내가 할 수 있는 것 이상으로 사랑할 수 없습니다. 내가 결코 그러한 것을 받을 만한 가치도 없지만 나는 오직 당신께서 내게 더 많이 주실 때 더 큰 힘으로 당신을 사랑할 수 있게 될 뿐입니다. "내 형질이 이루어지기 전에 주의 눈이 보셨으며… 주의 책에 다 기록이 되었나이다"시 139:16. 그러므로 행해진 것, 행해져야 할 것, 그리고 행해서는 안 되는 것이 모두 당신에 의해 기록되어 있습니다.

분명히 나는 하나님이 사랑받으실 방법과 이유를 보여 주기 위해 충분히 말씀드렸습니다. 그러나 우리가 실제로 하나님을 얼마나 사랑해야 하는지를 누가 느꼈으며, 누가 알았고, 누가 완전히 표현할 수 있겠습니까?

7. 인간의 마음은 세상적인 것으로 만족할 수 없기 때문에 하나님을 사랑하는 일에 열매와 상급이 있다.

하나님을 사랑하면 어떠한 유익이 있는가?

하나님의 사랑에 대한 우리의 인식이 그 실체에서 동떨어지지 않을 수 있습니까? 그러나 진리에서 멀리 떨어진다 할지라도 이렇게 간략하게나마 살펴보는 것이 우리가 본 것에 대해 침묵을 지키는 것보다는 낫습니다. 하나님이 왜, 그리고 얼마나 사랑받으셔야 하는 물음에 우리를 압박하는 두 가지 이유가 있음을 주목해 보았습니다: 우리의 사랑에 대한 하나님의 권리가 있고 하나님의 사랑에 대한 우리의 이익이 있습니다. 두 가지 질문을 모두 해야 합니다. 의심할 바 없이 하나님께 합당하지 않은 방식이긴 하지만 우리가 첫째 질문을 다룬 반면 사랑이 가져오는 보상이라는 둘째 질문은 여전히 물어야 할 것으로 남아 있습니다.

우리는 자발적으로 하나님을 사랑해야 한다.

하나님을 사랑하는 일에는 보상이 따르지만, 보상에 대한 관심에서 하나님을 사랑해서는 안 됩니다. 참된 사랑은 이기적이 아니며, "자기의 유익을 구하지 아니하지만" 고전 13:5 아무것도 부족하지 않게 됩니다. 그러므로 참된 사랑은 보상을 받을 만하지만 그것을 구치 않습니다. 그것은 감정이지 계약이 아닙니다. 그것은 그 근원과 행동에 있어서 자발적입니다. 그것은 그 사랑의 대상에게서 참된 보상을 발견합니다.

사랑은 단순히 계약적인 합의를 이루는 것에서 나올 수 없습니다. 왜냐하면 그것은 영혼의 애정이기 때문입니다. 그것은 그런 방법으로 얻을 수 없습니다. 사랑은 그 근원과 자극이 자발적인 것으로서 우리를 자유하게 하여 참된 사랑이 바로 그 보상임을 깨닫게 합니다.

참사랑은 보상을 구하지 않는다.

겉으로 보기에 당신이 사랑하는 것 같아도 실제로는 다른 것입니다. 진실로 당신의 마음을 끄는 것은 외관상의 대상이 아닌 다른 것입니다. 그러므로 바울은 생계를 유지하기 위해 복음을 전하지 않았습니다. 그는 복음을 전하기 위해 스스로 일하였습니다. 그가 사랑한 것은 복음이지 음식이 아니었습니다 고전 9:18. 그러므로 참된 사랑은 보상 받을 가치가 있지만 보상을 구하지 않습니다.

보상은 아직 충분히 사랑할 수 없는 자들에게 주어집니다. 낮은 차원의 행동에서 지속토록 하고 자극제로서 약속과 보상을 받는 자는 마지못해 사랑하는 자들입니다.

누가 자발적으로 동경하는 사람에게 보상을 주려고 꿈이나 꾸겠습니까? 예를 들어 굶주린 자를 먹이려고, 목마른 자를 마시게 하기 위해서, 아이를 돌보기 위해 어머니를 채용하려는 사람은 아무도 없습니다. 누가 자기 포도원을 경작하거나 과수원 주위를 파거나 집을 수리하려고 농부에게 뇌물을 주겠습니까? 참되게 하나님을 사랑하는 영혼은 계속 하나님을 사랑하는 일 외에 다른 보상을 요구하지 않는다는 것은 지극히 당연한 일이 아니겠습니까? 만일 영혼이 다른 것을 요구한다면 그것은 분명 다른 것을 사랑하는 것이지 진실로 하나님을 사랑하는 것은 아닐 것입니다.

사랑의 동기가 사랑의 성질을 결정한다.

이성적인 사람은 누구나 바람직한 것이라고 여기는 것들로 만족하게 되기를 갈망합니다. 소유하기를 갈망하는 특성들이 결여된 것으로는 결코 만족할 수 없습니다. 그러므로 아름다움 때문에 부인을 선택한 사람은 두리번거리는 눈으로 더 아름다운 여인들을 찾으려 할 것입니다. 좋은 옷 입기를 원한다면 보다 값비싼 옷들을 찾을 것입니다. 부가 욕망인 사람은 아무리 부유하다 하더라도 자기보다 더 부유한 자를 시기할 것입니다.

그러므로 이미 농장과 많은 재산들을 갖고 있으면서도 여전히 날마다 전토(田土)를 늘리는 데 바쁜 사람들을 볼 수 있습니다사 5:8. 그들은 열광적인 욕망으로 부지런히 소유를 늘립니다출 34:24; 암 1:13. 단지 더 많이 소유하고 더 좋은 것을 가지려는 욕심 때문에 점점 더 많은 것을 갖고, 유행에 따라 계속 다시 짓고 다시 만들고 바꾸는 자들이 궁정 안에 살고 있음을 볼 수 있습니다. 마찬가지로 높은 지위에 있는 사람들은 더욱더 높은 곳으로 오르려는 만족할 줄 모르는 야망에 이끌립니다. 실로 이 모든 욕망에는 끝이 없습니다. 만족할 줄 모르는 욕망에는 절대적으로 최상의 것, 최고의 것이라고 정의할 수 있는 것, 최종적인 만족이 없습니다.

만족은 최고 수준의 사랑을 요구한다.

가장 높고 가장 선한 것에서 평화와 만족을 구하는 사람이 작고 나쁜 것으로 만족할 수 없음에 의아해 할 필요가 있습니까? 이러한 갈망을 채워 줄 수 없는 것에서 평화와 만족을 찾으려 하는 일은 얼마나 어리석고 정신없는 일입니까! 그러므로 사람은 아무리 많은 것을 소유하고 있다 하더라도 항상 아직 부족하다고 느끼는 탐욕을 가질 것입니다. 만족을 느끼지 못하기 때문에 안정을 찾지 못하고 부질없는 일에 빠질 것입니다. 그리하여 불안한 마음은 곧 사라지는 비실재적인 것에 권태를 느껴 쾌락을 찾아 이리저리 달려갑니다. 그는 자신이 목으로 삼킬 수 있는 것으로는 충분하지 않다고 생각하여 아직 그가 먹지 않은 것을 바라보는 굶주린 사람과 같습니다. 이와 같이 인간은 이미 소유한 것에 기쁨이나 만족을 느끼지 않고 오히려 아직 소유하지 못한 것에 대한 생각에 사로잡혀 그것을 끊임없이 갈구합니다.

사람은 모든 것을 소유하기를 바랄 수 없습니다. 많은 노력 끝에 얻은 작은 것이라도 항상 그것을 잃지나 않을까 염려하게 할 수 있습니다 딤전 6:7; 욥 1:21. 마찬가지로 패역한 사람은 비록 항상 잘못된 방식으로 추구하기는 하지만 분명한 만족을 갈구하며 가장 좋은 것을 갈망할 것입니다. 그러나 그는 허망한 일로 길을 잃고 사악한 일로 속게 됩니다 시 27:12.

당신이 모든 갈망을 성취하여 충족되지 않은 것이 아무것도 없기를 바란다면 왜 비본질적인 것들에 당신의 노력을 소모하고 지치게 합니까? 당신은 올바른 길을 달리고 있는 사람과 같습니다. 그러나 목적지에 도달하기 이전에 죽을 것입니다.

신실치 못한 자들은 자연히 그들의 욕망이 즉각적으로 명령하는 바를 갈구하며 행동합니다. 그들은 어리석게도 소모되지 않고 완성될 그들의 참된 목표를 이끌어 갈 것들을 거절합니다. 그래서 자신들의 행복을 창조주가 아닌 세상적인 것에 두기 때문에 복된 온전함에 도달하지도 못하고 부질없는 일에 힘을 다 소모합니다. 그들은 온 우주의 주님이신 분에게 오는 일을 생각하지 아니하고 각기 교대로 시험하려 합니다.

자신들이 바라는 바를 성공적으로 실현할 수 있고, 그리하여 온 세상을 소유했다 하더라도 마 16:26 만유의 주인이신 하나님을 소유하지 못한다면 더 많은 것에 대한 갈망으로 인해 안정을 주지 못하는 법칙이 여전히 그들로 만족치 못하게 할 것입니다.

오직 하나님만이 그들에게 궁극적인 만족을 주실 수 있습니다.

참된 만족은 오직 하나님 안에 있다.

안식은 오직 하나님 안에 있습니다. 인간은 이 세상에서 참된 행복을 경험하지 못합니다. 그러나 하나님과 함께 영원한 상태에 들어가면 그를 혼란케 하는 불안을 가지지 않습니다. 그러므로 영혼은 자신 있게 다음과 같이 말할 수 있습니다. "하나님께 가까이 함이 내게 복이라… 하늘에서는 주 외에 누가 내게 있으리요 땅에서는 주밖에 내가 사모할 이 없나이다… 하나님은 내 마음의 반석이시요 영원한 분깃이시라" 시 73:25, 26, 28. 그러므로 모든 작은 선들을 차례로 시험해 보면 우리는 결국 참 만족을 주실 수 있는 분은 하나님뿐이라는 사실을 알게 될 것입니다.

어떻게 하나님 안에서 만족할 수 있는가?

이것을 시험해 보는 일은 불가능합니다. 그와 같은 일을 하기에 우리 인생은 너무 짧고, 힘이 너무 약하며, 경쟁자들이 너무 많기 때문입니다. 인간이 바람직하다고 생각하는 모든 것을 다 시험해 보려고 온 힘을 기울여도 결코 이 목표에는 도달할 수 없습니다. 모든 것을 실제로 다 경험할 필요 없이 상상으로만 그 모든 갈망을 경험할 수 있다면 훨씬 쉬울 것입니다! 분별력에 있어서는 정신이 육체적 감각보다 더 빠르고 예민하기 때문에, 육체적 경험을 통해 그 갈망들의 무가치함을 증명해 보이기 전에 정신으로 하여금 그것들을 조사하게 하는 것이 훨씬 더 현명한 처사일 것입니다.

우선순위를 지켜야 한다.

이런 까닭에 "범사에 헤아려 좋은 것을 취하라"살전 5:21고 기록되어 있습니다. 영은 감각들은 지배해야 하고, 또 감각들은 그 욕망을 영의 판단에 복종시켜야 합니다. 그렇지 않으면 당신은 "여호와의 산에 오를 수 없으며 그 거룩한 곳에 설 수 없습니다"시 24:3.

우리가 이성의 인도를 도외시하고 거친 짐승들처럼 감각의 충동을 따른다면 이성적인 정신을 소유한 것이 아무 유익이 없을 것입니다. 이성의 인도함을 받지 않는 자는 실로 달음질하지만 향방 없이 달려갑니다. 그래서 그들은 "너희도 얻도록 이와 같이 달음질하라"고전 9:24는 사도의 충고를 소홀히 합니다. 그러한 도전이 그들의 노력에 있어서 가장 낮은 순위를 차지한다면 어떻게 상 받기를 바랄 수 있습니까? 그러므로 먼저 모든 것을 경험하려는 갈망은 잘못된 길입니다. 그것은 끝없이 도는 악순환입니다.

우리는 하나님의 도를 택해야 한다.

그러나 의로운 사람은 그렇지 않습니다. 그는 멸망으로 인도하는 넓은 길로 가는 군중들에게 선포된 진노의 결과들을 인식하고 있습니다 마 7:13. 의인은 좌로나 우로나 치우치지 않고 왕의 대로를 통과합니다

민 20:17; 21:22. 선지자 이사야가 말하듯이 "의인의 길은 정직합니다" 사 26:7. 그는 건전한 권면을 받아 위험하고 결실 없는 우회도로를 피하고 곧은 길을 택합니다 롬 9:28.

이것이 그에게 명하여 그가 가진 모든 것을 팔아 가난한 자들에게 주라는 말씀으로 모든 탐욕에 대하여 주어진 말씀입니다 마 19:21. "심령이 가난한 자는 복이 있나니 천국이 그들의 것임이요"라는 말은 마 5:3 강조된 말씀이기 때문입니다. 모두가 다 인생의 경주를 하지만 그 경주에서는 차이가 납니다 고전 9:24.

우리는 하나님을 갈망해야 한다.

"무릇 의인들의 길은 여호와께서 인정하시나 악인들의 길은 망하리로다" 시 1:6. 결과적으로 "의인의 길은 적은 소유가 악인의 풍부함보다 낫습니다" 시 37:16. 전도자가 말하였고 어리석은 자들이 나중에 발견하는 바와 같이 "은을 사랑하는 자는 은으로 만족하지 못할 것입니다" 전 5:10. 대조적으로 그리스도께서는 "의에 주리고 목마른 자는 복이 있나니 그들이 배부를 것이라" 마 5:6고 말씀하십니다.

의는 중요하고 본질적인 영혼의 음식입니다. 육체의 굶주림을 바람으로 채울 수 없는 것과 같이, 영혼은 세상의 보화로 만족할 수 없습니다. 만일 굶주린 사람이 굶주림을 없앨 수 있다고 생각하여 바람을 향해 입을 크게 벌리고 있는 모습을 본다면 당신은 그가 미쳤다고 생각하지 않겠습니까? 정욕을 부풀게만 할 뿐 채우지 못하는 세상적인 것들로 영혼이 만족할 수 있다고 생각하는 것도 그에 못지않게 미친 짓입니다.

"내 영혼아 여호와를 송축하라… 그가 좋은 것으로 네 소원을 만족하게 하시리라" 시 103:1, 5. 그렇습니다. 그는 좋은 것으로 만족케 하십니다. 그는 우리로 하여금 선을 행하도록 격려하십니다. 그는 우리를 선 안에서 안전하게 보호하십니다. 그는 우리 앞에 가십니다. 그는 우리를 지키시고 채우십니다. 그는 우리를 감화하여 자신을 바라게 하십니다. 우리가 갈망하는 분이 바로 그분이시기 때문입니다.

하나님을 사랑하는 이유는 하나님이기 때문이다.

나는 이미 하나님이 하나님을 사랑하는 일에 대한 이유가 되신다고 말했습니다. 이것은 사실입니다. 하나님은 우리 사랑의 동인(動因)도 되시며 최후 목적도 되시기 때문입니다. 그는 사랑할 기회를 주시며, 사랑하려는 갈망을 창조하셨으며, 우리의 사랑이 결실을 맺게 하십니다. 그와 같은 하나님이시므로 그를 소유하는 것은 마땅한 일입니다. 왜냐하면 그는 사랑할 만 하시기 때문입니다. 그를 믿는 것은 당연합니다. 우리가 언젠가 그를 완전히 사랑하리라는 소망을 가지지 않는다면 그에 대한 우리의 사랑만으로는 헛될 것이기 때문입니다. 우리의 사랑은 그에 의해 예비되고 보상을 받습니다. 그가 먼저 우리를 사랑하셨으며, 우리를 그 사랑에 대한 응답의 길로 인도하십니다 요일 4:19. 그러므로 우리는 마땅히 사랑으로 하나님께 갚아야 합니다. 우리는 양육을 받아 그 안에서 큰 소망을 간직하게 됩니다. "주께서… 그를 부르는 모든 사람에게 부요하시도다" 롬 10:12. 그는 상급이나 보상으로서 자기 자신보다 더 좋은 것을 주실 수 없습니다. 그는 거룩한 영혼에 새 힘을 넣어 주십니다. 그는 자신을 팔아 대속물로 잡히셨습니다. "기다리는 자들에게… 여호와는 선하시도다"애 3:25.

갈구하는 영혼에게 하나님은 어떠한 분이신가?

그러면 하나님의 임재를 추구하는 사람들에게 하나님은 어떤 분입니까?

여기에 놀라운 이치가 있습니다. 이미 주님에 의해 발견되지 않고는 주님을 찾는 일이 불가능하기 때문입니다. 당신은 당신이 하나님에 의해 찾아지고 발견되기 위해 먼저 발견하기를 갈망합니다. 하나님, 사람들이 당신을 찾고 발견하기를 원하지만 아무도 당신을 앞지를 수 없습니다. 하나님이 앞서서 이것을 행하십니다. 우리가 "아침에 나의 기도가 주의 앞에 이르리이다"시 88:13라고 말할지라도 하나님의 영감으로 힘을 얻지 못하면 모든 기도가 마지못해 하는 것이 될 뿐이기 때문입니다.

사랑이 하나님 안에서 완성되는 것을 살펴보았으므로, 이제 사랑이 어디서부터 시작되는지 살펴보겠습니다.

8. 사랑의 제1단계: 사람은 자신을 위해 자신을 사랑한다.

사랑은 인간의 네 가지 자연적 애정 중의 하나입니다. 그것들은 너무도 잘 알려져 있기 때문에 거론할 필요가 없습니다. 사랑은 본질적인 것이므로 무엇보다도 본성을 지으신 분을 사랑하는 것이 옳습니다. 바로 이것이 "네 마음을 다하고 목숨을 다하고 뜻을 다하여 주 너의 하나님을 사랑하라"마 22:37는 것이 크고 첫째가는 계명이 되는 이유입니다.

하나님을 사랑하도록 명령을 받아야 한다.

인간의 본성은 너무도 연약하여서 무엇보다 먼저 자신을 사랑하지 않으면 안 됩니다. 그러나 이것은 육체적 사랑으로서 먼저 자신을 이기적으로 사랑하게 됩니다. 기록된바 "먼저는 신령한 사람이 아니요 육 있는 자요 그 다음에 신령한 사람입니다"고전 15:46. 사랑은 계율에 의해 오는 것이 아니라 본질적으로 옵니다. "누구든지 언제나 자기 육체를 미워하지 않기" 때문입니다엡 5:29. 그러나 이 사랑은 자연히 지나치게 커져 강한 급류처럼 자제(自制)의 제방을 터뜨리고 방종(放縱)의 들에 넘쳐흐릅니다. 그러므로 새로 지은 제방과 같은 "네 이웃을 네 자신같이 사랑하라"마 22:39는 명령이 필요합니다. 이 요구는 정당한 것입니다. 우리 인간의 본성을 공유하신 분은 그 자체가 인간성의 은혜인 우리의 사랑도 공유하셔야 하기 때문입니다.

형제의 곤경을 구하고 형제의 즐거움을 마련해 주는 일을 부담스럽게 생각하는 사람이 죄인이 되지 않으려면 그로 하여금 이기적인 사랑을 절제하게 하십시오. 이웃에 대해 방종한 사람은 자신에 대해서도 방종할 수 있습니다.

오! 인간이여, 당신이 미칠 듯이 사악한 욕망을 따라가고 영혼의 적인 정욕의 노예가 되지 않으려면 절제(節制)해야 합니다. 즐거움을 적들과 나누는 것보다 이웃과 나누는 것이 훨씬 더 좋습니다.

당신이 지혜로운 자들의 충고에 귀를 기울인다면 욕심에서 벗어나 자신을 훈련시키게 될 것입니다. 그리하여 당신은 사도 바울의 가르침을 따를 것입니다: "우리가 먹을 것과 입을 것이 있은즉 족한 줄로 알 것이니라"딤전 6:8. 결국 당신은 "영혼을 거슬러 싸우는 육체의 정욕을 제어"할 수 있을 것입니다벧전 2:11. 그렇게 되면 당신의 적으로부터 되찾은 것을 이웃과 나누는 일이 어려운 일이 아님을 발견할 것입니다. 당신은 그때 스스로를 절제하고 의롭게 되어 형제의 곤경을 돌볼 수 있을 것입니다. 그러므로 이기적인 사랑이 되기 쉬운 것이라도 그것이 다른 사람들을 포함하도록 확장될 때에 참으로 사회적인 사랑이 될 수 있습니다.

당신에게 필요한 것을 공급하기 위해 하나님을 신뢰하라.

그러나 만일 이웃에 대한 당신의 자비로운 행위가 당신에게 필요한 것들을 감소시킨다면 어떻게 합니까? 진실로 당신이 할 수 있는 일은 "모든 사람에게 후히 주시고 꾸짖지 아니하시는" 하나님께 기도하는 일뿐입니다. "그리하면 분명히 주실 것입니다"약 1:5. 또 시편 기자가 말하였듯이 "당신께서는 손을 펴사 모든 생물의 소원을 만족하게 하십니다"시 145:16. 하나님은 분명히 우리에게 필요한 것을 예비해 주실 것입니다. 진실로 그는 모든 백성에게 필요한 것 이상으로 주십니다. 그의 약속은 참됩니다. "너희는 먼저 그의 나라와 그의 의를 구하라 그리하면 이 모든 것을 너희에게 더하시리라"마 6:33; 눅 12:31. 하나님은 다른 사람들을 돕는 데 인색하지 아니하고 이웃을 사랑하는 사람에게 필요한 모든 것을 아낌없이 주겠다고 약속하십니다. 먼저 하나님의 나라를 구하라는 것은 실제로 죄가 우리의 삶을 지배하지 못하게 하고

롬 6:12, 하나님의 도움으로 겸손하고 온건한 멍에를 선택하는 의미입니다. 또 우리의 본질적인 은사를 본성을 공유하고 있는 자들과 공유하는 것이 의로운 일입니다.

이웃을 사랑하려면 하나님의 사랑이 필요하다.

절대적인 의로 이웃을 사랑하려면 하나님을 우리의 동기와 원인으로 인정할 필요가 있습니다. 무엇보다 먼저 하나님을 사랑하지 않는다면 어떻게 순수한 동기로 사랑할 수가 있습니까? 하나님을 사랑할 때에만 이웃을 사랑할 수 있습니다. 먼저 하나님을 사랑하지 않고서 하나님 안에서 사랑하는 일은 불가능합니다 살전 2:1-11. 그러므로 이웃을 사랑하기 위해서도 먼저 하나님을 사랑하는 일이 필수적입니다.

모든 선의 근원이신 하나님은 이웃을 사랑하는 우리의 능력과 경향의 근원이십니다. 그는 우리에게 사랑할 수 있는 가능성을 부여하셨습니다. 우리의 본성을 창조하신 분께서 그것을 지키고 보존하십니다. 전 세계는 그 생존을 하나님께 의존하며, 하나님 없이는 세계가 시작될 수 없었습니다. 우리는 이 사실을 잊거나 어리석게 그가 없이도 할 수 있다고 생각하도록 유혹받는 일이 있어서는 안 됩니다. 우리의 힘으로 되지 않을 때 하나님은 우리가 마땅히 하나님을 인정하도록 지혜롭게 우리를 도우셔서 구원하십니다. 그러므로 성경에는 다음과 같이 기록되어 있습니다. "환난 날에 나를 부르라 내가 너를 건지리니 네가 나를 영화롭게 하리로다" 시 50:15.

이리하여 본능에 의해 동물적이고 육체적이며, 오직 자신만을 사랑하던 사람이 자신의 축복을 위해 하나님을 사랑하기 시작할 수 있습니다. 그가 하나님의 도움으로 모든 것을 이룰 수 있음을 배우기 시작하기 때문입니다. 그러나 이것은 오직 그가 무력해질 때만 배울 수 있습니다.

9. 사랑의 제2단계: 인간은 자신의 축복을 위해 하나님을 사랑한다.

인간은 이제 하나님을 사랑합니다. 그러나 아직 하나님을 위한 사랑이 아니고 자기 자신의 이익을 위한 사랑입니다. 홀로 무엇을 할 수 있으며 죄로 인해 하나님을 대적하지 않도록 자신을 지키기 위해 하나님의 도움으로 할 수 있는 일이 무엇인지 아는 것은 지혜입니다. 고통이 일어나고 죄가 자주 관영할 때 우리는 하나님의 신실하신 도움을 바라며 하나님께 돌아가게 됩니다. 결국 쇠창살 속에 들어 있는 돌같이 차가운 마음조차도 하나님의 선하신 은혜로 녹아지지 않겠습니까? 그때 그는 이기적인 동기에서 하나님을 사랑하는 것이 아니라 하나님이 하나님이시기 때문에 하나님을 사랑하게 되지 않겠습니까?

10. 사랑의 제3단계: 인간은 하나님을 위하여 하나님을 사랑한다

하나님과의 교제는 우리가 하나님을 필요로 한 결과이다.

인간은 필요에 의해 항상 하나님에게 되돌아갑니다. 그와 같이 계속 의존함으로써 하나님의 임재를 즐기는 법을 배웁니다. 하나님과의 교제는 하나님이 얼마나 놀라우신 분인가를 알게 될 때 더 즐거워집니다. 이 경험은 하나님의 사랑을 촉진시켜 그것이 우리의 모든 필요를 초월하게 합니다. 우리는 사마리아인들처럼 하나님의 선하심에 대하여 들었기 때문이 아니라 우리 스스로 그것을 경험했기 때문에 그것을 안다고 대답해야 합니다요 4:42. 그래서 우리는 육체에게 말합니다. "우리는 너의 필요 때문에 하나님을 사랑하는 것이 아니다. 우리 스스로 여호와의 선하심을 맛보아 알았기 때문이다"시 34:8.

육체의 필요한 것들은 우리가 경험한 좋은 것들을 즐겁게 선포하는 일종의 말입니다. 이와 같이 느끼는 영혼은 아무 어려움 없이 이웃에게 말할 것입니다막 1:31. 그렇게 함으로써 그는 실제적으로 하나님을 사랑합니다. 왜냐하면 이제 그가 하나님을 실제로 하나님이시라는 이유로 사랑하기 때문입니다. 그의 사랑은 순수하며, 그는 순수한 마음에서 순종하고 순종을 사랑합니다벧전 1:22. 그는 바르게 사랑하며, 이 명령을 가슴에 새겨 둡니다. 이 사랑은 또한 자발적인 것이기 때문에 참된 사랑이라 할 수 있습니다요일 3:18. 그것은 받은 대로 주기 때문에 의로운 것입니다.

하나님의 교제는 우리가 하나님처럼 사랑할 수 있도록 돕는다.

이와 같이 사랑하는 사람은 진실로 하나님의 일들을 사랑합니다. 그는 진실로 자기의 유익을 구하지 아니하고 사랑합니다 고전 13:5. 그리스도께서 자신을 돌보지 않고 우리의 유익을 구하고 우리를 구하셨듯이, 그는 예수 그리스도에게 속한 것들을 사랑합니다. 그래서 우리는 "여호와께 감사하라 그는 선하심이라" 시 118:1 라고 응답합니다. 이것은 우리가 하나님께 선하다는 것이 아니라 하나님이 우리에게 선하시다는 고백입니다. 이는 우리의 유익을 위한 하나님의 사랑입니다. 사랑의 제3단계는 순수히 하나님 자신을 위해 하나님의 사랑을 찬양할 때 일어납니다.

11. 사랑의 제4단계: 인간은 하나님을 위하여 자신을 사랑한다

하나님처럼 사랑하는 일은 우리 자신을 사랑하는 데 도움이 된다.

사랑의 제4단계에 이르는 사람은 복된 사람입니다. 그는 오직 하나님 안에서만 자신을 사랑할 것입니다. "주의 의는 하나님의 산들과 같고 주의 심판은 큰 바다와 같으니이다" 시 36:6. 이 사랑은 풍요롭고 부요한 높은 산이기 때문입니다. "여호와의 산에 오를 자가 누구입니까?" 시 24:3. "내게 비둘기같이 날개가 있다면 날아가서 편히 쉬리로다" 시 55:6. 이 거주지는 살렘, 평화의 자리이기 때문입니다 시 76:2.

나의 유배기간이 연장되었습니다. 언제나 이 혈육의 몸마 16:17, 이 질그릇 고후 4:7이 이것을 깨닫겠습니까? 내가 언제 이러한 종류의 사랑을 경험하며, 언제 나의 영혼이 하나님의 사랑에 취하여 무의식적으로 자신을 잊으며 깨진 그릇과 같을 뿐임을시 31:12 배우겠나이까? 그때에 내 영혼은 그를 의존하기 위해 하나님께 속히 달려가고 그에게 매달릴 것입니다. 그때 주와 합한 한 영고전 7:17이 말합니다: "내 육체와 마음은 쇠약하나 하나님은 내 마음의 반석이시요 영원한 분깃이시라"시 73:26.

사랑은 우리로 하여금 삶의 압박을 이겨 나가도록 지켜준다.

이 세상에서 잠시 동안이라도 이 사랑을 맛보는 특권을 부여받은 자는 복되고 거룩합니다. 자기 자신을 잃고 아무것도 아닌 것으로 여기게 되는 일은 거룩한 경험이며, 인간적인 감정이 아닙니다빌 2:7. 죽을 수밖에 없는 가련한 존재가 갑자기 이 일을 이룬다 하더라도 그는 곧 다시 주위의 악한 세상에 붙잡히게 되기 때문입니다갈 1:4. 게다가 세상사에 대한 염려는 그를 지치게 하고, 육체의 욕망은 만족을 구하여 소리치고, 타락한 본성의 연약함은 그를 약하게 합니다. 아마 가장 나쁜 것은 자기 형제의 곤경이 그를 실망시켜 되돌아서게 하는 것입니다. 그래서 슬프게도 그에게는 자신의 일과 자신에게 돌아가는 것 외에는 달리 선택의 여지가 없습니다. 좌절의 슬픔 가운데 그는 소리칠 것입니다: "여호와여 내가 압제를 받사오니 나의 중보가 되옵소서"사 38:14. 그는 또 부르짖습니다: "오호라 나는 곤고한 사람이로다. 이 사망의 몸에서 누가 나를 건져내랴"롬 7:24.

참된 축복은 하나님의 의지를 구하는 데서 온다.

이 모든 것에도 불구하고 우리는 성경에서 하나님이 만물을 자신의 영광을 위해 창조하셨다는 말씀을 읽습니다사 43:7. 그러므로 하나님의 모든 피조물들은 확실히 가능한 한 많이 하나님의 뜻을 따라야 합니다. 우리의 사랑이 모두 하나님 안에 집중되어 만물 안에서 우리 자신의 뜻이 아니라 하나님의 뜻만을 행하려 해야 합니다. 그때 자기만족이나 일시적인 쾌락이 아니라 우리 안에서 하나님의 뜻을 실현하는 가운데 참된 기쁨이 올 것입니다. 그러므로 우리는 매일 기도합니다: "뜻이 하늘에서 이루어진 것같이 땅에서도 이루어지이다"마 6:10.

아, 순수하고 거룩한 사랑이여! 오, 아름답고 은혜로운 사랑이여! 오, 이기심의 혼합물로부터 정화되고, 하나님의 뜻과 연합하여 아름다워진 순수하고 깨끗한 의지의 동기여! 이와 같은 상태에 도달하는 것이 경건하게 되는 것입니다. 한 방울 물이 한 통의 포도주 안에 떨어져 포도주의 맛과 빛깔을 가지고 사라지듯이, 바로 이 상태가 그러합니다. 철 막대기가 빨갛게 달아올라 불꽃 자체와 같아지듯이, 하나님의 사랑으로 되돌아가는 것도 이와 같습니다. 대기가 태양 빛에 마치 태양 자체로 보이는 것처럼 인간적 사랑이 하나님 자신의 뜻에 의해 대치되는 성도들의 경우도 이와 같습니다.

하나님은 "모든 것의 모든 것" 이어야 한다.

인간 안에 인간적인 것이 남아 있다면 하나님이 어떻게 "모든 것의 모든 것"이 되시겠습니까?고전 15:28. 우리 인간의 본성은 존속할 것입니다. 우리는 여전히 우리 자신으로 남아 있을 것입니다. 그러나 그 형태와 영광과 권능은 다를 것입니다. 이러한 일이 언제 일어나겠습니까? 누가 그것을 보게 되겠습니까? "내가 어느 때에 나아가서 하나님의 얼굴을 뵈오리까"시 42:2. 오! 주님, 나의 하나님, "내가 마음으로 주께 말하되 여호와여 내가 주의 얼굴을 찾으리이다 하였나이다"시 27:8. 내가 실제로 당신의 거룩하신 성전을 보리라고 생각하십니까?시 27:4.

　나는 마음이 더 이상 육체를 생각할 필요가 없고 영혼도 육체에 생명이나 감정을 더 이상 줄 필요가 없을 때에 마음을 다하며 목숨을 다하며 힘을 다하며 뜻을 다하여 주 우리 하나님을 사랑하라는 명령이 눅 10:27 가능하리라고 믿습니다. 영혼은 이러한 장애물로부터 구제될 때에 하나님의 은혜로 말미암아 온전한 힘을 얻을 것입니다. 연약한 육체의 염려 때문에 산만한 일에 사로잡히는 한 하나님께 모든 사랑을 집중시키는 일이 불가능하기 때문입니다. 그러므로 영혼이 사랑의 제4단계에 도달하기를 바라는 것은 모든 것 안에 계시는 성령께 순종할 뿐만 아니라 썩지 아니하며, 온전하고 평화로우며, 온전히 연합되는 영적인 육체 안에서만 가능합니다. 혹은 그 영혼이 그러한 사랑에 사로잡히게 될 것입니다. 우리를 그와 같은 상태 안에 세울 수 있는 것은 오직 하나님의 권능이기 때문입니다. 이 일은 인간의 노력으로 이루어질 수 없습니다.

우리는 완성을 기대하며 이 사랑을 맛볼 뿐이다.

　앞에서 말했듯이 영혼이 더 이상 육체의 유혹과 그 연약함으로 주저하거나 염려들로 방해받지 않고 즐겁고도 신속하게 하나님을 향해 나아갈 때 이러한 상태에 이르게 됩니다마 12:30. 여기에서 다음과 같은 질문이 제기됩니다: 거룩한 순교자들은 결국 승리하였지만 아직 죽을 수 밖에 없는 육체 안에 있을 때에 부분적으로 이 은혜를 받았는가?

　그들로 하여금 고통을 무시하게 하고, 그와 같이 괴로운 육체적 아품을 견딜 수 있게 한 것은 측량할 수 없는 사랑의 힘입니다. 강렬한 고통이 분명히 그들의 평온에 영향을 주었겠지만 평온을 완전히 정복하지는 못합니다.

12. 온전한 사랑은 오직 부활 때에만 경험할 수 있다

온전한 사랑은 영원한 생명이다.

이미 육체로부터 벗어난 영혼들은 무엇을 경험하게 됩니까? 우리는 그들이 항상 빛나는 영원한 빛의 광활한 바다 안에 절대적으로 봉해져 있다고 믿습니다. 그러나 만일 그들이 여전히 그 육체를 소유하기를 바라고 갈망한다면 이것은 그들이 완전히 변화되지 않았음을 가리키는 것이 아닙니까? 자아 가운데 무엇이 아직까지도 굴복하지 않고 남아 있는 것이 아닙니까? 사망이 이김에 삼킨 바 되고 고전 15:54, 영원한 빛이 모든 흑암을 압도하고 모든 것을 소유하여 육체 안에 영광만이 빛날 때가 되어서야 우리 영혼은 하나님께 온전히 바쳐지도록 완전히 자유로워질 수 있습니다. 왜냐하면 그때까지 영혼은 육체적 감각과 강하게 결합되지는 않으나 육체 안에 한정되고 최소한 자연적인 애정에 의해 육체에 묶여 있기 때문입니다. 그리하여 육체가 없이는 그들이 완성에 도달할 수 없으며 그렇게 하기를 원하지도 않습니다.

각 상태에서의 육체의 역할

사실 육체는 뒤에 남겨질 수도, 영혼에 의해 아무 유익이 없이 다시 소유될 수도 없습니다. "경건한 자들의 죽음은 여호와께서 보시기에 귀중하다면"시 116:15 그들의 삶, 그 영원한 삶은 어떠하겠습니까! 영광스럽게 된 육체가 그 영에게 무엇인가 기여하리라는 것이 놀라운 일입니까?… 육체는 병들었을 때나 죽을 때, 그리고 죽은 자들로부터 다시 들어 올려질 때에는 더욱 영혼에 도움이 됩니다. 육체의 병은 인내에 도움이 됩니다. 죽음으로 육체는 누워 쉽니다. 셋째 부활에서는 완성을 이룹니다. 그때에 영혼은 육체가 없이는 완전해지지 않을 것입니다. 왜냐하면 육체는 모든 선한 봉사로써 유익을 주기 때문입니다.

영혼의 세 가지 향연

육체는 선한 영혼에게는 선하고 신실한 친구입니다. 육체는 영혼에게 짐이 될 때조차도 영혼을 돕습니다. 육체가 더 이상 돕지 않을 때에 그것은 영혼으로부터 짐을 제거하거나 그 짐을 가볍게 합니다. 첫째는 수고하는 상태로서 그 열매가 풍성합니다. 둘째 상태에는 휴식이 있지만 게으르지는 않습니다. 셋째 상태는 결실도 있고 안식도 있습니다. 또한 영광스럽기도 합니다.

이 삼중의 유익을 우의적(寓意的)으로 말하는 아가서의 신랑의 말에 귀를 기울이십시오. 그는 말합니다. "나의 친구들아 먹으라 나의 사랑하는 사람들아 많이 마시라"아 5:1. 그는 먼저 육체 안에 살고 있는 자들을 먹으라고 초대합니다. 육체를 버리고 쉬는 자들에게는 마시라고 명령합니다. 영광된 육체를 회복한 자들에게는 많이 마시라고 촉구합니다. 아직 육체적 존재 안에서 신음하며 짐을 진 자들을 "친구들"이라고 부릅니다. 그들은 하나님에 대한 사랑을 가지고 있기 때문에 하나님께 소중합니다. 그러나 육체의 끈이 풀어질 때 더욱 소중해집니다. 왜냐하면 그들의 사랑이 더욱더 아낌없이 사랑할 준비가 되어 있기 때문입니다. 그러나 앞에 언급한 두 종류의 사람들과는 달리 마지막 사람들은 "사랑하는 자들"요일 3:2이라 불립니다. 아름다운 옷을 입고 새로워진 그들은 이제 영광된 육체들이기 때문입니다. 그들은 무한히 자유로우며, 하나님의 사랑을 따라 태어납니다. 그들을 개인적으로 방해하는 것은 아무것도 없습니다. 처음의 두 상태는 이러한 특권을 소유하지 못합니다. 왜냐하면 첫째 상태에서는 육체가 방해물이며, 둘째 상태에서는 갈망의 대상이기 때문입니다.

첫째 상태에서 신실한 영혼은 얼굴에 땀을 흘려야 떡을 먹습니다 창 3:19. 육체 안에 있는 한 영혼은 신앙에 의해 움직이고 고후 5:7 신앙은 사랑의 행위로써 역사해야 하며, 그렇지 않으면 죽기 때문입니다 갈 5:6. 영혼이 육체를 벗어나게 되면 더 이상 수고의 떡을 먹지 않으며 시 127:2, 이미 그것을 먹었기 때문에 보다 깊이 들어가 사랑의 포도주를 먹도록 허락되어 있습니다. 영혼은 하나님의 사랑과 자연적 애정의 부드러운 갈망을 혼합하는바 이로써 그 육체를 영광된 육체로 회복되게 하려 합니다. 일단 영혼에게 부족했던 것을 받은 후에는 그 무엇이 영혼으로 하여금 하나님 앞에 완전히 들어가지 못하게 하고, 원래의 상태와는 너무도 달라져서 완전한 하나님의 형상이 되는 것을 방해하겠습니까?

결국 영혼은 지혜의 잔을 마실 수 있습니다. 이 잔에 대해서는 "내 잔이 넘치나이다" 시 23:5라고 기록되어 있습니다. 이제 영혼은 성부의 집에서 그리스도와 함께 순수하고 신선한 포도주를 풍성하게 마실 수 있습니다마 26:29.

이 삼중 향연을 축하하는 것은 하나님의 지혜입니다잠 9:1이하. 이 향연을 이루는 것은 사랑으로서 이것이 일하는 자들을 먹이고, 휴식을 취하는 자들에게 새 힘을 주고, 다스리는 자들에게 온전한 표준을 줍니다. 이것이 "나의 친구들아 먹으라 나의 사랑하는 사람들아 많이 마시라"는 말이 의미하는 것입니다아 5:1. 그때 약속하신 대로 하나님의 성도들을 섬기기 위해 하나님의 아들 자신이 오실 것입니다눅 12:37. 그들은 기뻐하고 즐거워할 것입니다시 68:3. 그들은 결코 싫증을 느끼지 않을 것입니다. 왜냐하면 고통이 되지 않으면서도 싫증이 나지 않는 갈망이 있기 때문입니다. 이 영원하고 무한한 동경은 결코 부족함을 느끼지 않을 것입니다.

여기서 사랑의 제4단계가 영원히 성취됩니다. 이것은 오직 그리고 항상 하나님을 사랑하는 일로 이루어집니다. 그때 우리는 하나님을 위하여 하는 일이 아니라면 우리 자신도 사랑하지 않을 것입니다. 하나님이 그를 사랑하는 자들의 상급이 되실 것이기 때문입니다. 그리하여 하나님은 영원한 사랑의 영속하는 상급이 되실 것입니다.

제 3부

그리스도께 드리는 헌신[1]

1) 클레르보의 베르나르가 저술한 아가서 설교의 발췌문들.

The Love of God **7**

그리스도께 대한 헌신[1]

서언

시토회의 사랑의 학교는 오직 한 가지 참된 목적-사람들을 하나님에게로 인도하는 일-을 가진 것으로 안다. 그러므로 그러한 학교는 신학적 연구만을 목적으로 하지 않는다. 그것은 오히려 그들이 설교하는 바를 실천하도록 훈련받는 도제(徒弟)들의 학교였다. 그들에게 있어서 기독교적 가르침에는 이중의 과제가 있었다. 즉 그리스도를 사랑하는 일에 대한 가르침과 훈련이다. 시토회 수도사들에게 있어서 배우는 일과 하나님 앞에서 살아가는 일은 분리될 수 없었다.

다음의 글들은 베르나르의 『아가서 설교』(Sermons on the Song of Solomon)에서 발췌한 것으로 초기 시토회의 경건한 생활을 나타내는 풍성한 자료들을 예시하기 위해 정리된 것이다. 완전한 본문을 참고하려면 시토회 출판사에서 간행한 학문적 서적들을 이용하기 바란다. 이 설교들은 구두(口頭)로 전해 내려온 것이 아니라 문헌으로 되어 있으

---

1) 베르나르의 아가서 설교에서 발췌한 인용문.

며, 베르나르가 살아 있는 동안에 최소한 두 차례에 걸친 개정을 통해서 발전되고 다듬어졌다. 실제로 베르나르는 생애 말엽에 그 문체의 부드러운 운율과 아름다움이 그것들이 표현하는 그리스도를 향한 사랑의 헌신과 일치하도록 개정했다.

그것들이 아마 처음에는 베르나르의 친구인 포르드의 베르나르에게 바쳐진 것으로 나타났을 것이다. 그에게 보낸 서신에서(서신 54) 베르나르는 "당신이 이것을 읽은 후에 수고스럽겠지만 되도록 빨리 편지를 써서 내가 이 일을 계속해야 하는지에 대해 당신이 생각하는 바를 알려 주십시오"라고 요청하였다. 그보다 후에 그의 친구 에베르뱅(Evervin)은 자신이 직면하고 있었던 몇 가지 이설(異說)에 대해 질문한다. 베르나르는 특별히 이것에 대해 설교 65-66에서 대답한다. 성 티에리의 윌리엄은 『베르나르의 초기 생애』(First Life of Bernard)에서 베르나르가 수도원장이 된 직후 혼인의 노래 혹은 아가의 신비에 대해 윌리엄에게 가르치기 시작했다고 말한다. 베르나르는 아가서에 관한 오리겐의 주석 등도 읽었다.

이와 같이 베르나르의 『아가서 설교』는 일생에 걸친 연구, 교육, 묵상, 저술 생활의 결실이다. 이것은 문학적 대작으로서 레끄렉끄(Leclercq)는 이것이 네 부분의 설교로 되어 있다고 생각한다: 설교 1-24, 24-49, 50-83, 84-86. 설교 1은 1135년 이후에 시작되었고, 설교 24는 1138년에 재개된 것으로 알려져 있으며, 설교 33은 1139년 사순절 이전에 작성되었고, 설교 24-49 부분은 아마 1145년에 완성되었을 것이다. 설교 50-83은 그 이후 몇 년이 걸렸고, 설교 65-66은 1144년경에 해당되는 것 같다. 마지막 두 설교는 그의 생애 말기에 쓰여졌고, 설교

86은 그의 죽음으로 완성되지 못했다.[2]

여기에 편집된 발췌문들의 초점은 베르나르 자신이 강조한 것, 즉 그리스도께 대한 애착에 맞춰져 있다. 이는 그리스도는 하나님에게로 돌아가는 길이 되시기 때문이다.

베르나르는 구약성경에 등장하는 상징, 즉 상처받은 죄인을-연애하는 자들에게 버림받은 신실치 못한 배우자로 본다. 부끄럽지만 여인에게는 남편에게 되돌아가는 일 외에 달리 할 수 있는 일이 없었다. 그와 같이 되돌아가는 일은 오직 말씀의 힘에 의존하고, 하나님의 신실하심과 은혜에 응답할 때에만 가능하다. 이미 살펴본 바와 같이 아마 베르나르의 설교를 듣던 많은 초심자들은 그리스도의 사랑을 가르치는 수도원에 들어가기 전에 육체적 사랑을 알았을 것이다. 그래서 그는 그리스도의 순결한 사랑으로 되돌아오는 일을 하나님의 영을 서서히 점진적으로 체험하는 과정이라고 본다. 그러므로 베르나르는 회개, 은혜로우신 도움, 그리스도와의 교제라는 삼중의 경험을 말한다. 그는 나중에 그리스도에 대한 사랑을 마음의 사랑, 영혼의 사랑, 정신의 사랑으로 요약한다.

베르나르는 몇 편의 설교에서 개인적으로 자기 자신을 표현한다. 하나님 갈망은 경험되는 것이지 이야기될 수 없기 때문이다. 게다가 감상주의를 피하기 위해서 그와 같은 헌신이 항상 하나님의 말씀과 일치해야 하므로 베르나르는 우리에게 갈망을 성경과 연결시키라고 권면

---

2) 클레르보의 베르나르,『아가서 설교 IV』, 시토회 교부 시리즈 40, 레끄렉끄의 서문 (시토회 출판사, 칼라마주, 1980). pp.Xi, Xii

한다. 그리스도를 향한 개인적인 사랑은 또한 우리에게 다른 사람들과 관련을 맺으며, 그리스도를 사랑하는 자들과 사귈 것을 요구한다. 그러나 그리스도를 향한 이 모든 사랑은 우리 안에 거하시는 성령의 임재의 은사일 수밖에 없다. 베르나르에게 있어서 예수의 인성, 겸손, 이 땅에서의 활동, 고난과 죽음은 모두 항존하는 묵상의 주제들이었으며, 그리스도의 감미로운 이름 속에 요약될 수 있었다. 그리스도의 아름다운 이름에 대한 사랑과 찬양 속에서 우리는 모든 고통에 대한 위로, 치유, 해독제를 발견한다. 실로 베르나르의 이 분명한 주제는 교회의 오랜 찬송가 연구 전통에 감화를 주었다.

우리는 광범위한 인간 경험 속에서 하나님을 안다. 우리는 청결한 마음 안에서만 하나님을 볼 수 있다. 우리는 개인적인 헌신을 통해 내적으로 그를 안다. 우리는 많은 유혹과 싸우면서 그에 대해 배운다. 거룩한 갈망은 기도로 표현해야 한다. 그리하여 우리는 그의 앞에서 그를 묵상하는 가운데 그를 알게 된다. 우리는 오직 겸손을 통해 우리 자신에 대해 많은 것을 배운다. 죄 많음과 곤궁에 대한 자기 인식이 없이 우리가 어떻게 하나님을 알 수 있게 되겠는가? 그러나 결론은 항상 우리 삶 속에 나타나는 하나님의 선행(先行)이다. 하나님을 향한 우리의 갈망은 모두 우리를 향한 하나님의 선행(先行)된 열망에 의해 우리 자신의 가슴 안에 놓여졌기 때문이다.

사랑의 길: 세 가지 발달과정[3]

"내게 입맞추기를 원하노라"아 1:2. 오늘날 우리는 경험의 책을 읽을 것입니다. 당신의 마음을 내면으로 돌려 우리가 장차 이야기할 것에 관하여 자기 양심을 점검해 보십시오. 나는 당신이 마음의 깊은 갈망에서 본문의 말씀과 같은 것을 말한 적이 있는지 알게 되기를 원합니다. 모든 사람이 이와 같이 되기를 원하지는 않습니다. 단 한 번이라도 그리스도의 입술과의 영적인 입맞춤을 경험한 사람만이 그렇게 할 수 있습니다. 그러면 그는 그처럼 완전하고 달콤한 경험을 다시 갖기를 끊임없이 갈망합니다. 이것을 경험하지 못한 사람은 그것이 어떠한지 이해할 수 없다고 나는 확신합니다. 그러나 그것을 맛본 사람은 다시 그것을 갈망할 것입니다….

발에 입맞춤

먼저 행복한 회개자(막달라 마리아)를 본받은 발에 대한 입맞춤이 있었습니다. 오! 불행한 영혼이여, 당신은 이 회개자처럼 더 이상 불행하지 않기 위해 자신을 낮추는가! 땅에 엎드려 그리스도의 발을 안아 입맞춤으로 즐겁게 하고, 눈물로 그 발을 적시십시오. 이것은 그리스도의 발을 씻기 위함이 아니라 당신 자신을 씻기 위함입니다. "네 죄 사함을 받았느니라"는 용서의 말씀을 들을 때까지 수치와 슬픔의 눈물로 범벅이 된 당신의 얼굴을 들지 마십시오눅 7:36-48.

---

3) 『아가서 설교』 3.

감히 보다 높고 거룩한 축복의 단계로 접근하기 위해서는 갑자기 가장 높은 곳에 도달하기보다는 그것을 향해 점차적으로 나아가기를 원합니다. 발의 입맞춤에서 입술의 입맞춤에 이르는 상승은 길고 어려우며, 전자에서 곧 바로 후자에게로 나아가는 것은 경외의 결핍을 보여 줄 것입니다. 아직 방금 묻은 흙먼지의 흔적이 남아 있는데도 그 거룩한 입술을 건드리려 합니까? 이제 겨우 그 흙구덩이에서 끌어올려졌는데, 오늘 그의 얼굴의 영광을 보려 합니까?

그의 손에 입맞춤

당신을 위한 중간의 준비 단계가 있을 것입니다. 그것은 그의 손에 입맞춤으로 마련됩니다. 그것이 당신에게서 먼지를 씻어 없애고, 당신을 들어 올릴 것입니다. 어떻게 들어 올릴 것입니까? 그것은 당신에게 보다 높은 것을 바랄 수 있는 근거를 수여함으로써 당신을 들어 올릴 것입니다. 즉 절제의 은혜와 회개에 합당한 열매로서 이는 헌신의 역사입니다. 이것들이 당신을 오물덩이에서 들어 올려 더 높은 것에 대한 소망으로 채울 것입니다. 이 은사를 받음으로써 당신은 분명히 주님의 손에 입맞추게 될 것입니다. 당신은 자신이 영광을 취하기보다는 그에게 영광을 돌릴 것입니다. 그렇지 않다면 "네게 있는 것 중에 받지 아니한 것이 무엇이냐 네가 받았은즉 어찌하여 받지 아니한 것같이 자랑하느냐?"와 같은 질책에 무엇이라고 대답하겠습니까? 고전 4:7.

그리스도의 생명에 입맞춤

하나님의 겸손에 대한 두 가지 증거인 이 두 종류의 입맞춤을 경험하고 나면 당신은 아마도 감히 거룩한 것들을 구하여 더 높이 도달하려 할 수 있을 것입니다. 당신이 은혜 안에서 장성하여 더 확신을 가지고 문을 두드릴 때에 이제까지 결여된 것을 찾을 것이기 때문입니다. 우리는 먼저 주님의 발 아래 엎드려 우리를 지으신 분 앞에서 우리 자신이 범한 잘못과 죄에 대해 애통해 합니다. 둘째로, 우리가 바로 설 수 있도록 우리를 들어 올리고 연약한 발에 힘을 주시는 그의 도우시는 손을 찾습니다. 셋째로, 우리가 많은 눈물과 기도로 이 두 가지 은혜를 얻었을 때 마침내는 감히 우리의 눈을 들어 영광과 위엄이 충만한 얼굴을 볼 것입니다. 이는 경배하기 위함일 뿐만 아니라 (나는 이것을 두렵고 떨리는 마음으로 말합니다) 그의 입술에 입맞추기 위함입니다. 왜냐하면 우리 앞에 있는 영은 주님이신 그리스도이시기 때문입니다. 거룩한 입맞춤으로 그리스도와 합일되는 가운데 우리는 그의 놀라운 겸손을 통해 그와 한 영이 됩니다.

기도

주 예수님, 나의 마음은 당신께 외칩니다: "여호와여, 내가 주의 얼굴을 찾으리이다"시 27:8. 내가 당신의 거룩한 발자국에 입맞추면서 먼지 속에 구부려 누워 있을 때 당신께서는 나로 하여금 아침에 당신의 자비를 들을 수 있게 하셨습니다. 당신께서 나의 이전 생활의 죄악을 용서하셨기 때문입니다. 내 삶의 날들이 계속될 때 당신께서는 종의 영혼을 기뻐하셨습니다. 당신의 손에 입맞춤으로써 당신께서 내게 잘 살 수 있는 은혜를 허락하셨기 때문입니다. 선하신 주님, 그리고 이제 남은 것은 나로 하여금 당신 빛의 충만한 가운데 들어가 내 영의 열정을 가지고 당신의 거룩하신 입술에 입맞추는 일을 허락하시는 것입니다. 당신께서는 내 속으로부터 당신 얼굴의 즐거움을 이루셨습니다.

그리스도를 향한 영혼의 열렬한 사랑[4]

신부의 특성

"내게 입맞추기를 원하노라"아 1:2. 이 말을 하는 사람은 누구입니까? 신부입니다. 신부는 누구입니까? 하나님을 갈급해하는 영혼입니다. 그러나 먼저 본래 신부에게 속하는 것들이 다 분명하게 드러나도록 여러 관계 속에 서로 가지는 인간의 성향을 더 깊이 다루고 싶습니다. 인간이 노예라면 사랑의 얼굴을 두려워합니다. 그가 고용인이라면 그는 주인의 손으로부터 급료를 구합니다. 그가 제자라면 스승에게 귀를 기울입니다. 아들이라면 아버지께 영광을 돌립니다. 그러나 이것을 요구하는 여인은 결혼이라는 사랑의 끈을 통해 그 대상에게 매여 있습니다. 모든 감정 중에서 이 사랑의 감정이 가장 뛰어난 것이며, 특히 그것의 주인이요 원천이신 분, 즉 하나님께 돌려질 때 그러합니다.

하나님의 말씀과 영혼 상호간의 사랑을 신랑과 신부의 사랑으로 나타내는 것만큼 달콤한 표현은 없습니다. 서 있는 개인들 간에 그와 같은 관계가 있듯이 만물은 공통된 것을 소유하며 분리되거나 나뉜 것은 아무것도 소유하지 않습니다. 그들은 하나의 기업, 하나의 거주지, 한

---

4) 『아가서 설교』 7.

식탁을 가지고 있습니다; 그들은 한 육체입니다.

신부의 영혼

상호간의 사랑이 특히 신부와 신랑에게 적절한 것이라면 하나님을 사랑하는 영혼에 "신부"라는 이름을 부여하는 것이 적절치 못한 것은 아닙니다. 신부가 요구하는 것은 사랑의 표시입니다. 신부는 자유나 급료, 기업이나 지식을 구하지 않고 오직 이것만을 구합니다. 여인은 자신이 느끼는 거룩한 사랑을 부정하거나 숨기지 않는 정숙하고 겸손한 신부로서 이것을 구합니다.

여인이 얼마나 갑작스럽게 담화를 시작하는지 주목하십시오. 여인은 위대한 자로부터 크신 은혜를 요구하지만, 흔히 하는 것처럼, 애무나 아첨에 의지하지는 않습니다. 여인은 점진적인 접근으로 환심을 사지 않습니다. 그녀는 서문을 사용하지 않으며, 환심을 사거나 애정을 얻으려 하지도 않습니다. 그녀의 요구는 벅찬 가슴에서, 그리고 뻔뻔스러울 정도로 숨김없이 갑작스럽게 터져 나옵니다.

신부의 사랑은 순결해야 한다.

그녀는 단지 "하늘에서는 주 외에 누가 내게 있으리요 땅에서는 주 밖에 내가 사모할 이 없나이다"시 73:25라고 말하려 합니다. 자신이 소유하게 될 것에 대해 염려하지 않고 오직 사랑의 대상만 찾는 사랑은 분명히 순수합니다. 육체적인 욕망이 아니라 영의 순수함에 거하는 사랑은 거룩합니다. 너무도 몰두하여 자신의 애정에 취해 버린 사랑은 열정적입니다. 그러나 그것은 그 대상의 위대함에 대한 모든 생각을 잃어 버립니다. "그가 땅을 보신즉 땅이 진동하나이다"라는 말의 의미를 생각해 보십시오시 104:32. 그런데 그녀가 감히 이것을 그에게 요구하고 있습니다. 여인이 미쳤습니까? 이것은 "온전한 사랑이 두려움을 내쫓는다"요일 4:18는 것을 얼마나 풍성하게 증언하고 있습니까!

성령의 은사인 신부의 사랑[5]

하나님의 입맞춤은 성령의 은사입니다. "아버지 외에는 아들을 아는 자가 없고 아들과 또 아들의 소원대로 계시를 받는 자 외에는 아버지를 아는 자가 없느니라"마 11:27. 내가 보기에 여기에서는 피조물에게 알려지지 않은 거룩한 입맞춤을 나타내고 있는 것 같습니다. 성부께서 성자를 사랑하시고, 다른 사랑과는 다른 사랑으로 그를 포옹하시기 때문입니다. 그것은 지존자가 자기와 동등한 자를, 영원자가 동등하게 영원한 자를, 유일한 분을 포옹하는 일입니다. 낳은 자와 태어난 자 상호간의 사랑에 대한 이 인식은 달콤하고도 깊은 신비를 지닌 입맞춤이 아니고 무엇이겠습니까?

새로 태어난 신부가 어떻게 신랑의 새로운 사랑의 증거를 받는지 보십시오. 요한은 예수의 영이 제자들, 즉 초대 교회에 숨쉬시는 방법에 대해 말하면서 "그들을 향하사 숨을 내쉬며 성령을 받으라 하셨다"요 20:22고 전합니다. 이는 의심할 바 없이 주께서 그들에게 주시는 입맞

---

5) 『아가서 설교』 8.

춤입니다. 그것이 육체적인 숨입니까? 아닙니다. 그것은 주께서 숨을 내쉼으로써 주시는 보이지 않는 성령입니다. 이 행위를 통해서 성령은 성부와 성자로부터 나아옵니다.

가장 뛰어난 은혜가 아니라 할지라도 신랑으로부터 은사를 받는다면 신부에게는 충분합니다. 그러나 이것이 작은 사랑이라거나 가치가 없는 것이라고 생각하지 않도록 하십시오. 이것은 성령을 부어 주심과 같은 것을 의미합니다. 성부께서 입맞춤을 하는 자로, 성자께서 입맞춤을 받는 자로 정당하게 이해된다면 우리에게 그것을 예비하시는 분은 성령입니다. 우리에게 행하시는 그의 입맞춤은 양도할 수 없는 평화, 풀 수 없는 연합, 나눌 수 없는 사랑, 침해할 수 없는 합일입니다. 그것이 성부와 성자의 관계이기 때문입니다.

신부의 대담함

그러므로 신부가 이 이름이나 상징 아래 믿는 마음으로 감히 성령의 부어 주심이 자신에게 허락되기를 요청하는 것은 성령의 영향입니다. 그녀는 진실로 자신의 요구에 주제넘음이 없기를 간구합니다. 나는 "아버지 외에는 아들을 아는 자가 없고 아들과 또 아들의 소원대로 계시를 받는 자 외에는 아버지를 아는 자가 없느니라"마 11:27고 말한 상징의 선포를 의미합니다. 신부는 그가 이 지식을 누군가에게 주기를 원한다면 자기에게 줄 것임을 의심치 않습니다. 그러므로 그녀는 감히 이것-즉 그 안에 성부와 성자가 계시되는 성령-이 자신에게 주어지기를 기도합니다.

지식 안에 있는 성령의 필요성

형제들이여, 여러분이 하나님의 신비를 찾을 때 신중히 행동하기 위해 지혜자의 경고를 염두에 두기 바랍니다: "네가 감당치 못할 것을 구하지 말고 네 힘에 겨운 것을 좇지 말라"집회서 3:21. 여러분 자신의 판단이 아니라 성령 안에서 고귀하게 된 자들 가운데 행하십시오. 성령의 가르침은 호기심을 자극하지 않고 사랑의 불을 켜기 때문입니다. 자신의 영혼이 사랑하는 자를 추구할 때 신부는 자신을 육체의 판단에 내맡기지 않고, 인간 호기심의 부질없는 추론을 따르지 않으며, 단지 이 은사를 얻기 위해 기도합니다. 그때 그녀는 성령을 부르고 그에게서 즉각적으로 지식에 대한 사랑과 이 사랑에 수반되는 은혜를 받을 것입니다.

참된 지식은 사랑을 요구한다.

입맞춤은 사랑의 표시이기 때문에 이와 같이 주어진 지식에 사랑이 따른다는 것은 옳은 말입니다. 그러나 사랑이 없으므로 교만한 지식은 이렇게 전달되지 않습니다. 하나님에 대한 열정은 있으나 지식을 따르지 않는 자들도 이것을 자신들의 것이라고 주장할 수 없습니다. 이 은사는 두 가지 은혜, 즉 지식의 빛과 경건의 기름 부음을 전달합니다. 왜냐하면 그는 지혜와 지식의 영이시기 때문입니다. 진리를 이해하고 있으나 사랑이 없는 자나, 사랑하나 진리를 이해하지 못하는 자는 그 은혜를 받는다고 생각하지 않게 하십시오. 거기에는 오류나 미지근함이 없기 때문입니다.

그러므로 축복은 하나님에 대한 지식뿐만 아니라 우리 아버지이신 하나님을 향한 사랑이 오는 표징입니다. 하나님은 동시에 완전히 사랑되지 않는 한 완전히 알 수 없습니다. 우리 중에 누가 양심의 깊은 곳에서 "아빠 아버지라고 부르는 아들의 영"갈 4:6을 느꼈습니까? 아들과 같은 영에 의해 힘을 얻었다고 느끼는 영혼, 그 영혼이 성부의 사랑의 대상이라고 믿습니다. 오 영혼이여, 누구든지 그와 같은 상태 안에 있는 축복을 소유한 분을 믿으십시오. 아무것도 의심치 말고 그를 믿으십시오. 오 거룩한 영혼이여, 깊은 경외심을 가지십시오. 그는 주님, 당신의 하나님이시기 때문입니다. 그는 성부, 성령과 함께 영원 무궁토록 포옹된다기보다는 경배됩니다. 아멘.

신부의 사랑의 향기[6]

신부와 신랑이 서로 다르듯이 신부의 향기와 신랑의 향기가 서로 다릅니다. 회개의 향기, 헌신의 향기, 경건의 향기가 있습니다. 첫째 것은 날카로우며 고통을 초래합니다. 둘째 것은 부드러워 고통을 제거합니다. 셋째 것은 치료하는 힘이 있어 질병을 제거합니다. 이제 이 세 가지를 이야기하려 합니다.

회개의 향기

영혼이 많은 죄의 덫에 걸려 얽혔을 때 스스로 만들어내는 향기가

---

6) 『아가서 설교』 10,11.

있습니다. 영혼이 그 길에 대해 반성하기 시작할 때 양심의 반죽 속에 그것들을 이겨 함께 모으고 쌓습니다. 마음은 그것들을 큰 솥에 집어넣고 고통으로 부풀리고 끓여 일종의 고뇌와 회개의 불 위에 함께 요리합니다. 그래서 그 사람은 시편 기자와 함께 "내 마음이 내 속에서 뜨거워서 작은 소리로 읊조릴 때에 불이 붙었다"시 39:3고 말할 수 있습니다. 여기에 회심하기 시작한 범죄한 영혼이 스스로 준비하여 상처에 바를 연고가 있습니다. 하나님께 드릴 첫 희생제사는 상하고 통회하는 마음입니다시 51:17.

이것이 육체 안에 명백히 나타난 하나님의 발에 죄 많은 여자가 부은 눈에 보이는 기름 부음입니다. "향유 냄새가 집에 가득하더라"요 12:3는 말씀이 있습니다. 그것은 죄 많은 여인이 우리 주님의 발에 부은 것입니다. 죄인 한 사람의 회개로 교회에 어떠한 향기가 나는지, 회개가 완전하고 공개적일 때 회개하는 사람 한 사람 한 사람의 삶이 얼마나 향기롭게 되는지 생각해 본다면 우리는 주저하지 않고 "그 집이 기름의 향기로 가득하다"고 말할 수 있을 것입니다.

헌신의 향기

그 구성 자료의 종류가 대단히 뛰어난 것이라면 이것보다 훨씬 더 값진 향기가 있습니다. 왜냐하면 회개의 향기 재료는 멀리서 찾을 필요가 없기 때문입니다. 우리는 이것을 우리 안에서 어렵지 않게 발견합니다. 우리 자신의 작은 정원 터 안에 필요한 때마다 쉽고도 많이 모을 수 있습니다. 이것에 대해 자신을 속이려 하지 않는다면 자신이 종종 너무도 많이 그리고 가까이에 죄와 불의를 가지고 있음을 모르는 사람이 어디 있습니까?

그러나 둘째 향기를 구성하는 아름다운 향료는 이 세상 땅이 전혀 생산치 못합니다. 우리는 그것을 멀리 떨어진 세상에서 구해야 합니다. "각양 좋은 은사와 온전한 선물이 다 위로부터 빛들의 아버지께로서 내려오지" 않습니까?약 1:17. 이 둘째 향기는 선하신 하나님이 인류에게 내려 주시는 은혜로 구성되어 있기 때문입니다. 복 있는 자는 스스로를 위해 염려와 고통으로 그것을 모르고 그 위대함의 정도에 따른 감사의 행위로 자기 마음의 눈 앞에 둡니다.

이 둘째 향기는 우리 가슴의 반죽 안에서 잦은 묵상의 절구공으로 빻아지고 짖이겨지고 거룩한 욕망의 불에 끓여져서 마침내 기쁨의 기름으로 풍성하게 됩니다. 그 결과 회개의 향기보다 훨씬 더 값지고 뛰어난 향기가 됩니다. 이것은 "감사로 제사 드리는 자가 나를 영화롭게 한다"시 50:23고 말하는 자의 증언으로 충분합니다. 우리가 은혜를 기억할 때 자극을 받아 우리에게 은혜를 베푸신 분을 찬양함도 의심할 수 없습니다.

이 향기의 유익은 하나님을 "영화롭게" 하는 것이라고 말해집니다. 회개의 향기는 주님의 발에 부어진 반면 헌신의 향기는 그의 머리에 부어집니다.

나는 두 가지 향기에 대해 말하고 있습니다.[7] 한 가지는 많은 죄를 인식케 하는 회개였으며, 나머지는 많은 은혜를 포함하고 있는 헌신입니다. 둘 다 유익한 것이지만 모두가 유쾌한 것은 아닙니다. 회개의 향

---

7) 『아가서 설교』 12.

기는 죄와 쓰라린 기억이 영혼으로 하여금 양심의 가책을 받게 하고 고통을 일으켜 그것을 느끼게 하는 쏘는 힘을 가지고 있는 데 반해, 헌신의 향기는 위로를 주는 힘이기 때문입니다. 이 향기는 하나님의 선하심을 보게 하여 위안을 주고 영적 고통을 제거합니다.

경건의 향기

이것들을 훨씬 능가하는 향기가 있습니다. 나는 이것을 경건의 향기라고 부릅니다. 그것이 가난한 자의 궁핍함, 억눌린 자들의 염려, 슬퍼하는 자들의 근심, 죄인들의 실수, 그리고 마지막으로 우리의 적이라 할지라도 행복하지 못한 자들의 모든 불행으로부터 생겨난 것이기 때문입니다. 비록 경멸할 만한 것이지만 거기서 뽑아낸 향기는 다른 모든 달콤한 향내를 능가합니다. 그것은 치유하는 향기입니다. 왜냐하면 "긍휼히 여기는 자는 복이 있나니 그들이 긍휼히 여김을 받을 것"이기 때문입니다 마 5:7.

긍휼을 베풀며 궁핍한 자를 돕는 행복한 사람이란 누구라고 생각합니까? 시 112:5. 이웃을 불쌍히 여기는 데 익숙한 자, 주는 것이 받는 것보다 낫다고 판단하고 그들을 빨리 도와 주는 사람은 누구입니까? 용서하는 일은 쉽고 성내는 일이 어려우며, 복수하는 것은 거의 불가능함을 발견하는 사람은 누구입니까? 그리고 모든 일에 있어서 이웃의 이익을 자신의 이익처럼 여기는 자가 누구입니까? 그와 같이 자비의 이슬에 흠뻑 젖고, 자애로운 사랑의 능력을 부여받아 자신의 모든 것을 남에게 주고, 언제 어디서나 다른 사람들을 섬기며 궁핍한 자를 돕기 위해 자신이 깨어진 그릇에 불과하다고 여기는 사람은 복 있는 영혼입니다. 실로 궁극적으로 자신에 대해 죽은 사람은 모두의 유익을 위해 살 수 있습니다.

오 행복한 영혼이여, 만일 당신이 그러하다면 당신은 분명히 가장 훌륭한 이 세 번째 향기를 소유하고 있으며, 당신의 손에서 그 모든 달콤한 것들이 떨어집니다. 그것은 가장 나쁠 때도 마르지 않고, 박해의 불길이 그것을 태우지 못할 것입니다. 하나님이 당신이 드리는 모든 희생제사를 마음에 두시며, 당신의 번제를 완전케 하실 것입니다.

아름다운 예수의 이름[8]
(베르나르에게 바쳐진 찬송)

예수여, 당신을 생각만 해도
달콤함으로 나의 가슴이 가득하나이다.
그러나 더욱 달콤한 것은 당신의 얼굴을 보는 일,
당신의 임재 안에 안식하는 일입니다.

목소리로 노래할 수 없고, 마음으로 말할 수 없고
기억으로도 발견할 수 없습니다,
당신의 복되신 이름보다 더 달콤한 것을.
오, 인류의 구주시여!

---

8) 『아가서 설교』 15.

오, 회개하는 모든 심령의 소망이여,

오, 모든 온유한 자들의 기쁨이여,

타락한 자들에게 당신은 얼마나 자비하십니까!

구하는 자에게 얼마나 선하십니까!

그러나 발견하는 자에게는 어떻습니까?

아! 이것은 말이나 글로 나타낼 수 없습니다.

예수의 사랑이 무엇인지를…

그의 사랑을 받은 자들 외에는 아무도 모르는 것입니다.

예수여, 당신께서 우리의 상급이 되실 때,

당신은 우리의 유일한 기쁨입니다.

예수여, 당신은 지금으로부터 영원까지

우리의 영광이 되소서.

"네 이름이 쏟은 향기름같도다"아 1:3.

성경의 여러 곳에서 우리는 신랑에게 주어진 많은 이름들을 봅니다. 그러나 나는 이 모든 것을 단 두 가지 이름으로 요약합니다. 나는 그리스도께 돌려진 모든 이름이 그의 친절하신 은혜나 위엄의 권능임을 발견하리라고 생각합니다.

예수의 두 가지 이름

성령께서는 이것을 친구들의 입을 통하여 우리에게 말씀하십니다.

"하나님이 한두 번 하신 말씀을 내가 들었나니 권능은 하나님께 속하였다 하셨도다 주여 인자하심은 주께 속하였나이다"시 62:11f. 그의 위엄에 관하여는 "그의 이름이 거룩하고 지존하시도다"시 111:9라고 되어 있습니다. 그의 사랑에 관하여는 "천하 사람 중에 구원을 받을 만한 이름을 우리에게 주신 일이 없음이라"행 4:12고 기록되어 있습니다. 예를 더 들어 보면 이것이 더욱 분명해집니다. "그의 이름은 여호와 우리의 의라 일컬음을 받으리라"렘 23:6. 이것은 그의 권능을 나타내는 이름입니다. 그러나 "그 이름을 임마누엘이라 하리라"사 7:14고 말한 것은 그의 사랑을 나타냅니다. 그리스도께서도 자신에 대해 "너희가 나를 선생이라, 주라 부른다"요 13:13고 말씀하셨습니다. 전자는 그의 사랑의 이름을, 후자는 권능의 이름을 말합니다. 육체를 채우는 것과 마찬가지로 마음을 채우는 것은 사랑의 관심입니다. 또 이사야는 말합니다: "그의 이름은 기묘자라, 모사라, 전능하신 하나님이라, 영존하시는 아버지라, 평강의 왕이라 할 것임이라"사 9:6. 첫째, 셋째, 넷째 이름은 위엄을 의미하고, 나머지는 사랑을 의미합니다.

   이것들 중 어느 것이 "부어진 기름"과 같습니까? 어떤 신비로운 방법으로 이 권능과 위엄의 이은 사랑과 선의 이름으로 혼합되었는바, 그것은 우리 주 예수 그리스도의 인격 안에서 풍성하게 부어진 혼합물입니다. 예를 들면 하나님의 이름이 "우리와 함께하시는 하나님"으로 부어지지 않았습니까? 그는 임마누엘이기 때문입니다. 따라서 기묘자라는 이름은 모사라는 이름으로, 전능하신 하나님이라는 이름은 영존하시는 아버지 평강의 왕이라는 이름 속으로 섞여 들어갔습니다. 우리의 의가 되시는 주님은 은혜롭고 자비하신 주님이 되십니다시 111:3-4.

그러면 옛 사람들에게 그와 같이 큰 공포를 주면서 울려 퍼진 "나는 여호와로다"고 뇌성 속에서 경고한 목소리는 어디에 있습니까? 그 대신 내게 친근한 목소리는 "아버지"라는 달콤한 이름으로 시작됩니다 마 6:9. 이것은 이제 나의 다음 간구가 응답되리라고 믿을 수 있는 확신을 줍니다. 종들이 이제는 친구라고 불립니다 요 15:14. 이제 부활은 제자들에게만 아니라 형제들에게도 선포됩니다 마 28:10.

만민에게 계시된 이름

그러므로 때가 완전히 찰 때에 하나님이 요엘에게 약속하신 대로 모든 인류에 대한 성령의 부음이 있을 것이라는 사실에 나는 놀라지 않습니다 욜 2:28. 다른 시대에 히브리인들 사이에서 이와 유사한 사건이 일어났었음을 읽었기 때문입니다 민 11:26. 당신은 내가 말하고 있는 바를 예상하고 있을지도 모릅니다. "나는 스스로 있는 자이니라", "스스로 있는 자가 나를 너희에게 보내셨다"고 모세에게 말씀하신 하나님의 첫 번째 대답 너머에는 무엇이 있습니까? 출 3:14. 나는 만일 그 이름이 계시로 말씀되지 않았다면 모세 자신이 그것을 인식하거나 이해할 수 있었을지 의문입니다. 그는 한 번의 계시로 그것을 이해할 수 있었습니다. 그러나 그것은 밖으로 나타나거나 말씀되어졌을 뿐만 아니라 내적으로도 부어졌습니다. 천국 시민들은 이미 그것을 소유하고 있고, 천사들도 그것을 알고 있습니다. 이제 천사들이 아는 내밀한 비밀이 사람들에게 계시되었습니다. 따라서 그들은 감사할 줄 모르는 완고한 백성들이 방해하지 않는 한 땅에서 바르게 선포할 수 있었습니다: "네 이름이 쏟은 향기름 같도다" 아 1:3. 그는 "나는 아브라함과 이삭과 야곱의 하나님이라"출3:6고 말씀하셨기 때문입니다.

값지고 보편적인 이름

그 이름은 얼마나 귀하며 동시에 얼마나 평범한 이름입니까! 그렇지 않았다면 그것이 내게 부어지지 않았을 것입니다. 나는 그 이름을 공유하고 있습니다. 만일 그 이름에 치유의 능력이 없었다면 내게 아무런 유익이 되지 않았을 것입니다. 그러나 나는 공유자로서 하늘의 기업을 가지고 있습니다. 나는 기독교인이며 그리스도의 형제입니다. 내가 지금 말하는 대로의 사람이라면 나는 하나님의 상속자요, 그리스도와 함께한 상속자라고 불립니다롬 8:17. 그리고 그리스도 자신이 부어졌을 때 그의 이름도 부어졌다는 것이 놀랄 만한 일입니까? 그는 자신을 비워 종의 형체를 취했습니다빌 2:7. 그가 "나는 물같이 쏟아졌다"시 22:14라고 말씀하지 않았습니까? 신성한 생활의 충만이 부어져 육체의 형태로 땅에 거하여골 2:9 죽을 형체를 지고 있는 우리도 그 충만의 은혜를 입어야 합니다. 이와 같이 생명을 주는 향기로 채워져 "네 이름이 쏟은 향기름 같구나"라고 말해야 합니다. 그것이 이름이 부어졌다는 표현의 의미이며, 방법이며, 범위입니다.

기름 같은 이름

우리는 왜 하필 기름으로 상징하였는가라고 물을 수 있습니다. 이것에 대해서 나는 아직 설명하지 않았습니다. 나는 성령이 신랑의 이름을 기름과 비교하는 것이 자의적인 행위라고 믿지 않습니다. 당신이 나로 하여금 달리 믿도록 하지 않는 한 나는 기름의 세 가지 속성이 나타내는 유사성을 보여 주겠습니다. 우리는 그것으로 불을 밝히고, 먹고, 상처에 바릅니다. 이것이 신랑의 이름에도 해당되지 않습니까? 그리스도의 이름이 선포될 때 그것은 빛을 줍니다. 그 이름이 묵상될 때는 우리를 먹입니다. 그 이름을 부를 때에 그것은 마음과 영혼의 상처를 경감시킵니다. 이제 이 세 가지를 차례로 살펴봅시다.

빛을 밝히는 이름

우리는 거대한 섬광처럼 빠르게 전파되는 전 세계적인 신앙의 빛을 단지 예수의 이름을 전파하는 것으로만 설명할 수 있습니다. 하나님이 우리를 불러 그의 놀라운 빛 가운데 들어가게 하신 것은 이 거룩한 이름의 빛에 의한 것이 아닙니까?벧전 2:9. 그것은 우리의 어둠을 밝혀 주며 우리에게 그 빛을 볼 수 있는 능력을 주지 않습니까? 바울은 우리와 같은 사람들에게 말합니다: "너희가 전에는 어둠이더니 이제는 주 안에서 빛이라"엡 5:8. 바울이 이방인과 임금들과 이스라엘 자손들 앞에 전하도록 명령받은 것도 바로 이 이름입니다행 9:15. 그가 밤이 거의 지나가고 새벽이 가깝도록 이 이름을 전파하면서 횃불처럼 들고 다닐 때 이 이름은 그의 나라와 백성을 비추었습니다. "그러므로 우리가 어둠의 일을 벗고 빛의 갑옷을 입자 낮에와 같이 단정히 행하자"롬 13:12f. 그는 모두에게 자신이 등경 위에 있는 등불과 같음을 보여 주었습니다 마 5:15; 계 1:12. 그는 모든 곳에 그리스도, 십자가에서 처형당하신 분을 전파했습니다고전 2:2. 베드로가 그 이름을 발설하였을 때 그 빛으로부터 광채가 나와 군중을 눈부시게 했습니다. 베드로가 "나사렛 예수 그리스도의 이름으로 일어나 걸으라"행 3:6고 말할 때 그것은 불빛처럼 뻗어가 앉은뱅이의 발과 발목뼈에 힘을 주었습니다.

양육하는 이름

예수의 이름은 빛이며 음식이기도 합니다. 당신은 그 이름을 말할 때마다 항상 양육받음을 느끼지 않습니까? 묵상 중에 무엇이 정신을 더욱 양육시킵니까? 쇠잔한 힘을 회복시키고, 덕에 새 힘을 불어넣고, 선하고 의로운 습관들을 격려하며, 정숙한 사랑 가운데 있는 영혼을 먹일 수 있는 것은 그 이름이 아닙니까? 마음의 모든 음식은 그 기름에 담겨지고 그 소금에 절여지지 않으면 건조하고 맛이 없습니다. 예수의 이름을 담고 있지 않은 책이나 기록은 아무 가치가 없습니다.[9] 예수의 이름은 내 입의 꿀송이와 같으며, 내 귀의 곡조와 같으며, 내 마음의 즐거운 노래와 같기 때문입니다.[10]

치유하는 이름

또 예수의 이름은 약과 같습니다. 당신은 고난을 느끼고 있습니까? 약 5:13. 그렇다면 예수를 마음에 들어오게 하십시오. 입으로 예수의 이름을 부르십시오. 당신은 그 복된 이름이 고난의 구름을 거두고 다시

---

9) 어거스틴도 『고백론』에서 같은 것을 말하고 있다. 그는 Hortensius를 읽고 "그 유창한 말 속에 나를 괴롭게 한 것이 단 한 가지가 있었다. 그것은 그리스도의 이름이 거기서 발견되지 않았다.… 그 이름이 없는 저서는 아무리 유식하고, 멋지고, 참되다 하더라도 나를 전혀 만족시키지 못했다"고 말했다.
10) 이 구절은 앞에 나온 "아름다운 예수의 이름"이라는 송가를 연상하게 한다. 이 송가는 12세기의 익명의 작가에 의해 쓰였지만 그 안에 베르나르의 사상이 담겨 있다.

평온과 평화를 주심을 느낄 것입니다. 죄에 빠진 사람이 있습니까? 자살하고픈 유혹을 느낀 사람이 있습니까? 그로 하여금 생명을 주시는 이름을 불러 살고자 하는 욕망을 되살리게 하십시오. 우리는 모두 마음의 완악함, 싫증나는 일에 대한 냉담, 비통한 마음, 영의 차가운 무관심을 경험합니다. 그러나 그것들이 이 구원의 이름 앞에 굴복하지 못한 적이 있습니까? 그 권능의 이름을 부를 때 교만으로 막혔던 눈물이 터져 나오지 않았습니까? 예수를 생각할 때 우리의 염려가 쫓겨가지 않았습니까? 의심과 불신 속에 살다가 사람이 예수 이름을 의지하여 다시 그 확신을 회복하지 않은 사람이 어디 있습니까? 낙심에 가득 차고 역경으로 주저앉은 자로서 그 이름을 부름으로 새로운 해결책을 얻지 못한 자가 어디 있습니까?

육체가 물려받은 모든 병과 고통에 대해 이 이름은 약이 됩니다. 이에 대한 증거로서 우리는 주님 자신의 말씀을 인용할 수 있습니다: "환난 날에 나를 부르라 내가 너를 건지리니 네가 나를 영화롭게 하리로다"시 50:15. 예수 이름의 권능만큼 화내려는 충동을 억제하고 교만을 억제하는 것은 없습니다. 그것은 시기의 상처를 치료하고, 사치하고픈 충동을 억제하며, 색욕(色慾)의 불길을 끕니다. 그것은 또한 탐욕의 갈증을 식히고, 불순한 생각의 충동을 쫓아냅니다. 내가 예수의 이름을 부를 때에 나는 마음이 온유하고 겸손하며 마 11:29, 선을 좋아하며, 신중하며 절제하며 미쁘며 딛 1:8, 모든 영예롭고 거룩한 성질에 있어서 뛰어난 사람을 내 마음 앞에 세울 뿐만 아니라 내 앞에 전능하신 하나님인 사람도 세웁니다. 바로 그분이 나를 치료하시며, 그의 특성으로 나의 영적인 건강을 회복시키시며, 나를 강력하게 도우시는 분입니다. 이 모든 것은 내가 그의 이름, 예수의 이름을 부를 때마다 내게 전달됩니다. 그가 인간이기 때문에 나는 그를 닮으려고 애쓸 수 있습니다. 그는 전능하신 하나님이기 때문에 나는 그를 의뢰할 수 있습니다. 나는 그의 이 세상 삶을 모범으로 하여 약초처럼 모을 수 있으며, 그의 신성(神性) 때문에 그것들을 혼합할 수 있습니다. 그 결과 나는 어떠한 조제자도 처방할 수 없는 약을 만들어내게 됩니다.

당신과 나는 질그릇과 같은 이 거룩한 이름에 감추어진, 모든 병에 효험이 있는 구원의 해독제를 가지고 있습니다. 그러므로 당신의 모든 행동과 모든 사랑이 예수를 향하도록 하기 위해서는 그것을 항상 마음에 지니고 쉽게 사용할 수 있도록 준비하십시오. 이를 위해 당신은 "너는 나를…도장같이 팔에 두라"아 8:6는 요청을 받습니다. 이것이 우리가 다시 다루려는 주제입니다. 지금으로서는 당신이 마음과 손을 위한 치료제를 가지고 있습니다. 당신은 예수의 이름으로 잘못된 행동을 고칠 능력, 불완전한 것들을 완전케 할 능력, 애정의 타락을 방어할 파수꾼을 가지고 있기 때문입니다. 이 이름으로 당신은 다시 온전해질 것입니다.

그리스도를 어떻게 사랑해야 하는가?[11]

그리스도가 없는 삶은 무익하다.

"만일 누구든지 주 예수 그리스도를 사랑하지 아니하면 저주를 받을 지어다"고전 16:22.

진실로 나의 존재, 나의 생명, 나의 인식을 갖게 하신 분을 사랑해야 합니다. 내가 감사하지 않는다면 나는 가치가 없습니다. 주 예수여, 당신과 함께 살기를 거절하는 사람은 죽어야 하며, 이미 죽은 것입니다. 당신을 알지 못하는 자는 모두 어리석은 자입니다. 당신을 섬기는 데 마음을 바치지 않는 자는 모두 비이성적이며, 당신을 위한 것이 아닌 것을 좋아하는 사람은 전혀 쓸 데 없으며 아무것도 아닙니다. 당신께서 알아주시지 않는다면 사람이 무엇이 되겠습니까?시 144:3. 나의 하나님, 당신께서 만물을 창조하신 것은 당신 자신을 위함이 아닙니다. 당신을 위해서가 아니라 자신을 위해 생존하기를 갈망하는 자는 존재하는 만물 중에서 헛것이 되기 시작합니다. 지혜자가 "하나님을 경외하고 그의 명령들을 지킬지어다 이것이 모든 사람의 본분이니라"전 12:13고 말한 것은 무슨 의미입니까? 이것이 인간의 모든 본분이라면, 이것이 없는 사람은 아무것도 아닙니다.

---

11) 『아가서 설교』 20.

항복의 기도

오, 나의 하나님, 내게 돌아서 나로 하여금 겸손하게 하옵소서. 나의 천한 삶에 속한 짧은 여생을 온전히 당신께로 돌리소서. 나 자신을 잃는 일에 몰두하여 내가 잃어버린 모든 세월이 겸비하고 회개한 심령을 모욕하지 않기를 바랍니다. 나의 날들은 그림자같이 쇠하였고 결실 없이 망했습니다. 이제 나는 다시 그것들을 돌이킬 수 없습니다. 그러나 당신의 선하심 안에서, 당신 앞에서 내 영혼의 비탄 가운데 그것들을 묵상하게 하옵소서. 당신께서는 지혜가 내 마음의 모든 갈망과 목적임을 아십니다. 내 안에 당신을 섬기기 위해 쓰여지지 않는 것이 있다면 제거하옵소서. 오 하나님, 당신께서는 나의 단순함을 아시나이다. 그것이 나의 무지를 인식하는 지혜의 시작이라면 나는 그것이 당신의 은사임을 인식합니다. 내 안에 그것을 증가시키사 당신 은혜의 지극히 작은 것에라도 감사하게 하옵시고, 내게 여전히 부족한 것을 공급하는 데 애쓰게 하옵소서. 내가 나의 연약한 힘으로 당신을 사랑하는 것도 이러한 당신의 은혜로 말미암은 것입니다.

그러나 이것보다 나를 훨씬 더 자극하고 감동시키고 감화시키는 사실이 있습니다. 오 예수, 자비하고 온유하신 분이여, 그것은 무엇보다도 당신께서 우리의 구속이라는 위대한 과업을 수행하시기 위해 마신 잔입니다. 이것이 내가 당신을 사랑하게 된 다른 어떤 것보다 더 강한 동기입니다.

오, 기독교인이여, 그리스도로부터 그리스도를 사랑하는 방법을 배우십시오. 부드럽게 그를 사랑하는 방법, 지혜롭게 그를 사랑하는 방법, 사랑으로 그를 사랑하는 방법을 배우십시오. 당신이 유혹을 받아 그를 떠나지 않도록 부드럽게, 속거나 쫓겨가지 않도록 지혜롭게, 어떠한 힘에 의해서도 그로부터 떨어지지 않도록 강하게 사랑하십시오. 무엇보다도 세상의 영광이나 육체의 쾌락 때문에 그에게서 멀어지지 않도록 지혜이신 그리스도 안에서 기뻐하십시오. 진리이신 그리스도께서 당신을 밝히사 어리석은 정신이나 오류에 이끌리지 않도록 하십시오. 대적들에게 정복되지 않도록 하나님의 권능이신 그리스도께서 당신에게 힘 주시게 하십시오. 자비가 여러분의 정열을 열렬하게 하고, 지혜가 그것을 다스리고 이끌게 하십시오. 항상 인내하게 하십시오. 미지근함을 벗어나 두려워하지 않고 분별력을 잃지 않도록 하십시오. 하나님이 "너는 마음을 다하고 뜻을 다하고 힘을 다하여 네 하나님 여호와를 사랑하라"신 6:5고 말씀하신 것은 율법 안에서 당신을 규정하지 않습니까?

사랑의 형태

이 세 가지 특성에 대한 다른 적절한 의미가 마음에 떠오르지 않을 때 다음의 사실을 기억하는 것이 좋을 것 같습니다. 마음의 사랑은 진지한 애정에 응답하고, 영혼(성품)의 사랑은 이성의 목적이나 판단에 응답하고, 힘의 사랑은 마음의 항존성과 힘을 언급할 수 있습니다. 그러므로 주 하나님을 온전하고 충만한 마음의 애정으로 사랑하십시오. 깨어 있어 이성의 눈을 가지고 그를 사랑하십시오. 그의 사랑을 위해서는 죽는 것조차 두려워하지 않도록 영혼의 온 힘과 정력으로 그를 사랑하십시오.

마음(heart)의 사랑

성경에 기록된바 "사랑은 죽음같이 강하고 질투는 스올같이 잔혹합니다."아 8:6. 주 예수께서 당신의 마음에 향기롭고 즐거운 분이 되어 육체의 거짓된 매력을 공격하게 하십시오. 하나의 못이 다른 못을 뽑혀 나가게 하듯이 그의 달콤함으로 다른 것들을 모두 이기십시오.

영혼(soul)의 사랑

당신이 이단의 덫이나 속임수를 피할 수 있을 뿐만 아니라 그들의 교활한 계략으로부터 신앙의 순수성을 지킬 수 있도록 하기 위해 그로 하여금 당신의 이해와 이성에 대한 지혜로운 인도자와 이끄는 빛이 되게 하십시오. 또한 당신의 행동에서 지나치거나 현명치 못한 광신(狂信)을 피하도록 주의하십시오.

정신(mind)의 사랑

당신의 사랑이 강하고 불변하게 하여 공포에 굴복하거나 고난으로 쇠잔해지지 않도록 하십시오.

우리가 온유함이라고 부르는 마음의 사랑은 진실로 달콤하지만 영혼의 사랑이 수반되지 않는다면 쉽게 이탈될 수 있음을 알고 부드럽게, 현명하게, 열정적으로 사랑합시다. 영혼의 사랑은 이성적이긴 하지만 용기와 열정이 함께 그것을 강화하지 않으면 나약해지는 경향이 있습니다.

애정은 나약할 수 있다.

우리의 마음이 육체를 따른 그리스도의 삶을 따라 그리스도를 향하여 영향을 받는 것처럼 우리 마음의 사랑이 육체적이 되려 하는 경향이 있음을 주목하십시오. 그 사랑이 충만한 자는 그 주제를 생각하는 어떠한 설교에도 쉽게 감동을 받습니다. 그가 더 기꺼이 듣고, 더 주의 깊게 읽으며, 더 자주 기억에 되새기며, 더 기쁘게 묵상하는 것은 다시 없습니다. 그의 기도의 희생제사는 새로운 것을 경험합니다.

그가 기도할 때마다 신인(神人)의 형상이 그리스도의 탄생, 유아기, 가르침, 죽음, 부활, 승천으로 그의 앞에 떠오릅니다. 이 모든 유사한 형상들은 필연적으로 영혼을 자극하여 거룩함을 사랑하게 하고, 육체적인 악을 몰아내며, 유혹을 제거하고 욕망을 가라앉힙니다. 그러나 나는 이것이 보이지 않는 하나님이 육체를 입고 자신을 나타내시고 사람들 사이에 인간으로서 거하시며, 육체적 인간의 자연적인 애정이 순수하고 영적인 애정을 향해 점차 축출될 수 있게 하기를 원하신 주요 원인이라고 생각합니다.

예를 들어 예수께 "보소서 우리가 모든 것을 버리고 주를 따랐나이다"마 19:27라고 말한 자들은 여전히 사랑의 제 1 단계에 있지 않았습니까? 그렇습니다. 그들은 오직 예수의 육체적 임재의 사랑을 위하여 모든 것을 버렸으므로 그의 구속적 고난과 죽음이 가까웠다는 선포를 침착하게 들을 수 없었습니다. 후에도 그것은 그들로 하여금 깊은 슬픔에 잠긴 채 그리스도의 승천을 바라보도록 하였습니다. 이 이유로 그리스도는 그들에게 "내가 이 말을 하므로 너희 마음에 근심이 가득하였도다"요 16:6라고 말씀하셨습니다. 그러므로 오직 그의 육체적인 임재를 통해 그들의 마음이 육체적인 사랑으로부터 떨어질 수 있었습니다. 비록 그의 온전함이 없는 육체에 대한 사랑이라 할지라도 성령이 없이는 결코 그리스도를 사랑할 수 없음이 분명하기 때문입니다.

영혼의 사랑은 더욱 고결하다.
 이 고결한 사랑의 척도는 그 사랑의 달콤함이 온 마음을 붙잡아 모든 육체에 대한 사랑과 감각적 쾌락으로부터 완전히 끌어내는 것입니다. 그것이 마음을 육체의 모든 유혹으로부터 자유하게 합니다.
 물론 그리스도의 인성에 대한 이러한 헌신은 성령의 은사로서 위대한 은사입니다. 아직 육신이 되신 말씀이 아니라 지혜, 의, 진리, 거룩함, 선, 덕, 모든 온전함으로서의 애정과 비교한다면 이러한 사랑을 아직은 육체적이라고 불러야 합니다. 그리스도께서는 하나님을 통하여 "우리에게 지혜와 의로움과 거룩함과 구원함이 되셨기"때문입니다 고전 1:30.
 예를 들어 두 사람이 그리스도를 향해 지니는 사랑을 보십시오. 한 사람은 그의 고난에 경건히 동감하여 살아 있는 비애로 옮겨지고 그가 겪은 모든 것을 기억함으로써 쉽게 부드러워집니다. 그는 그 헌신의 달콤함을 맛보게 되고, 그것에 의해 모든 유익하고 영예롭고 경건한 행동을 하도록 강건해집니다.
 반면에 다른 한 사람은 항상 의를 향한 열심에 불타며 매사에 진리를 향한 뜨거운 열정을 가지고 있습니다. 그는 전심을 다하여 지혜를 갈망하고, 무엇보다도 생활의 거룩함과 완전히 훈련된 성품을 좋아합니다. 그는 겉치레를 부끄러워하고, 매력을 혐오하고, 시기하는 것을 알지 못하고, 교만을 싫어하고, 온갖 종류의 세상 영광을 피할 뿐만 아니라 멸시합니다. 그는 자신 안에 있는 마음과 육체의 모든 불순한 것들을 인식하며 혐오합니다. 끝으로 그는 본능적으로 악한 것을 거절하고 선한 것을 품에 안습니다. 이와 같은 사랑의 두 형태를 비교해 볼 때 둘째 사랑이 더 좋다는 것이 분명치 않습니까? 이것이 성품을 다하여 하나님을 사랑하는 일입니다.

성령의 능력 안에 있는 사랑이 가장 훌륭하다.
이 사랑이 성령의 도움을 통하여 더욱 강하게 되면 아무리 격렬한 곤란이나 고통도 또한 죽음의 공포조차도 의를 저버리게 할 수 없습니다. 그때에 하나님은 진실로 모든 힘을 다하여 사랑받는바 이 사랑이 영적인 사랑입니다.

하나님을 아는 일[12]

"내 마음으로 사랑하는 자야, 네가 양 치는 곳과 정오에 쉬게 하는 곳을 내게 말하라" 아 1:7.

신랑이 하시는 말씀은 흔히 한 가지 이상의 형태로 열심 있는 영혼들에게 나타나십시다. 그 이유는 무엇입니까? 나는 우리가 그를 그의

---
12) 『아가서 설교』 31-37.

참모습 그대로 볼 수 없기 때문이라고 생각합니다 요일 3:2. 그의 형태는 오직 하늘에 거하십니다. 또한 우리가 그를 알게 될 형태는 그때에 영원해질 것입니다. 그는 과거, 현재, 미래의 그 어떤 것으로 변화를 받지 않기 때문입니다. 과거와 미래를 제거해 보십시오. 그 어디에 변화나 변천이 있을 수 있습니까? 사물은 과거의 상태로부터 현재를 통하여 미래의 상태를 향해 나아갑니다. 가능성을 가진 것은 이 현재입니다. 그러나 하나님이(피조물의 의미에서) 과거에 존재하신 것은 아닙니다. 그러므로 그는 영원부터 존재하시며, 또한 앞으로 "존재되어지지" 않기 때문에 영원까지 존재하십니다 출 3:14. 이러한 사실 때문에 하나님은 태초부터 계셨고, 무한하시며 불변하시는 존재입니다.

하나님을 보는 것

하나님을 바라보는 자들은 하나님 외에는 아무것도 갈망하지 않고, 갈망할 수도 없습니다. 그러면 그들이 바라보는 갈망이 언제 싫증이 나게 되며, 그들이 기뻐하는 달콤함이 언제 소멸되며, 그 진리가 소진될 수 있습니까? 한마디로 영원은 언제 끝납니까? 바라보려는 의지와 바라보는 충만한 능력이 동일하게 영원까지 확장된다면 이러한 축복을 완성시키는 데 무엇이 결여될 수 있습니까? 나는 항상 하나님을 바라보려는 갈망을 가지고 있고 하나님 안에서 갈망을 영원히 충족시키고 있는 사람들이 경험하며 바라고 있는 것이 무엇인지 묻는 것입니다.

그와 같이 복되게 하나님을 보는 일은 현세가 아닌 궁극적인 생존의 상태를 위하여 예비되어 있습니다. 그것은 최소한 "그가 나타나시면 우리가 그와 같을 줄을 아는 것은 그의 참모습 그대로 볼 것이기 때문이니라"요일 3:2고 말할 수 있는 사람들을 위해 예비되어 있습니다. 현세의 삶에서도 하나님은 원하는 사람에게 나타나시지만, 그것은 그가 원하는 방식대로이지 계신 그대로는 아닙니다. 아무리 현명하고 거룩한 사람이라도 이 죽을 육체 안에서 하나님을 계신 그대로 볼 수 있거나 볼 수 있었던 사람, 예언자는 없습니다. 그러나 그만한 가치가 있다고 밝혀질 사람들은 자신이 썩지 않을 육체를 입게 된 것을 볼 것입니다.

그러므로 하나님은 그에게 선한 듯한 방식으로 보이는 것이며, 그의 참모습 그대로 보이지는 않습니다. 당신이 매일 태양의 거대한 빛을 보지만 그것을 있는 그대로가 아니라 그것이 단지 사물들을 비추는 대로 봅니다. 또한 당신의 육체의 빛인 눈이 그 타고난 청명함과 고요함에 있어서 어느 정도 하늘의 빛을 닮지 않았다면 당신은 그것을 조금도 볼 수 없을 것입니다.

그러므로 세상에 존재하게 된 모든 사람을 비추는 의의 아들에 의해 밝아진 자는 그리스도에 의해 밝아지고 그를 닮은 정도만큼 그를 바라볼 수 있습니다. 그러나 아직도 완전히 그리스도를 닮은 것이 아니기 때문에 그를 계신 그대로 볼 수는 없습니다. 그러므로 시편 기자는 "그들이 주를 앙망하고 광채를 내었으니 그들의 얼굴은 부끄럽지 아니하리로다"시 34:5라고 노래하였습니다. 이와 같이 그것은 진리입니다. 우리가 필요한 만큼 밝아져 베일을 벗은 얼굴로 "거울을 보는 것 같이 주의 영광을 보게" 된다면 "그와 같은 형상으로 변화하여 영광에서 영광에 이르니 곧 주의 영으로 말미암음입니다"고후 3:8.

그러므로 위대하신 하나님을 불경스럽게 보는 자가 하나님의 영광에 의해 부서지고 멸망당하지 않으려면 비이성적이고 불경스럽게 하나님께 접근하지 않고 공경과 경외함으로 접근해야 합니다. 우리는 장소의 변경이 아니라 덕을 증가시킴으로, 그리고 육체적인 덕이 아니라 영적인 덕으로 하나님께 접근해야 합니다. 왜냐하면 주의 영이 우리를 그에게 안내하기 때문입니다. 우리가 하나님에게로 가는 것은 우리 자신의 영의 권능에 의해서가 아니라 주의 영에 의한 것입니다. 물론 이 일은 우리 자신의 영에 의해 발생합니다.

이와 같이 영이 더욱 순수하고 고결할수록 더욱 하나님께 가까이 가며, 또 절대적인 덕의 순수성을 얻는 일은 하나님의 임재 안에 들어가는 일입니다. 그의 임재 안에 있다는 것은 곧 그를 계신 그대로 본다는 의미입니다. 그와 같이 행하는 것은 그와 같아지는 것이며, 혼미하여 우상숭배에 속지 않는 것입니다. 그러나 말하거니와 그것은 오직 하늘에서만 일어날 수 있는 일입니다.

우리는 현재의 존재 범주에서 피조된 생명 형태들의 다양성에 의하여 하나님의 어떤 것을 분별합니다. 그것들은 거룩한 존재의 태양에서 나온 광선과 같아서 진실로 그 광선들의 존재를 유출해 낸 분이 존재하심을 나타내 줍니다. 그가 존재하신다는 이 사실이 우리를 인도하여 더욱 그를 찾게 합니다. 사도 바울이 가르친 바와 같이 이성을 사용하는 자는 누구나 하나님의 보이지 않는 것들이 피조된 만물에 의해 이해됨을 알 수 있습니다.롬 1:20.

또 족장들은 다른 형태로 계시된 하나님을 보았습니다. 하나님은 그들과 함께 자주 친밀한 교제를 나누셨습니다. 하나님은 실제로 계신 그대로 보여질 수는 없었으나 은혜롭게도 그들에게 나타나 주셨습니다. 또한 하나님은 그들 모두에게 한 가지 방법으로 자신을 계시하신 것이 아닙니다. 사도 바울이 선포하듯이 그는 "여러 부분과 여러 모양으로" 계시하셨습니다 히 1:1. 그 계시가 모두에게 공통되지는 않습니다. 그러나 감각적으로 볼 수 있는 것들이 나타나지 않은 것이 없고, 귀로 듣지 않은 말씀도 없습니다.

하나님을 보는 또 하나의 방법이 있습니다. 그것이 내면적이라는 의미에서 다른 것들과는 다릅니다. 그것이 하나님을 간절히 사모하며, 그 과정에서 모든 사랑을 아끼지 않는 영혼에게 하나님이 자발적으로 스스로를 계시하여 주시는 방법입니다. "내 마음이 내 속에서 뜨거워서 작은 소리로 읊조릴 때에 불이 붙나이다" 시 39:3. 이와 같이 영혼이 하나님을 자주 갈망하고 계속 기도하여 압박받고, 이러한 바람으로 고통을 받을 때 때때로 하나님이 영혼을 불쌍히 여기시고 자신을 나타내시는 일이 일어납니다. 이것이 예레미야가 "기다리는 자들에게나 구하는 영혼들에게 여호와는 선하시도다" 애 3:25라고 말한 그의 경험이라고 생각합니다. "여호와를 기뻐하라…그의 도를 지키라" 시 37:4, 34. 또 이것은 "비록 더딜지라도 기다리라 지체되지 않고 반드시 응하리라" 합 2:3; "하나님이시여 사슴이 시냇물을 찾기에 갈급함같이 내 영혼이 주를 찾기에 갈급하니이다" 시 42:1에서 표현하는 경험이기도 합니다.

말씀과 신자의 영혼이 합일되므로 하나님의 모습을 어떤 상상이나 육체적 경험에 의해 추론할 수 있다고 생각하지 마십시오. 이렇게 말하는 이유는 사도 바울이 우리에게 "주와 합하는 자는 한 영"이라는 사실을 환기시켰기 때문입니다 고전 6:17. 하나님이 영이시며, 영 안에서 행하고 육체적으로 생활하기를 원치 않는 아름다운 영혼을 향한 사랑에 감동하시기 때문에 영 안에서 합일이 이루어집니다. 하나님을 향한 열렬한 사랑으로 충만한 사람은 모든 사람에게 공통된 방법으로 신랑을 보는 것에 만족하지 않을 것입니다. 그것이 극소수의 사람들이 환상이라는 특수한 경험을 하는 이유입니다. 하나님은 이런 사람들에게 귀에 들리는 소리가 아니라 심장을 파고드는 것으로서 오십니다. 그는 충만한 말이 아니라 충만한 권능을 가지고 오십니다. 그는 말할 수 없이 달콤한 애정으로 오십니다. 그의 얼굴의 특징은 형성되지 않았고 정의할 수 없는 것이지만 그것들은 여전히 형성적인 능력을 행사합니다. 그것들은 망막에 상을 맺게 하지 않고, 마음을 기뻐합니다. 그것들은 형태나 빛깔의 매력을 가지고 오는 것이 아니라 그것들이 만들고 깊게 하는 애정을 가지고 옵니다.

내적 성찰을 통하여 하나님을 아는 일

우리 자신의 내적인 생활을 바라보면 성령은 변함없는 활동으로 우리의 삶에 열매 맺는 길을 조명해 주십니다. 그때 세 가지 비밀을 모르고 있어서는 안 된다고 생각합니다. "우리가 세상의 영을 받지 아니하고 오직 하나님으로부터 온 영을 받았으니 이는 우리로 하여금 하나님께서 우리에게 은혜로 주신 것들을 알게 하려 하심이라" 고전 2:12. 우리가 시편 기자처럼 하나님께 가까이 함이 복임을 알고 시 73:28 강렬한 갈망과 타오르는 "목마름으로 떠나서 그리스도와 함께 있음"이 좋은 줄 알게 된다면 빌 1:23, 진실로 신랑이신 말씀을 만나게 될 것입니다. 그러나 그리스도는 모든 사람에게 그런 식으로 자신을 계시하려 하지 않으십니다. 그는 열렬히 헌신하고, 깊이 갈망하고, 아름답게 사랑하는 자에게만 그렇게 하십니다. 그때 말씀은 신랑으로서의 모든 면모를 갖추고 방문하실 것입니다.

이 단계에 도달하지 못한 사람은 여전히 이전의 행위로 괴로워하며 유혹에 사로잡혀 있습니다. 이 사람에게는 실제로 신랑이 아니라 의사가 필요합니다. 그의 입맞춤과 포옹은 그의 상처를 고치는데 필요한 기름과 약일 뿐입니다. 이것을 경험한 사람들은 누구나 주 예수께서 진실로 "상심한 자들을 고치시며 그들의 상처를 싸매시는" 의사이심을 알게 됩니다 시 147:3.

어떤 사람들은 영적인 교리를 연구하는 데 지쳐 미지근해집니다. 그들은 영적인 에너지가 고갈되어 주의 길을 슬프게 걸어갑니다 눅 24:17. 그들에게 요구된 과업을 지치고 냉담한 마음으로 행합니다. 그들은 욥이 "내가 누울 때면 말하기를 언제나 일어날까, 언제나 밤이 갈까 하며 새벽까지 이리 뒤척, 저리 뒤척 하는구나" 욥 7:4라고 말하듯이 끊임없이 중얼거리고 밤낮으로 불평합니다. 우리가 그와 같은 상태에 있을 때 긍휼하신 주께서 우리가 걷고 있는 길로 가까이 오시고 눅 24:17, 하늘로부터 오셨으므로 우리에게 하늘의 진리를 말씀하시고 요 3:31 시온의 노래 중 가장 아름다운 찬송을 노래하시고, 하나님의 성읍과 영원한 성읍의 평화, 그리고 영생을 말씀하시기 시작한다면 우리는 실제로 변화됩니다. 그때 육체의 모든 피로, 영의 모든 혐오가 사라질 것입니다.

우리 자신의 생각과 진리 자체이신 분의 생각 사이에서 그와 같이 밀접한 유사성을 발견하는 일은 우리를 당황케 합니다. 우리 마음 안에 있는 것은 무엇이며, 밖으로부터 받은 것은 무엇입니까? 우리는 이때 "마음에서 나오는 것은 악한 생각이다" 마 15:19, 또 "너희가 어찌하여 마음에 악한 생각을 하느냐" 마 9:4라는 말씀을 들을 필요가 있습니다. 바울은 본질적으로 우리에게 있는 선한 존재를 의미하며 "우리가 무슨 일이든지 우리에게서 난 것같이 스스로 만족할 것이 아니니 우리의 만족은 오직 하나님으로부터 나느니라"고후 3:5고 말합니다. 따라서 우리가 악한 생각에 굴복한다면 그 생각은 우리의 것입니다. 그러나 우리가 선한 것을 생각한다면 그것은 하나님의 말씀입니다.

누가 자신의 생각을 세심하고 부지런히 지켜 마음의 모든 부정한 열망을 배제할 수 있겠습니까? 나는 성령의 빛이 그들에게 특별한 은사, 즉 영 분별의 은사를 주시지 않는다면고전 12:10 죽을 인간은 이 일을 할 수 없다고 믿습니다. 솔로몬에 따르면 사람이 아무리 깨어 마음을 지키고잠 4:23 내적 존재의 모든 동작을 지킨다 해도 결코 자기 안에 있는 선과 악 사이를 정확하게 판단하거나 진단할 수 없을 것입니다. "누가 죄를 이해할 수 있습니까?"시 19:13. 그러므로 복 있는 자는 떨어질 수 없는 친구이신 말씀을 소유한 사람, 항상 접근할 수 있는 사람, 끊임없이 기쁨이 되는 즐거운 대화를 가지고 있는 사람으로 이 기쁨이 항상 그를 육체의 악으로부터 해방시키고, 이 악한 세대에서 유익되게 살아갈 수 있게 합니다엡 5:16.

시험을 통하여 하나님을 아는 일

"여호와여 주의 도를 내게 보이시고 주의 길을 내게 가르치소서" 시 25:4. "도"가 무엇을 의미하는지는 다른 구절에서 나타납니다: "그가 나를 의의 길로 인도하시는도다"시 23:3. 이러한 것들을 바라는 사람은 끊임없이 의, 심판, 그리고 신부가 영광 중에 거하는 장소를 찾으려 합니다. 따라서 시편 기자는 말합니다: "의와 공의가 주의 보좌의 기초라"시89:14. "여호와여 내가 주께서 계신 집과 주의 영광이 머무는 곳을 사랑하옵니다"시26:8.

이 땅 위에서 당신께서는 당신의 양떼를 먹이시지만 그것들을 완전히 만족시키지는 않으십니다. 그리고 당신은 밤의 두려움을 인하여 아3:8 서서 지켜야 하므로 휴식을 취하실 수 없습니다. 독 있는 초장의 풀을 먹는 양떼를 가진 목자들도 있습니다. 그것들은 당신이 먹이시는 것이 아니고, 당신과 함께 먹지도 않습니다. 그러므로 은밀한 곳에 엎드린시10:9 보이지 않는 유혹의 영과 권능 때문에 우리는 정오의 밝은 빛 아래 악마의 계략을 찾아내고 우리 주님과 광명의 천사, 즉 사탄을 분별할 수 있어야 합니다고후11:14. 우리는 낮의 빛의 도움이 없이는 백주에 행하는 악마의 공격으로부터 자신을 지킬 수 없습니다시91:6.

1) 실망

다음과 같이 시편 기자가 묘사한 네 가지 유혹을 인식하십시오: "그의 진실함은 방패와 손 방패가 되시나니 너는 밤에 찾아오는 공포와 낮에 날아드는 화살과 어두울 때 퍼지는 전염병과 밝을 때 닥쳐오는 재앙을 두려워하지 아니하리로다"시91:4-6. 이것이 밤의 두려움이라고 불리는 이유는아3:8 성경에서는 역경이 흑암을 나타내거나 우리가 역경을 견디어 받게 될 상급이 아직 드러나지 않았기 때문입니다. 그러므로 하나님의 도에 처음 들어선 사람들은 특별히 이 첫 번째 유혹에 빠지지 않도록 주의하고 기도해야 합니다. 그렇지 않으면 그들이 영의 부족으로 인하여 갑자기 공격당하고, 폭풍 가운데서 선한 행위를 시작한 것을 후회할 수 있습니다.

2) 인간들의 찬양

그 유혹을 극복한 후에 다음으로 두려워할 것은 인간의 찬양이라는 유혹입니다. 우리의 찬양할 만한 생활이 칭찬을 가져올 수 있기 때문입니다. 아마 이것이 "낮에 날아드는 화살"시 91:5, 즉 헛된 영광일 것입니다. 명성은 날아간다고, 그것도 그 행위가 빛 가운데 되어지기 때문에, 낮에 날아간다고 말해지기 때문입니다. 그러나 이 유혹이 수증기처럼 바람에 불려 없어질 때에 보다 강한 유혹, 즉 세상의 부와 명예를 제공받게 될 것입니다. 찬양을 무시하는 사람이라도 아직 지위는 갈망하기 때문입니다. 우리 주께서도 친히 단계의 유혹을 경험하셨습니다. 먼저 헛된 영광을 위하여 성전 꼭대기에서 뛰어 내리라는 제안을 받으셨습니다. 그때 그는 자신에게 제공된 천하 만국을 보았습니다마 4:8. 그러므로 우리도 주님의 모범을 따라 이러한 유혹을 거절해야 합니다.

3) 위선

이 유혹에 빠지지 않는다 해도 "어두울 때 퍼지는 전염병"인 셋째 유혹에 빠질 수 있습니다시 91:6. 이것은 위선(僞善)입니다. 이것은 야망에서 생겨나고 흑암 중에 거합니다. 이것은 실제로 존재하는 것은 감추고, 실재하지 않는 것을 있는 체하기 때문입니다. 이것은 항상 활동하면서 경건의 모습을 뒤에 감추는 가면을 갖고 있으며, 명예를 사기 위해 덕을 팔아 버립니다.

4) 마귀의 공격

마지막 유혹은 밝은 낮에 행하는 악마입니다. 그는 다른 유혹들로 시련을 당하고 시험받은 성숙한 기독교인을 잡기 위해 숨어서 엎드려 있습니다. 저 악한 자는 그들에게 또 어떤 무기를 가지고 대항합니까? 그는 공개적으로 할 수 없는 일을 핑계를 대어 행하려 합니다. 그러므로 드러나는 악이 추방됨을 보고 그는 거짓된 선을 통해 공격당할 것입니다. "우리가 그 계책을 알지 못하는 바가 아니로라"고후 2:11고 말한 바울과 같은 사람들은 그들에게 놓인 덫을 조심스럽게 피하여 살아남을 것입니다.

그러므로 보다 큰 덕을 얻을 사람일수록고전 10:12 깨어 백주의 악마를 경계해야 합니다. 이 회칠한 거짓이 우리로 하여금 의식하지 못하게 할 때마다 하늘로부터 빛나는 참된 백주가 우리에게 빛과 진리를 보낼 것입니다시 43:3. 우리는 "흑암으로 광명을 삼으며 광명으로 흑암을 삼는" 예언자들과 같이 되지 않도록사 5:20 흑암과 광명을 구별하는 법을 배워야 합니다.

겸손으로 하나님을 아는 일

"내가 참으로 주의 목전에 은총을 입었사오면 원하건대 주의 길을 내게 보이사 내게 주를 알리소서"출 33:13).

하나님은 이 요구를 들어 주시는 대신 열등하기는 하나 궁극적으로는 그가 바라던 것을 얻을 수 있도록 도와 줄 환상을 보여 주셨습니다. 높은 것을 추구하는 사람은 누구나 신부처럼(아가서의 신부) 거친 듯이 보이지만 실제로는 도움이 되고 의존할 만한 응답으로 거절당합니다.

영적으로 높은 단계에 오르려고 애쓰는 사람은 누구나 자신에 대해서 낮은 견해를 가지고 있어야 합니다. 만일 그가 자신보다 높게 올려진 다면 자신에 대한 균형 감각을 잃을 것이며, 겸손하지 않는 한 자신을 파악하지 못할 것이기 때문입니다. 겸손만이 우리로 하여금 큰 은혜를 얻을 수 있도록 해줍니다. 그러므로 부요해지기를 원하는 자는 먼저 겸손해져야 하고, 그 겸손을 통해 은혜의 은택을 입을 수 있어야 합니다. 당신이 모욕을 당할 때에는 그것을 은총이 가까움을 알리는 표징이라고 생각하십시오시 86:17. 거만한 마음은 넘어짐의 앞잡이며잠 16:18, 겸손은 영광 받는 일에 앞서 갑니다. 우리는 성경에서 주님이 두 가지로 행하시는 것을 봅니다. 하나님은 교만한 자를 물리치시고 겸손한 자에게 은혜를 주십니다약 4:6.

우리가 하나님에 의해 낮아질 준비가 되었어도, 동시에 그분이 다른 사람을 도구로 사용하셔서 우리를 욕보이실 때에 동일한 태도를 유지할 준비가 되어 있지 못하다면 무가치합니다. 다윗의 예를 들 수 있습니다. 그는 종에 의해 모욕을 당했으나 그에게 쌓인 저주들에 주의를 기울이지 않았습니다삼하 16:10. 진실로 그는 그를 욕하려는 사람보다는 찬양하려는 사람에게 화내기로 선택한 하나님 마음을 좇은 사람입니다. 그는 이것이 하나님으로부터 왔음을 알고 "고난당한 것이 내게 유익이라 이로 말미암아 내가 주의 율례들을 배우게 되었나이다"시 119:71 라고 말할 수 있었습니다.

겸손이 우리를 의롭게 한다는 사실을 당신은 이해할 수 없습니까? 많은 사람들은 굴욕을 당하지만 겸손해지지는 않습니다. 아픔으로 굴욕에 대응하는 것은 죄입니다. 그러나 인내로 대하는 사람들은 죄가 없습니다. 또 어떤 사람들은 이것을 기쁨으로 대합니다. 그들은 의로운 사람입니다. 죄 없음은 진실로 의의 일부입니다. 그러나 오직 겸손한 자들만이 그것을 완전하게 소유할 수 있습니다. 그러므로 오직 "고난당한 것이 내게 유익이라"고 말할 수 있는 사람만이 참으로 겸손합니다. 굴욕을 겸손으로 전환하는 사람은 겸손한 사람입니다. 단지 굴욕을 참는 것은 유익한 것이 아닙니다. 그것은 분명히 괴로운 일일 뿐입니다. 한편 우리는 "하나님은 즐겨 내는 자를 사랑하심"을 알고 있습니다.고후 9:7.

그러므로 자기가 처한 상황에서 올바르게 영광을 돌리며 참으로 겸손했던 자의 예로 사도 바울을 보십시오. 그는 그리스도의 능력이 자기에게 머물기 때문에 기꺼이 약함을 자랑한다고 말합니다.고후 12:9. 그러므로 자신을 낮추는 자는 높아지리라는 것을 일반 원칙으로 삼아도 좋을 것입니다. 물론 모든 종류의 겸손이 높아지는 것이 아니라 오직 기꺼이 받아들이는 것만이 높아질 것입니다. 거기에는 강요됨이나 슬픈 기질이 없어야 합니다. 나는 이제까지 신랑이 더 높은 경험을 향한 신부의 갈망을 억제하기를 선택한 이유를 설명해 왔습니다. 그러나 그것은 신부를 좌절시키는 것이 아니라 보다 심오한 겸손의 기회를 주어 보다 숭고한 경험들을 마련해 주기 위함입니다.

우리 자신을 알므로 하나님을 아는 일

내가 두 가지의 무지에 대해 이야기한 사실을 기억할 것입니다. 하나는 우리 자신에 관한 것이고, 다른 하나는 하나님에 대한 것입니다. 우리는 이 두 가지 위험을 경계해야 합니다. 여러 종류의 무지가 있으나 모든 것이 정죄받는 것이 아니고, 모두 구원에 해로운 것도 아닙니다. 당신이 기술이나 인문 과학에 대해 무지하다 하더라도 그것들이 당신의 구원을 가로막지 않습니다. 히브리서에 기록된 사람들은 문자적인 지식 때문이 아니라 선한 양심과 신실한 신앙 때문에 하나님께 사랑스러운 사람들이 아닙니까?히 11장. 그들은 모두 지식 때문이 아니라 그들의 삶의 공로로써 생활에서 하나님을 기쁘시게 합니다.

당신은 내가 지식의 선한 이름을 너무나 손상시키고 지식인들에게 오명(汚名)을 씌우며 학문을 부정한다고 생각할지 모릅니다. 나는 학자들이 교회의 적들을 반박하고, 무지한 사람들을 가르침으로써 교회에 끼친 은혜를 잘 알고 있습니다. 그러나 나는 "지식이 교만하게 한다"는 사실도 기억합니다고전 8:1. "지혜가 많으면 번뇌도 많으니라"전 1:18는 말씀도 기억합니다. 진리 위에 선 지식은 본질상 선합니다. 그러나 인생은 짧은 것이니 당신은 "두렵고 떨림으로 구원을 이루십시오"빌 2:12. 그러므로 먼저, 그리고 주로 당신의 구원이 좀 더 내밀하게 의존하고 있는 가르침을 힘써 배우십시오.

단순히 지식 자체를 위하여, 즉 호기심에 알려고 하는 사람들이 있습니다. 이것은 부끄러운 호기심입니다. 또 어떤 사람들은 다른 사람들 앞에 드러내 보이기 위해서 지식을 갈망합니다. 그것은 수치스럽고 헛된 것입니다. 이러한 사람들에게는 풍자가의 말이 적용됩니다: "너희 친구들이 알지 못하는 너희의 지식은 가치가 없다"페르시우스, 『풍자』, 1:27. 또 큰 유익을 얻기 위한다든가 영광을 얻으려고 지식을 갈구하는 사람들도 있습니다. 이것은 수치스러운 이익 추구입니다. 그러나 다른 사람들에게 봉사하기 위해 알려고 하는 사람들도 있습니다. 이것은 사랑입니다. 끝으로 도덕적으로 자신에게 유익이 되도록 하기 위해 알기를 원하는 사람들이 있습니다. 이것은 신중입니다. 마지막 두 가지의 범주만이 지식의 남용을 피합니다. 그들은 선을 행할 목적으로 지식을 갈망하기 때문입니다. 잘못 요리된 음식은 소화되지 못하고 오히려 위를 상하게 합니다. 마찬가지로 기억(정신의 위) 속에 쌓인 많은 지식이 사랑의 불 위에 요리되고 영혼의 수련으로 완전히 소화되지 않는다면 영양분이 되지 못하고 오히려 해가 될 것입니다.

사람은 무엇보다도 자기 자신을 알아야 합니다. 이러한 지식은 자존심 대신 겸손이라는 결과를 가져오고, 따라서 사람의 성격을 형성하는 참된 기초가 됩니다. 자신을 아는 법을 배우는 것만큼 겸손을 더 잘 배우는 길은 없습니다. 자신을 속이는 일이 없어야 하며, 결연한 자세로 주저하지 않고 자신을 마주 대해야 한다. 그리하면 밝은 진리의 빛 안에서 자신을 발견하고, 자신이 하나님의 모양을 상실했음을 인식하게 됩니다. 세상 근심과 복잡한 일로 압박받으며 육체적 욕망의 썩어질 영향과 아울러 자신이 지고 가는 죄 짐을 보게 되는 자기 인식을 통하여 어찌 참되게 겸손해지지 않을 수 있겠습니까? 그때 그는 자신의 눈이 멀었고, 속되고 나약하며 반복되는 오류를 범한다는 사실을 알게 되기 때문입니다. 또한 그는 자신이 수많은 위험을 당하며, 공포에 떨며, 난관에 당황하며, 의심 앞에 속수무책이며, 궁핍한 일로 걱정한다는 것을 알 것입니다. 진실로 그는 덕을 혐오스럽게 여기고 악을 환영합니다. 그러한 사람이 어떻게 머리를 자랑스럽게 들고 눈을 높이 뜰 수 있겠습니까?

나 자신을 돌아볼 때 나의 눈에는 슬픔이 가득합니다. 그러나 하나님의 자비의 도우심을 받아 하나님의 복된 모습을 바라볼 때 곧 나 자신의 아픈 모습을 달래게 됩니다. 이 하나님의 모습은 결코 작은 것이 아닙니다. 그것은 긍휼로써 우리의 기도를 들으시는 하나님을 참으로 자비롭고 인자하여 결코 노하지 않는 분으로 계시합니다욜 2:13. 하나님의 본성은 선하시며, 항상 인자함을 주시기 때문입니다. 이런 종류의 경험과 방법으로써 하나님은 자신을 우리를 위한 선으로 계시하십니다. 따라서 우리는 환난에 처할 때 우리의 말을 들어 주시는 하나님께 부르짖을 것입니다시 91:15. 왜냐하면 하나님은 "내가 너를 건지리니 네가 나를 영화롭게 하리로다"시 50:15라고 선포하시기 때문입니다. 이와 같이 자기 인식은 하나님의 지식을 향하는 하나의 단계가 될 것입니다. 그의 형상이 당신 안에서 새로워질 때 당신은 그를 볼 수 있을 것입니다. 그때 당신은 말합니다. "주의 영광을 보매 그와 같은 형상으로 변화하여 영광에서 영광에 이르니 곧 주의 영으로 말미암음입니다"고후 3:18.

이제 당신은 이러한 지식들이 당신의 구원에 얼마나 필요한지 알 수 있습니다. 이 두 가지 지식이 없이는 구원될 수 없기 때문입니다. 당신에게 자기 인식이 없다면 주께 대한 경외심이나 겸손을 가지지 못할 것입니다. 당신이 하나님에 대한 경외심이나 겸손 없이 지낼 수 있는지는 당신 스스로 판단할 수 있습니다. 그러나 당신이 먼저 이 두 가지 지식을 확신하게 되면 거기에 부가되는 다른 가르침으로 교만하지 않을 것입니다. 우리가 하나님의 자녀로 계수되었다는 확신 외에 다른 유익을 우리의 지식으로부터 추출할 수 있겠습니까? 우리가 천하 모든 것을 소유한다 할지라도 이 특권과 비교될 수 없습니다마 16:26. 우리가 하나님을 알지 못한다면 알지 못하는 분에게 어떻게 소망을 둘 수 있겠습니까? 우리 자신을 알지 못한다면 어떻게 겸손해지고, 우리가 아무것도 아닐 때 생각하는 것보다 우리 자신에 대해 더 잘 생각할 수 있겠습니까?갈 6:3. 교만한 자들이나 절망하는 자들은 빛 가운데서 성도의 기업의 부분을 얻지 못할 것을 우리는 알기 때문입니다골 1:12.

그러면 어떻게 이 두 가지 형태의 무지(無知)를 추방할 수 있는지 살펴봅시다. 이 두 가지 무지가 모든 죄의 근원입니다. 여호와를 경외하는 것이 지혜의 근본이듯이, 교만은 죄의 근본입니다. 하나님을 사랑하는 것이 지혜를 완성하는 길이듯이, 절망은 모든 죄를 범하는 길로 인도합니다. 하나님을 경외하는 마음은 우리 자신에 대한 지식에서 일어나고, 하나님에 대한 사랑이 하나님에 대한 지식에서 오는 것과는 반대로 교만은 자기 인식의 결여에서 일어나며, 낙망은 하나님에 대한 지식의 결여에서 일어납니다.

사랑의 훈련

"그가 나를 인도하여 잔칫집에 들어갔으니 그 사랑은 내 위에 깃발이로구나"아 2:4.

이 말은 신부가 바라던 바 사랑하는 자와의 달콤하고 은밀한 교제를 이룬 후 사랑하는 자가 떠나자 하녀들에게 돌아와 영의 생기를 얻고 힘을 얻어 술 취한 듯이 보였음을 나타내는 듯합니다. 그들은 그녀에게 무엇 때문에 그 모든 일이 일어났는가를 물었습니다. 그러나 그녀는 술이 아니라 사랑에 취했습니다. 그리스도의 제자들도 다른 사람들이 보기에 술 취한 것 같았지만 사실은 성령으로 충만했습니다행 2:15. 잔칫집은 "홀연히 하늘로부터 급하고 강한 바람 같은 소리가 있어 저희 앉은 온 집에 가득할" 때 제자들이 모여 있던 집을 의미하는 듯하지 않습니까?행 2:2. 이것은 요엘의 예언의 성취가 아닙니까?욜 2:28.

당신도 영적으로 홀로 하나님과 함께 기도하는 집으로 들어가 주님의 존전에 설 수 있습니다. 당신은 거룩한 갈망의 손으로 마치 하늘문인 것처럼 제단을 만질 수 있습니다. 마치 당신이 성도들의 합창대와 함께하며, 당신의 헌신이 하늘로 치솟는 것과 같습니다. "의인의 간구는 역사하는 힘이 크기" 때문입니다약 5:16. 당신은 불행을 비참하게 슬퍼하면서 말할 수 없이 깊이 탄식할 것입니다. 그러나 당신이 믿음 안에서 그리 할 때 구하면 받을 것이며요 16:24, 문을 두드리면 빈손으로 돌아가지 않을 것입니다눅 11:8. 당신이 우리에게 돌아올 때 은혜와 사랑이 충만할 것이며, 열정 안에서 당신이 받은 은사를 감출 수 없을 것입니다. 그렇게 하면서 당신은 기쁘게 받아들여질 것이며, 자신을 영광스럽게 하지 않고 주께 영광을 돌리도록 주의할 것입니다고전 1:31.

하나님의 신비 안에서 이와 같은 영의 황홀경을 간구하여 얻는다면 고후 5:13 당신은 하나님의 사랑에 대한 타오르는 열정, 의에 대한 넘치는 열심, 모든 영적인 의무와 연구에 대한 뜨거운 열심을 가지고 돌아갈 것입니다. 그때 당신은 "내 마음이 내 속에서 뜨거워졌다"시 39:3고 말할 것입니다. 이 풍성한 사랑을 경험하고서 당신은 "그 사랑은 내 위에 깃발인 그의 잔칫집"에 들어갔었다고 말할 수 있습니다아 2:4.

거룩한 묵상으로 두 가지 형태의 황홀경에 이를 수 있는데, 하나는 지적인 것이고 또 하나는 의지적(意志的)인 것입니다. 전자는 우리의 마음을 밝게 하고 후자는 뜨겁게 합니다. 전자는 지식(知識)에 관한 것이고 후자는 헌신에 관한 것입니다. 사랑, 거룩한 열심이 타오르는 마음, 열심이 충만한 영의 활력이라는 이 부드러운 사랑의 성질들은 오직 잔칫집에서만 얻을 수 있습니다. 이러한 것들로 충만하여 기도를 마치고 일어나는 자는 진실로 "왕이 나를 그의 잔칫집으로 이끌었다"고 말할 수 있습니다.

지식이 없는 열심은 견디어내지 못합니다롬 10:2. 그러므로 열심이 있는 곳에 사랑의 중재자인 분별이 필요합니다. 지식이 없는 열심은 효과가 없기 때문에 부족하고 해롭기까지 할 것입니다. 그러므로 열심이 강할수록 영은 더욱 힘을 얻고, 사랑은 더욱 관대해져서 열심을 억제하고, 성질을 조절하고 사랑을 절제하는 분별력 있는 지식이 필요합니다. 여기서 하녀들에게 돌아온 신부는 분별의 열매를 받았음을 알 필요가 있습니다. 때로는 넘치게, 진실로 감당할 수 없을 정도로 받고 돌아오기도 합니다. 진실로 분별은 덕의 중재자, 그것들의 안내자, 사랑의 지시자, 바른 삶의 교사라기보다는 하나의 덕입니다. 분별이 없는 덕(德)은 악이 될 수도 있습니다.

"그는 내 앞에 덕을 정돈하여 두셨습니다." 주 예수님이 내게 주시는 사랑의 작은 근원을 내 앞에 정돈하여 두셨으므로 나의 관심이 그의 모든 관심사에까지 확장되고, 내가 무엇보다도 주께서 특별히 내 앞에 행하도록 두신 것에 대해 염려하게 되었으면 좋겠습니다. 물론 이것이 일차적인 관심사가 되어야 하지만 그것에 너무 사로잡혀 나의 흥미를 끌지 못하는 다른 것들을 무시해서도 안 될 것입니다. 이 일을 하지 못한다면 나는 사랑의 가르침을 부분적으로만 지키게 될 것입니다. 그러나 만일 나의 특별한 의무에 참된 관심을 보이고 보다 큰일에 더 세심한 공감을 나타낸다면 나는 사랑의 명령을 두 가지 방법에서 완성할 것입니다. 그리하여 당신은 다른 사람의 성취를 기뻐할 수 있습니다.

"그는 내 앞에 사랑을 정돈하여 두셨습니다." 사랑은 행동과 감정 안에 존재합니다. 사랑을 실천하라는 분명한 명령이 인간들에게 주어졌습니다신 6:4, 5. 사랑의 실천은 명령이며, 애정으로서의 사랑은 보상입니다. 그러나 이 명령은 불가능한 것입니다. 그러므로 하나님은 불가능한 일들을 명령하셔서 인간을 겸손하게 만드십니다. 그날에 우리는 하나님이 "우리를 구원하시되 우리가 행한 바 의로운 행위로 말미암지 아니하고 오직 그의 긍휼하심을 따라 하셨음을"딛 3:5 알게 될 것입니다.

나는 우리가 애정으로, 무미건조한 마음으로 일해야 한다고 말하는 것이 아닙니다. 애정에는 세 가지가 있습니다. 즉 육체가 품는 애정, 이성이 조절하는 애정, 지혜가 성숙시키는 애정이 있습니다. 첫째 애정은 사도 바울이 말한바 하나님의 법에 굴복하지 아니할 뿐 아니라 할 수도 없는 것입니다롬 8:7. 그러나 둘째 애정은 선한 것으로서 하나님의 법에 일치합니다롬 7:16. 셋째 애정은 이 둘과는 아주 다른 것으로서 주의 선하심을 맛보고 경험합니다시 34:8. 그것은 첫째 애정을 제거하고 둘째 애정을 보상합니다. 첫째 애정은 기쁨을 주지만 수치스러운 것이고, 둘째 것은 강하나 감정이 없습니다. 그러나 셋째 것은 부요하고 기쁨이 충만합니다.

주 하나님을 마음을 다하고 성품을 다하고 힘을 다하여 사랑하고, 이웃을 향한 열렬한 사랑으로 그것을 뛰어넘으면 참된 자아를 경험할 것입니다. 자신이 하나님에 의해 소유되었다는 사실을 제외하고는 자신을 사랑할 아무런 이유를 갖고 있지 않음을 인식하게 될 것이기 때문입니다. 그러므로 당신은 사랑의 모든 능력을 그에게 쏟아 붓습니다. 진실로 그의 사랑으로 자신을 사랑함으로써, 하나님이 없이는 아무것도 아니므로 하나님을 위해서가 아니라면 자신의 사랑마저도 받을 만한 가치가 전혀 없음을 발견할 때 진실로 자신이 누구인지 경험합니다.

당신이 이웃을 자신처럼 사랑하기 위해서는 실제로 이웃이 처해 있는 그대로 경험해야 합니다. 자신에 대해 하듯이 실제로 그를 경험해야 합니다. 왜냐하면 그가 바로 당신이기 때문입니다. 그러므로 하나님이 당신을 사랑하시듯이 자신을 사랑할 수밖에 없는 당신은 똑같은 방법으로 이웃을 사랑해야 합니다. 그를 있는 그대로 경험하는 것은 그를 현재의 모습 그대로 사랑하는 것이지만 장차 이루어질 그의 모습을 사랑하는 것입니다. 그는 여전히 거의 아무것도 아닙니다. 만일 그가 탕자처럼 돌아오지 않는다면 그는 전적으로 그리고 영원히 아무것도 아니라는 것은 분명한 사실입니다.

신부의 호혜적인 사랑[13]

신부의 말

"내 사랑하는 자는 내게 속하였고 나는 그에게 속하였도다"아 2:16.

지금까지는 신랑의 말에 대해 생각해 왔습니다. 이제는 신부의 말에 귀를 기울여 봅시다. 우리는 그녀의 말들이 하나님의 영광과 우리의 구원을행 14:11 표현하기를 간구합니다. 하나님이 우리의 말을 인도하시지 않는다면 우리가 그것들을 고려하거나 논의할 수 없기 때문입니다. 그 말이 감각적으로 느끼기에 감미롭듯이, 하나님에 의해 인도될 때 많은 열매를 맺고 깊은 신비를 지니기 때문입니다. 그것을 무엇에 비유할 수 있을까요? 그것은 세 가지 극치에 의해 다른 모든 진미들을 능가하는 잔치와 같습니다. 그것은 사랑을 즐기는 데 있어서 미각적으로 맛있습니다; 그것은 진리의 견고한 가치로 마음을 살찌게 합니다; 그것은 치유의 능력이 많으므로 그릇된 지식에 의해 야기된 교만과 허황됨을 고쳐줍니다고전 8:1. 그것은 신부의 말에도 적용됩니다. 그러나 사랑이 어설픈 지식으로 성공할 수 있다고 상상한다면 그는 그의 지적 기능이 압도당하고 모든 생각이 속박됨을 발견할 것입니다고후 10:5. 그는 "이 지식이 내게 너무 기이하니 높아서 내가 능히 미치지 못하나이다"시 139:6라고 겸손히 인정할 때에만 문제를 다룰 수 있습니다. 그러

---

13) 『아가서 설교』 67.

므로 우리는 본문의 단순하고 감미로운 말에서부터 시작합시다: "나의 사랑하는 자는 내게 속하였고 나는 그에게 속하였구나."

사랑의 말

신부는 사랑으로 시작하여 그의 사랑하는 자에 대해 말하기까지 이르고, 그만큼 사랑하는 자를 알지 못한다고 고전 2:2 선포합니다. 그러므로 그녀가 누구에 대해 이야기하고 있는지 분명합니다. 그러나 누구에게 이야기하고 있는지는 분명하지 않습니다. 그가 함께 있다거나 그녀가 그와 직접 이야기하고 있다고 가정할 수 없기 때문입니다. 이것은 마치 그가 멀리 떨어져 있는 듯이 그녀가 그에게 돌아오라고 간청하는 "나의 사랑하는 자야… 돌아오라"는 부름이 바로 그 뒤에 기록된 사실에서 분명하게 나타납니다. 따라서 우리는 그가 말한 뒤에 습관대로 다시 물러갔음을 믿게 됩니다. 그러나 그녀의 마음에서 그가 결코 없어지지 않기 때문에 그녀는 계속 그에 대해 이야기합니다. 그는 그녀의 마음에서 결코 떠나지 않았기 때문에 계속 그녀의 입에 오르내립니다. 그녀의 입에서 나오는 것은 그 마음에서 나오는 것입니다. "마음에 가득한 것을 입으로 말하기 때문입니다" 눅 6:45. 그러므로 그녀는 자신이 사랑하는 자에 대해 참으로 사랑받는 자, 참으로 사랑받을 만한 자라고 말하며 그녀가 그토록 사랑하는 이유로서 말합니다. 그러므로 우리는 그녀가 실제로 누구에게 이야기하고 있는지 물을 필요가 없습니다. 그녀가 염두에 두고 있는 것은 하녀들이 아닙니다.

독백의 말

그녀가 앞서 이야기한 것과 연관되지 않는 돌발적인 말들이 독백이 되도록 그녀가 다른 사람이 아닌 자신에게 이야기하고 있다고 보는 것이 좋습니다. "나의 사랑하는 자는 내게 속하였고 나는 그에게 속하였구나"라고 그녀는 말합니다. 그때 담화가 중지되어 듣는 사람도 마음 졸이며 듣기를 기다립니다. 더 말이 없자 그의 관심이 고조됩니다.

그러면 "나의 사랑하는 자는 내게 속하였고 나는 그에게 속하였다"라는 말은 무슨 뜻입니까? 우리는 그녀가 느끼는 바를 느끼지 못하기 때문에 그녀가 말하는 바를 이해할 수 없습니다.요 16:18. 거룩한 영혼이여, 당신이 사랑하는 자는 당신에게 어떤 존재입니까? 당신은 그에게 무엇입니까? 서로를 위해 그토록 주고받는 듯한 지극한 친절과 친밀감으로 오는 신비로운 상호간의 사랑은 무엇입니까? 당신에게 그것은 하나님이며, 그에게는 당신입니다. 당신에 대한 그의 관계는 그에 대한 당신의 관계와 같습니다. 아니면 어떤 차이가 있습니까? 우리의 이해를 위해 분명하게 말씀하십시오.요 10:24. 우리를 마음 졸이게 하지 마십시오. 당신의 비밀은 오직 당신 자신만을 위한 것입니까?사 24:16.

애정의 말

선지자는 지성(知性)이 아니라 애정으로 말하고 있습니다. 그는 우리가 거의 이해할 수 없다는 사실을 기억하게 하려는 것이 아닙니다. 이렇게 표현한 이유는 무엇일까요? 신부는 기쁨에 정신을 잃고, 강렬한 기쁨과 사랑하는 자를 다시 보려는 열렬한 희망에 사로잡혀 있을 뿐입니다. 그녀는 침묵을 지킬 수 없어서 자신이 느끼는 바를 표현해야 하기 때문입니다. 그녀는 침묵을 깨뜨리고 감정을 쏟아내야 하는 것입니다. 사람은 "마음에 가득한 것을 입으로 말하기" 때문입니다.눅6:45.

애정의 언어

이와 같이 애정은 나름의 언어를 가지고 있어 그 언어로 자신의 뜻과는 다르게 자신을 드러내기도 합니다. 그러므로 공포는 소심한 말로, 비탄은 슬픈 말로, 사랑은 기쁜 말로 자신을 표현합니다. 고통 중에 있는 사람들의 탄식은 무엇입니까? 죽음을 애도하는 자의 흐느낌과 한숨은 무엇입니까? 위협당하고 공포에 엄습당한 자들의 갑작스럽고 억누를 수 없는 부르짖음과 외침은 무엇입니까? 싫증이 나고 점잖게 만족을 얻은 사람들의 하품은 무엇입니까? 이 모든 것들이 습관에 의해 야기되거나, 지성에 의해 일어나거나, 묵상에 의해 명령되거나, 사색에 의해 빚어집니까? 이와 같은 감정의 표현들은 모두 세심한 목적의 산물이 아니라 갑작스럽고 자발적인 충동에 의해 야기됩니다. 그러므로 특히 하나님을 향해 격렬하게 타오르는 사랑은 말의 순서, 문법, 문체, 길이를 고려하기 위해 자제하지 않습니다. 열렬하고 거룩한 사랑에 타오른 신부는 감정의 격렬함을 어느 정도 조절하려 하지만 그녀의 마음속에 들어오는 첫 마디 말로 폭발할 것입니다. 우리는 그녀가 충만한 마음에서가 아니고 달리 어떻게 행동하기를 기대합니까?

이 혼인 노래의 말들을 다시 한 번 생각해 보십시오. 함께 만나는 모든 장소와 대화에서 신랑이 똑같은 부드러움으로 혹은 지금 그녀가 그에게 말하는 것과 같은 기쁜 말로 그녀에게 말하는지 살펴보십시오. 물론 그는 그렇게 했으며, 그런 까닭에 그녀는 선한 것들로 만족해 합니다시 103:5. 그녀가 말한다기보다는 외치는 것이 이상한 일은 아닙니다. 그녀가 말을 꾸며 보려 했다면, 그 말들은 세련되고 잘 선택되었다기보다는 분명치 못할 것입니다. 실제로 신부는 시편 기자의 말을 빌려 씁니다. "내 마음에서 좋은 말이 넘치도다"시 45:1. 그녀의 마음이 그처럼 충만하기 때문에 이렇게 이야기합니다.

사랑받는 마음의 언어

다시 이 혼인 송가(頌歌)의 말을 기억하십시오. 신랑은 그녀에게 "내 사랑하는 자는 내게 속하였고 나는 그에게 속하였도다"아 2:16라고 말하였습니다. 그녀의 소망이 충만히 채워졌고, 터지는 기쁨으로 이 말들이 그녀의 입술에 이르렀기 때문입니다. 그의 혼인 송가에는 기도도 없고, 이끌어낼 결론도 없습니다. 그러면 무엇입니까? 그것은 감정의 폭발입니다. 당신은 그러한 말을 할 때 감정의 법칙이나 어휘 선택의 규칙을 찾습니까? 당신이 거기에 부과하는 문법적 구조는 무엇입니까? 분명히 당신은 그것에 대해 이런 식으로 논할 수 없을 것입니다. 그 노래는 의지나 지식과는 관계없이 내면으로부터 터져 나오는 것이기 때문입니다. 그것이 나오는 그릇의 특성에 따라 선하거나 나쁜 향기를 내뿜을 수 있습니다. 그러므로 선한 사람은 선한 보고(寶庫)에서 선한 것들을 가져올 것입니다. 그리고 악한 사람은 악한 것을 가져올 것입니다마 12:35. 주님의 신부는 선한 것들을 담은 그릇이며, 그녀에게서 나오는 향기는 감미롭습니다.

주 예수님, 은혜로써 나에게 이 향기를 맡을 수 있도록 허락하신 것을 감사합니다. 그렇습니다. 주님, 나는 개들처럼 부유한 자의 식탁에서 떨어지는 빵조각들을 먹도록 허락되었기 때문입니다.마 15:27. 사랑하는 자에게 감정을 토로하는 것이 자신에게 매우 흡족한 것임을 고백해야 합니다. 비록 그것이 적은 양이라 할지라도 "우리가 다 그의 충만한 데서 받으니 은혜 위에 은혜입니다."요 1:16. 그것이 사랑과 겸손이라는 말할 수 없는 향기로 나를 뒤덮는 당신의 풍성한 감미로움을 기억하게 하기 때문입니다. 이것이 신부의 몇 마디 말이 내게 감명을 주는 이유입니다: "내 사랑하는 자는 내게 속하였고 나는 그에게 속하였도다." 그러므로 그녀가 당신을 위해 취해 있으나 우리를 위해서는 취하지 않기를 바랍니다.

하나님을 찾는 영혼은 그를 기대하고 있다[14]

하나님을 향한 갈망은 감사하는 선이다.

"내가 밤에 침상에서 마음으로 사랑하는 자를 찾았노라"아 3:1.

하나님을 찾는 것은 참으로 좋은 일입니다. 영혼에게 있어서 이보다 더 큰 축복은 없습니다. 이것은 하나님의 은사들 중에 으뜸이며, 그 발전 과정에 있어서 마지막 단계이기 때문입니다. 여기에 다른 덕을 부가할 수 없습니다. 이보다 나은 것이 있을 수 없습니다. 하나님을 찾지

---

14) 『아가서 설교』 84.

않는 자에게 어떤 덕이 있을 수 있겠습니까? 그를 찾는 자에게 무슨 제한이 있을 수 있겠습니까? "그의 얼굴을 항상 구할지어다"시 105:4. 영혼이 하나님을 발견한 후에 그를 찾는 일을 그치리라고도 생각하지 않습니다. 하나님은 발의 움직임이 아니라 마음의 갈망에 의해 찾아지기 때문입니다. 영혼이 축복받아 그를 발견할 때 그 은밀한 갈망은 꺼지지 않고 오히려 증가됩니다. 기쁨의 완성이 갈망을 소멸시킵니까? 그렇지 않습니다. 그것은 오히려 타는 불 위에 기름을 붓는 것과 같습니다. 갈망은 불길과 같기 때문입니다. 기쁨은 충족됩니다. 그러나 이 충족은 하나님을 향한 갈망이나 찾는 일을 끝내는 것이 아닙니다. 당신이 할 수 있으면 하나님의 부재(不在)에 대한 공포가 없이 하나님을 찾는 열렬한 사랑에 대하여, 그리고 마음의 근심이나 걱정이 없이 그에 대한 갈망을 갖는 일에 대하여 생각해 보십시오. 하나님의 임재가 전자를 제거하고, 그 풍성한 은총이 후자를 허락하지 않을 것입니다.

하나님은 우리가 하나님을 갈망하기를 기대하신다.
내가 왜 이러한 서론적인 것들을 언급하는지 생각해 보십시오. 그것은 하나님을 찾는 영혼은 누구나 자신이 이미 하나님에 의해 기대되어 왔으며, 자신이 하나님을 찾기 전에 하나님이 먼저 그를 찾아 오셨음을 알아야 하기 때문입니다. 이러한 지식이 없이 하나님의 선한 은사들로 채워졌을 때 영혼이 그 은사들을 하나님으로부터 받은 것이 아닌 것처럼 취급하고 그 소유의 영광을 하나님께 돌리지 않는다면 큰 축복이 큰 해가 되기도 합니다.

찬양받으실 분은 하나님 한 분이다.

사람들 앞에서 매우 위대한 것처럼 보이는 사람들이 하나님이 그들에게 제한하신 은총 때문에 하나님 앞에서 지극히 작은 자로 여겨지는 것은 이러한 이유에서입니다. 왜냐하면 그들은 자신들로 인하여 하나님께 합당한 영광을 돌리지 않기 때문입니다. 이리하여 인간 중 가장 훌륭한 사람이 가장 악한 자가 될 수 있습니다. 실제로 하나님께 속하는 찬양을 자신에게 돌린다면, 전에는 찬양받을 만한 사람이 비난받게 될 것이 확실하기 때문입니다. 이것은 가장 나쁜 죄 중에 하나입니다. 아마 어떤 사람들은 "하나님은 내가 그러한 마음을 갖는 것을 금하십니다. 나는 내가 나 된 것이 하나님의 은총으로 말미암은 것임을 완전히 인식하고 있습니다"고전 15:10. 그러나 자신이 받은 은총에 대한 영광의 광채를 자기 것으로 취하려 하는 것은 도둑이나 강도가 아닙니까? 주께 속하는 영광을 자기가 취하는 종보다 더 사악한 사람이 있을 수 있겠습니까?

말씀은 우리가 찾기를 기다린다.

"내가 밤에 침상에서 마음에 사랑하는 자를 찾았구나." 영혼이 말씀을 찾지만, 그러나 그보다 먼저 말씀이 영혼을 찾았습니다. 그렇지 않다면, 다시 말해서 영혼이 말씀의 임재로부터 축출되거나 버려졌을 때 말씀이 영혼을 찾지 않는다면 영혼은 자신이 잃었던 좋은 것들을 볼 수 있도록 다시 돌아오지 않을 것입니다. 우리의 영혼은 홀로 버려지면 이리저리 가기는 하나 돌아오지는 않을 것입니다. 도망하여 방황하는 영혼에 귀를 기울이고 그것이 불평하는 것과 찾는 바가 무엇인지

배우십시오: "잃은 양같이 내가 방황하오니 주의 종을 찾으소서" 시 119:176. 인간이여, 당신은 진정으로 돌아오기를 갈망합니까? 그러나 그 일이 그대 자신의 의지에 달려 있다면 왜 도움을 간구합니까? 당신은 다른 사람으로부터 그대가 이미 풍성히 가지고 있는 바를 구하고 있습니까? 영혼의 의지가 돌아오고자 하면 어떻게 되겠습니까?

우리의 의지는 능력을 얻어야 한다.

의지는 행하도록 해주는 힘의 지원을 받지 못하면 작용하지 않습니다. 사도 바울은 "원함은 내게 있으나 선을 행하는 것은 없노라" 롬 7:18 고 고백하였습니다. 그러면 내가 앞에서 인용하였던 구절에서 시편 기자가 찾고 있는 바는 무엇입니까? 그는 분명히 찾아야 할 것 외에 다른 것을 찾지 않습니다. 하나님이 그를 찾지 않으셨다면 찾지 않을 것을 찾습니다. 거듭하거니와 하나님이 그를 충분히 찾지 않으셨다면 그는 찾지 않을 것입니다. 이 은혜는 그가 "주의 종을 찾으소서"라고 탄원하는 것입니다. 그는 자신에게 하나님의 선하신 기쁨에 따라 얻는 갈망이 주어지기를 요청합니다.

신부는 "내가… 마음에 사랑하는 자를 찾았구나"라고 말합니다. 이것은 먼저 당신을 찾으시며, 사랑하는 가운데 당신을 기대하시는 분의 선하심에 관한 것입니다. 이것은 당신을 부르고 깨우시는 그의 선하심을 말하는 것입니다. 영혼이여, 하나님이 먼저 당신을 사랑하고 찾지 않으셨다면 당신은 결코 그를 찾지 않을 것입니다.

사랑은 그 대상을 찾는다.

당신은 이중의 축복, 즉 사랑의 축복과 당신을 찾는 축복에 의해 기대되어 왔습니다. 사랑은 그 대상을 찾는 동기입니다. 사랑의 대상을 찾는 것은 사랑의 결실이며, 분명한 증거입니다. 당신은 사랑받아 왔습니다. 그러므로 하나님이 당신을 벌하기 위해 찾고 계시다고 두려워하지 않습니다. 하나님은 당신을 찾고 계셨습니다. 그러므로 당신은 아무런 효과도 없이 사랑받았다고 불평하지 않습니다. 이 두 가지 크고 확실한 사랑은 당신에게 용기를 주었습니다. 그것은 부끄러움과 두려움을 제거했습니다. 그것은 당신의 감정에 호소하여 당신으로 하여금 그에게 돌아가게 했습니다. 그러므로 당신의 영혼에 사랑하는 그를 찾는 열심과 열정이 일어납니다. 하나님이 먼저 당신을 찾지 않으셨다면 당신이 그를 사랑할 수 없었듯이, 이제 당신이 헛되이 사랑받는다고 불평하지 않도록 하기 위해 하나님은 당신을 찾으십니다.

하나님에 대한 우리의 불성실

당신의 본향이 어디인지를 결코 잊지 마십시오. 오 내 영혼아, 사이가 좋던 첫 남편을 버린 것은 바로 네가 아니냐? 네가 먼저 그에게 맹세한 믿음을 저버리고 다른 연인들을 좇아가지 않았던가?호 2:5-13. 네가 그들과 간음하고 그들로부터 버림받았으니 이제 너는 뻔뻔스럽게도 그에게 돌아오겠느냐? 너는 그에게 얼마나 교만하고 오만하게 행동했느냐! 너는 어둠에 숨기에 적합할 때 참으로 빛을 찾느냐? 너는 교정의 매를 맞아야 하는데 감히 신랑의 품으로 달려가느냐? 영접할 남편 대신 정죄할 심판관을 발견하지 못한다면 놀라운 일일 것입니다.

사랑은 두려움을 제거한다.

자기 영혼의 질책에 자기 영혼이 응답하는 소리를 듣는 자는 행복합니다: 나는 사랑하고 사랑받기 때문에 두려워하지 않습니다. 그가 먼저 나를 사랑하지 않았다면 나는 사랑할 수 없었습니다. 그러므로 사랑 없는 자는 두려워할지라도 사랑하는 영혼에게는 두려워할 것이 없습니다. 사랑 없는 자는 보응을 두려워할 수밖에 없습니다. 그러나 내가 사랑하기 때문에 나의 사랑을 의심하지 않듯이, 내가 사랑받고 있다는 것도 의심하지 않습니다. 나는 나에 대한 애정을 확실히 느낄 수 있는 그의 얼굴을 두려워하지 않습니다. 그의 자비를 느꼈기 때문에 나는 그를 바라보는 일을 두려워하지 않습니다. 어디서 그것을 알았는가? 그것은 그가 현 상태의 나를 찾으셨을 뿐만 아니라 나에게 자비를 나타내셨고, 나로 하여금 확신을 가지고 그를 찾게 하셨다는 사실에 있습니다.

나는 나를 향한 그의 사랑 안에서 응답할 뿐인데 그가 나를 찾으실 때 어찌 그에게 응답하지 않을 수 있습니까? 그는 내가 보낸 모욕을 용서하셨는데 내가 그를 찾는 일에 대해 어찌 노하실 수 있겠습니까? 내가 그를 모욕했을 때 그가 나를 찾으셨는데 이제 내가 그를 찾는데 왜 나를 멸시하시겠습니까? 말씀의 영은 온유하고 부드럽습니다. 그는 내게 부드럽게 인사합니다. 그가 나로 하여금 나를 향한 그의 자비를 의식하게 하며, 나에게 속삭이고, 나를 향한 숨길 수 없는 말씀의 참된 사랑을 확신시켜 주십니다 마 5:14. 그는 하나님의 깊은 일들을 찾으시며, 하나님의 생각이 복수의 목적이 아닌 평화의 생각임을 아시기 때문입니다. 그의 자비를 경험하고, 하나님과 화해하도록 권면하시는 데 내가 어찌 그를 찾을 수 있도록 격려를 받지 않을 수 있겠습니까?

말씀이 우리를 질책하게 하라.

형제들이여, 이러한 진리들을 신중하게 생각하는 것이 곧 말씀이 우리를 찾는 것입니다. 그 진리에 설득되는 것은 그가 우리를 발견하는 것입니다. 그러나 모두가 그 말씀을 받을 수 있는 것은 아닙니다. 우리 중에 있는 어린이들을 위해 우리는 무엇을 할 것입니까? 어린아이란 초보적인 지혜를 소유하고 있으며, 그리스도를 두려워하는 가운데 서로에게 복종하지만 초심자의 단계에 있고 전혀 이해하지 못하는 자들을 의미합니다. 그들이 자신에게 일어나고 있는 일들을 아직 인식하지 못할 때, 우리가 그들로 하여금 신랑이 이와 같이 그들을 다루고 있다는 사실을 도울 수 있습니까? 나는 그들이 동료들의 마음에서 분별하지 못하고 믿지 않으려는 것을 성경을 읽음으로써 발견하도록 하라고 대답합니다. 예언서 중에 다음과 같은 기록이 있습니다. "가령 사람이 그의 아내를 버리므로 그가 그에게서 떠나 타인의 아내가 된다 하자 남편이 그를 다시 받겠느냐 그리하면 그 땅이 크게 더러워지지 아니하겠느냐 하느니라 네가 많은 무리와 행음하고서도 내게로 돌아오려느냐? 여호와의 말씀이니라" 렘 3:1. 이것은 당신이 의심하거나 순종하기를 주저할 수 없는 주님의 말씀입니다. 그러므로 그들로 하여금 아직 경험하지 못한 바를 믿게 하십시오. 그리하여 그들의 신앙의 공로로 언젠가 경험의 열매를 얻도록 하십시오.

이제까지 말씀이 우리를 찾는다는 것이 의미하는 바를 충분히 언급하였다고 생각합니다. 이것은 말씀을 위해서가 아니라 영혼을 위해 필요합니다. 이것을 경험한 영혼은 보다 완전하고 보다 행복하게 그를 알게 됩니다. 그러므로 먼저 우리 영혼이 자신을 찾으신 그리스도를 얼마나 갈급해 하는지를 또 다른 설교에서 다루어야 할 것입니다. 또한 우리는 이 구절에 언급된 바 영혼이 찾고 있는 사랑하는 자에게서 배워야 합니다. 이분이 영혼의 신랑, 우리 주 예수 그리스도, 만물 위에 뛰어나신 분, 영원히 축복받을 하나님이십니다. 아멘.

제 4 부

영적 우정

The Love of God 8
우정의 서신들[1]

형제 베르나르는 순결한 마음, 선한 양심, 거짓 없는 신앙에서 당신의 건강과 사랑을 소망합니다.

사람의 사정을 사람의 속에 있는 영 외에는 아무도 모르며_고전 2:4_, 하나님은 마음을 보시지만 인간은 단지 얼굴만 보므로 나는 나에 대한 당신의 애정에 경탄합니다. 당신은 어떻게 나에 대한 당신의 애정과 당신에 대한 나의 애정을 구별할 수 있습니까? 당신은 어떻게 자기 마음의 감정뿐만 아니라 다른 사람의 감정을 판단할 수 있습니까? 인간은 선한 것을 악한 것으로 생각하거나 악한 것을 선한 것으로 생각하며, 참된 것을 거짓된 것으로 혹은 그 반대로도 고백할 뿐만 아니라 확실한 것을 의심스러운 것으로, 의심스러운 것을 확실한 것으로 간주하는 오류를 범하기 쉽습니다.

---

1) 1125년경에 성 티에리의 수도원장 윌리엄에게 보낸 서신. 베르나르가 클레르보의 수도원장이 된 직후, 그가 병에 들었다는 소식을 들은 수도사 윌리엄은 친구들과 함께 그를 만나러 갔다. 그때 가진 대화로 두 사람은 가까운 친구가 되었다.

당신의 말처럼 우리들의 관계에 있어서 아마 나를 향한 당신의 사랑보다 당신을 향한 나의 사랑이 적다는 것은 사실인지도 모릅니다. 그러나 나는 당신이 실제로 그렇다고 알 수는 없음을 굳게 확신합니다! 그런데 당신은 실제로 확실할 수 없는 것에 대하여 어찌 그토록 확신할 수 있습니까? 바울은 "나도 나를 판단하지 아니한다"고전 4:3라고 말하여 자신의 확신을 신뢰하지 않았습니다. 베드로는 "내가 주와 함께 죽을지언정 주를 부인하지 않겠나이다"마 26:35라고 말하여 자신을 속인 뻔뻔스러움을 슬퍼했습니다. 마찬가지로 제자들로 자신들이 주를 부인하게 될 일에 관하여 양심을 믿지 않고 차례로 "주여, 나는 아니지요?"마 26:22라고 물었습니다. 다윗은 "여호와여, 내 젊은 시절의 죄와 허물을 기억하지 마소서"시 25:7라고 기도하며 자신에 대한 무지를 고백합니다. 그러나 당신은 놀라운 확신을 가지고 당신 자신의 마음뿐만 아니라 나의 마음에 대해서도 적극적으로 선포하였습니다: "당신은 내가 당신을 사랑하는 만큼 나를 사랑하지 않습니다."

나는 당신이 그러한 말은 하지 않았으면 좋으리라고 생각합니다. 왜냐하면 당신의 말이 참으로 옳은지 알 수 없기 때문입니다. 당신은 어떻게 당신이 나를 사랑한 만큼 내가 당신을 사랑하지 않는다는 사실을 알 수 있습니까? 그것이 당신의 편지 안에 덧붙인 말로부터 나옵니까? 우리들의 집 사이를 오가며 소식을 전하는 사람들이 나의 사랑과 관심의 표시를 당신에게 전혀 가져다 주지 않습니까? 어떤 맹세, 어떤 사랑의 증거를 내게 원하십니까? 당신이 내게 보낸 많은 편지에 내가 전혀 회신하지 않았다는 사실이 당신을 괴롭힙니까?(이것은 윌리엄에게 보낸 베르나르의 첫 편지이다.) 그러나 내가 어떻게 당신의 바른 지혜가 나의 미숙한 난필에서 기쁨을 취할 수 있다고 생각할 수 있었겠습니까?

나는 "자녀들아, 우리가 말과 혀로만 사랑하지 말고 행함과 진실함으로 하자"요일 3:18는 말씀을 알고 있습니다. 당신이 도움을 필요로 할 때 내가 돕지 못한 적이 있습니까? 마음과 정신을 찾는 분이여! 당신께서는 홀로 의의 성자로서 은혜의 여러 가지 빛으로서 당신 종들의 마음을 비추십니다. 당신께서는 당신의 은사로 내가 그를 얼마나 사랑하는지 아십니다. 그는 그런 사랑을 받을 만합니다. 내가 그를 얼마나 사랑하는지를 당신께서는 아시지만 나는 모릅니다. 주님, 당신께서는 내가 그에게, 또 그가 나에게 보내는 사랑을 주십니다. 당신께서는 자신이 얼마나 많은 사랑을 주셨는지 아십니다. 이미 그가 주님의 빛 안에서 자신의 빛을 보지 않았다면, 즉 주님의 진리의 빛 안에 사랑의 빛이 얼마나 밝은지 그가 인식하지 못하였다면 당신께서 계시하지 않으신 것을 우리가 무슨 권리로 감히 "나는 더 사랑하나 덜 사랑받는다"라고 말할 수 있습니까?

주님, 나는 당신께서 죽음의 그림자, 흑암 가운데 앉아 있는 나를 찾아오실 때까지 주님의 빛 안에서 나 자신의 어둠을 보는 데 만족합니다. 인간의 생각은 주님에 의해 계시됩니다. 어둠의 비밀이 드러나고 그림자들이 사라질 것입니다. 어둠과 빛은 주님의 빛 안에 머물 것입니다.

나는 주님의 은사로서 내가 그를 사랑한다고 느낍니다. 그러나 나는 아직 주님의 빛 안에서 그를 충분히 사랑하는지 알지 못합니다. 또 나는 친구를 위하여 자기 목숨을 내놓는 것보다 더 큰 사랑이 없다고 하신 단계의 사랑에 도달했는지도 알 수 없습니다. 누가 자기의 마음이 순결하다든가 온전하다고 자랑하겠습니까! 주님, 나의 영혼 안에 내가 나의 어둠을 보고 떨게 하는 등불을 켜신 나의 하나님, 그 어둠을 밝히셔서 나로 하여금 내 안에서 완전히 규제되고 있는 나의 사랑을 보고 기뻐하게 하시며, 무엇을 사랑해야 할지, 그리고 얼마나 사랑해야 하는지, 그리고 바른 이유를 알고 사랑하게 하옵소서.

당신 안에서 내게 합당한 사랑만을 받기를 갈망하게 하옵소서. 내가 그로부터 합당한 것 이상으로 사랑을 받든지 그가 나로부터 받아야 할 것보다 적게 사랑받든지 내게는 모두 화가 됩니다. 그러나 "많이 사랑하는 자들이 더 선하기 때문에" 더 선한 사람이 더 많은 사랑을 받아야 한다면 내가 무슨 말을 하겠습니까? 나는 나보다 더 낫다고 여기는 그를 나 자신보다 더 사랑했음을 의심치 않습니다. 그러나 동시에 내가 마땅히 사랑해야 할 바보다 적게 그를 사랑했다고 고백합니다. 내게 그러한 능력이 적기 때문입니다.

친구여, 당신의 사랑이 크면 클수록 당신은 내 사랑의 불완전함을 멸시하지 말아야 합니다. 당신이 더 큰 능력을 지녔으므로 더 많이 사랑한다 하더라도 아직 당신의 능력 이상으로 사랑하지는 않기 때문입니다. 그것은 내게도 마찬가지입니다. 내가 마땅히 해야 할 것보다 더 적게 사랑하지만 나는 나의 능력이 허락하는 한 당신을 사랑하며, 사랑하도록 능력을 받은 것만큼만 행할 수 있을 뿐이기 때문입니다. 그러나 나를 당신의 수준으로 끌어올려 내가 당신에게 도달하고, 당신과 함께 보다 충만한 능력을 받으며 더욱 풍성한 사랑을 받게 하십시오.

그런데 당신은 왜 내가 그러한 능력을 획득해야 한다고 주장하고 내가 그렇게 할 수 없음에 불평합니까? 당신이 내 안에서 발견하기 바라는 내가 아니라 있는 그대로의 나를 받아들이십시오. 진실로 당신은 내 안에서 내가 알지 못하는 것, 내가 갖지 아니한 것을 보며 내가 아닌 다른 것을 추구합니다. 그러므로 당신은 그것을 얻지 못합니다. 나는 아무리 해도 이 정도이며, 당신이 편지에서 바르게 불평한 바와 같이 당신을 실망시키는 것은 내가 아니라 내 안에 계신 하나님이시기 때문입니다. 이제 내가 이 편지에서 감행한 모든 말이 당신을 기쁘게 한다면 나에게 말하십시오. 그러면 나는 그것을 반복하겠습니다. 나는 당신에게 순종하면서 뻔뻔스럽다는 질책을 두려워하지 않기 때문입니다.

당신이 보내 달라고 요청한 짧은 서문은 지금 나에게 없으며, 아직 그것을 쓰는 일이 필요하다고 생각하지 않습니다. 나는 당신에게 뜻을 주신 분이 당신이 올바르게 추구하려는 모든 것을 선하신 기쁨 안에서 당신과 당신의 친구들에게 이루어 주시기를 간구합니다. 당신은 경건하고 가장 존경받는 신부로서 나의 모든 경의를 받기에 합당하기 때문입니다.

1130년 경 베르나르가 윌리엄에게 보낸 또 다른 편지의 발췌문

클레르보의 베르나르 형제는 친구가 친구를 위해 바랄 수 있는 모든 것으로 문안합니다.

당신은 "친구가 친구에게 바랄 수 있는 모든 것을 가지고"라는 표현으로 내게 인사했었습니다. 당신 자신이 내게 보낸 인사를 받으시고,

서로 공통된 인사를 하는 것이 우리가 한 마음이라는 사실의 증거가 됨을 인식하십시오. 나의 마음은 나와 같은 말을 쓰고 있는 사람과 가깝기 때문입니다. 이제 당신의 편지에 짧게 회신하려 합니다.

당신은 마치 내가 당신에 관한 모든 것을 알고 있는 것처럼, 내가 당신이 무엇을 하기를 바라는지 알고 싶다고 썼습니다. 그러나 굳이 내가 생각하는 바를 말해야 한다면 이 계획은 내가 충고할 수도 없고, 당신이 수행할 수도 없는 것이라고 말하겠습니다. 나는 당신이 스스로 원하는 바를 행하기 바랍니다. 그러나 당신의 뜻과 나의 뜻을 모두 제쳐 두고?이것은 옳은 일입니다?나는 하나님이 당신에게 원하시는 바를 더 생각합니다. 내가 당신에게 그렇게 하라고 충고하는 것이 더 안전하며, 또 당신은 그렇게 하는 것이 유익하리라고 생각합니다.

그러므로 나는 당신이 계속 현재의 책임을 수행하고, 현 직책에 머물러 당신이 돌보고 있는 자들에게 유익이 되도록 연구하며, 유익이 될 수 있는 직무에 힘쓰는 일을 저버리지 말라고 충고합니다. 당신이 양떼를 거느리고 있으면서 그들에게 유익을 주지 못한다면 당신에게 화가 미칠 것이기 때문입니다. 그러나 당신이 맡은 직무의 어려움을 두려워하여 그런 유익한 기회들을 저버린다면 더욱 큰 화가 미칠 것입니다.

1125년 경 그랑 샤르트뢰즈 수도원의 기그 드 카스트로 수도원장과 다른 수도사들에게 보낸 서신[2]

클레르보의 베르나르 형제는 신부들 중에 가장 존경하옵는 분이며 친구들 중에 가장 사랑하는 분인 그랑 샤르트뢰즈 수도원의 기그 수도원장과 또 그와 함께 있는 거룩한 수도사의 건강을 기원합니다.

나는 간절히 바라던 당신의 서신을 기쁘게 받았습니다. 그 편지를 읽고 나의 입으로 발설한 서신들이 내 마음속에서 타는 불꽃과 같음을 느꼈습니다. 그 편지들은 마치 주께서 세상에 보내신 불로부터 온 것인 듯 내 속마음을 뜨겁게 했습니다눅 12:49. 그와 같은 불꽃들이 튀어오르는 묵상 속에서 얼마나 큰 불이 타올랐겠습니까!

나는 당신의 감동적인 인사말이 사람으로부터 온 것이 아니라 꿈에 야곱을 찾아오셨던 분으로부터 내려온 말씀과 같았음을 고백합니다. 그것은 내게 의례적인 인사말이 아니라 분명히 사랑의 마음 그 자체로부터 온 것이었습니다. 그것은 너무도 감미롭고 예기치 못한 인사였습니다. 하나님이 당신을 축복하시기를 간구합니다. 당신은 선하시게도 나의 편지를 기다려 오셨고, 따라서 나는 당신의 편지를 받은 후부터 회답할 용기를 가지게 되었습니다. 나는 종종 당신에게 편지를 쓰고 싶었으나 감히 그렇게 하지 못했습니다. 나의 열정적인 난필이 당신을 방해하여 당신이 주님 안에서, 그리고 당신을 세상으로부터 고립시키

---

2) 1125년 경 베르나르가 쓴 서신이다. 이것은 베르나르가 후에 『하나님의 사랑에 관한 논문』에서 확장시킨 원 자료라는 데 흥미가 있다.

는 경건한 침묵 속에서 갖는 고요한 평온을 방해하지 않을까 주저했기 때문입니다.

항상 하늘의 신비한 찬양에 사로잡혀 있는 귀 속에 나의 말들을 쏟아 부음으로써 잠시라도 하나님과의 신비로운 속삭임을 방해하고 싶지 않았습니다. 하나님과의 교통에 사로잡혀 있는 사람들을 잠시라도 돌아서게 하여 산 위에 있는 모세, 광야에 있는 엘리사, 성전을 지키고 있는 사무엘을 괴롭히는 사람과 같게 될까 두려웠습니다. 사무엘이 "말씀하옵소서 주의 종이 듣겠나이다"삼상 3:10라고 소리치는데 왜 내 목소리가 들려져야 한다고 생각하겠습니까? 나는 당신이 나의 말을 듣고 싶어 하지 않으며 오히려 "용서하시오. 나는 지금 당신의 말을 들을 수 없소. 나는 당신의 말보다 더 감미로운 말에 귀를 기울이고 싶소"라고 말하지 않을까 두려웠습니다. "내가 하나님 여호와께서 하실 말씀을 들으리니 무릇 그의 백성, 그의 성도들에게 화평을 말씀하실 것이라"시 85:8. 훨씬 더 나쁜 것은 "너희 행악자들이여 나를 떠날지어다 나는 내 하나님의 계명들을 지키리로다"시 119:115라고 말하는 일이었습니다. 내가 어찌 주제넘게 신랑의 팔에서 포근하게 쉬고 있는 사랑받는 신부의 마음을 방해할 수 있겠습니까? 그녀는 즉시 이렇게 말할 것입니다: "방해하지 마세요. 나는 오직 나의 사랑하는 자를 위하여 있을 뿐이며, 나의 사랑하는 자는 나를 위해 있습니다; 그가 백합화 가운데에서 (양떼를) 먹입니다"아 2:16.

그녀는 내가 감히 할 수 없는 일 하기를 좋아하며 확신을 가지고 친구의 문을 두드립니다. 나는 사랑이 우정의 어머니임을 알고 있습니다. 그러므로 나는 그녀가 사랑 때문에 쫓겨나리라고 생각하지 않을 것을 믿습니다. 사랑은 사랑 자체의 과업에 대해 당신에게 이야기하기 위해서 당신의 즐거운 휴식 시간을 한 순간이라도 방해하는 일을 두려워하지 않습니다. 사랑이 있을 때에는 당신은 오직 하나님과 함께 있는 일로부터 물러날 수 있습니다. 사랑이 있으면 당신은 나의 말에 주의를 기울일 수 있습니다. 그러므로 당신은 온화하게 인내하는 일을 무가치하다고 여겼을 뿐만 아니라 나로 하여금 그 침묵을 깨뜨리게 했습니다. 내가 주님을 찬양한다고 생각하는 당신의 사랑과 고귀함에 감사합니다. 나는 이 놀라운 증언에 기뻐하며 나 자신이 하나님을 찬양하는 데 도움을 주는 우정을 간직하고 있음을 행복으로 생각합니다.

당신의 편지로 판단하건대 진실로 당신은 전부터 나를 받아들이셨습니다. 이제 깊고 친밀한 우정으로 다시 나를 받아들이십니다. 나는 그가 당신에게 나에 관한 호의적인 소식을 전해 주었음을 알게 되었습니다. 그는 충분한 이유가 없는데도 이를 의심하지 않고 믿었습니다. 신실하고 경건한 분이신 하나님이 그가 믿는 바 외에는 달리 말하지 않도록 금하시기 바랍니다. 진실로 나는 내 안에서 구주께서 말씀하시는 바를 경험합니다: "의인의 이름으로 의인을 영접하는 자는 의인의 상을 받을 것이다"마 10:41. 나는 내가 의롭다고 여겨지기 때문에 의인의 보상은 오직 의인을 영접하는 자를 통해서만 주어진다고 말해 왔습니다. 그가 실제로 내 안에 있는 참된 것 이상의 그 무엇을 전했다면 그것은 단순하고 선한 마음에서 말한 것입니다. 당신은 듣고, 믿고, 기뻐하고 그에 따라 쓰셨는데, 그것은 내게 큰 기쁨을 주었습니다. 이것은 당신의 거룩한 평가를 받아 높은 찬양으로 영광 받았기 때문이 아니라 당신의 신실하신 영혼이 이것을 내게 분명히 알리셨기 때문입니다. 간단히 말하자면 당신은 당신의 영이 얼마나 자극받았는지 보여 주셨습니다.

그러므로 나는 당신의 신실함과 선하심을 기뻐하고 감사드립니다. 나는 당신이 나를 격려하신 사실에 대해 감사하고 있습니다. 그것은 진실로 참되고 신실한 사랑이며, 완전히 순수하고 선한 양심을 가진 마음과 이웃을 우리 몸과 같이 사랑하는 거짓 없는 신앙으로부터 나온다고 간주되어야 합니다. 자신이 행한 선만을 사랑한다든가 최소한 다른 사람의 선보다 자신의 선을 더 사랑하는 사람들은 진실로 선 그 자체 때문에 선을 사랑하는 것이 아니라 자기 자신 때문에 사랑합니다. 그와 같은 사람은 시편 기자가 말하는 바와 같이 행할 수 없습니다: "여호와께 감사하라 그는 선하심이로다"시 118:1. 그가 감사하는 것은 여호와께서 그에게 선하시기 때문이지 여호와께서 본질적으로 선하시기 때문이 아닙니다.

다음과 같은 시편 기자의 질책이 그를 향한 것임을 이해시키십시오: "스스로 좋게 함으로 사람들에게 칭찬을 받을지라도"시 49:18. 여호와께서 전능하시기 때문에 찬양하는 자도 있고, 자신에게 선하시기 때문에 또는 단지 그분이 선하시기 때문에 찬양하는 자도 있습니다. 첫째 사람은 노예로서 스스로를 위해 두려워합니다. 둘째 사람은 고용인입니다. 그는 스스로 무언가 받을 만한 자격이 있다고 생각합니다. 그러나 셋째 사람은 아들입니다. 그는 아버지에게 찬양을 드립니다. 그러므로 두려워하는 자나 갈망하는 자는 모두 각기 자신의 이익을 위해 힘쓰고 있습니다. 유일하게 그 안에 있는 사랑은 참으로 자신의 것을 추구하지 않는 아들로부터 온 것입니다.

그러므로 나는 "여호와의 율법은 완전하여 영혼을 소성시킨다"시 19:7 는 말씀이 사랑에 관한 것이라고 생각합니다. 오직 그 사랑만이 마음을 자아에 대한 사랑이나 세상에 대한 사랑으로부터 오직 하나님만을 향하게 할 수 있기 때문입니다. 두려움이나 이기적인 사랑은 영혼을 회개시킬 수 없습니다. 그것들이 때때로 외형적인 모습이나 행동을 바꿀 수는 있으나 결코 마음에 영향을 주지는 못합니다. 물론 노예도 때때로 하나님의 일을 하지만, 자유의지에서 하지 않으며 여전히 완악한 영을 가지고 있습니다. 고용인도 하나님의 일을 행하지만 애정에서 하는 것이 아니라 자기 자신의 특별한 이익에 이끌려 합니다. 그래서 사람에 따라 갖는 관심의 차이가 있습니다. 개인의 이익이 있는 곳에 자발성의 한계도 있습니다. 이것은 의심할 것도 없이 영혼을 무디게 하는 비천함으로 이어집니다. 법의 강요가 노예로 만드는 두려움이 그를 주장하도록 해보십시오. 고용인을 얽어매는 탐욕과 욕망이 그의 법이 되게 해보십시오. 바로 그것에 의해 그가 이끌리고 유혹당하기 때문입니다. 그러나 이것들은 모두 잘못이 있으며 영혼을 회개시킬 수 없습니다. 사랑이 사심 없는 열심을 영혼 안에 채울 때 영혼을 회개시킬 수 있습니다.

자신을 위해 아무것도 남겨 두지 않는 자의 사랑에는 흠이 없습니다. 자신을 위해 아무것도 남겨 두지 않는 사람은 자신이 가진 모든 것을 하나님께 드립니다. 그리고 하나님께 속한 것은 부정한 것일 수 없습니다. 그러므로 여호와의 순전한 법은 자신의 유익을 구하는 것이 아니라 다른 사람의 유익을 추구하는 사랑입니다. 그러나 법은 여호와의 것이라고 말해집니다. 왜냐하면 하나님 자신이 그것에 따라 사시거나 하나님의 은사가 아니면 아무도 그것을 소유하지 못하기 때문입니다. 이 법은 사랑이므로 하나님이 법에 의해 사신다는 것은 어리석은 말이 아닙니다. 사랑 이외에 달리 무엇이 지고하고 복된 삼위일체 안에서 숭고하고 말할 수 없는 합일을 보존할 수 있겠습니까? 삼위일체와의 합일을 놀라운 방식으로 유지하며 그것을 평화의 끈으로 묶는 것은 율법이며, 사랑은 여호와의 율법입니다. 그러나 내가 여기서 사랑을 하나님 안에 있는 특질이나 속성으로 간주한다고 생각하지 마십시오. 나는 하나님 안에 하나님이 아닌 것(하나님이 금하시는 것)이 있다고 말하는 것이 아닙니다. 오히려 나는 그것이 하나님의 실체 자체라고 말합니다. 나는 새로운 것이나 듣지 못했던 것을 말하는 것이 아닙니다. 사도 요한이 "하나님은 사랑이시라"요일 4:16고 말했기 때문입니다.

그러므로 사랑은 하나님이요, 동시에 하나님의 은사라고 말하는 것은 옳은 일입니다. 사랑은 사랑, 즉 은사를 주는 실체입니다. 이 사랑이라는 단어가 수여자를 의미하면 그것은 실체의 이름이고, 주어진 것을 의미하면 그것은 은사의 이름입니다. 이것은 영원한 법칙이며, 우주의 창조자요 지배자입니다. 만물이 그것을 통해 만들어졌으며, 그 법이 없이는 아무것도 존재하지 못합니다. 그러므로 만물의 법칙이신 분은 바로 그를 지배하는 법, 즉 그와 같이 피조되지 않은 법입니다.

종과 고용인 사이에도 법이 있습니다. 그러나 그것은 하나님으로부터 온 것이 아니라 그들이 스스로 만든 것입니다. 전자는 하나님을 사랑하지 않음으로써, 후자는 하나님보다 다른 어떤 것을 더 사랑함으로써 만들었습니다. 즉 그들에게는 주님에 의한 것이 아니라 자신들의 본성에 따라 만들어진 법이 있는데, 그들 자신이 이 법에 종속됩니다.

또 그들은 각기 자신을 위해 법을 만들지만 하나님의 불변하는 법의 질서로부터 벗어날 수 없습니다.

그러므로 나는 사람이 일반적으로 영원한 법보다 자기 자신의 의지를 더 좋아할 때 스스로를 위해 법을 만들어 그릇되게도 창조자를 진노하시게 한다고 말하고 싶습니다. 즉 하나님은 자기 자신에 대한 법이시며, 자신 이외의 다른 어떠한 권위 아래 있지 않으십니다. 이와 마찬가지로 하나님처럼 되려는 사람은 자기 자신의 주인이 될 것이며, 자신의 의지를 법으로 삼을 것입니다. 아! 아담의 후손들은 얼마나 무겁고 견딜 수 없는 멍에를 지고 있습니까? 그것은 너무도 무거워 우리의 목을 밑으로 굽게 하고, 따라서 우리의 생명은 무덤에 가까이 끌려와 있습니다. "오호라 나는 곤고한 사람이로다 이 사망의 몸에서 누가 나를 건져내랴"롬 7:24. 나는 이처럼 죄의 무게에 눌렸으므로 여호와께서 내게 도움이 되지 아니하셨더면 내 영혼이 벌써 침묵 속에 잠겼을 것입니다시 94:17. 사람은 이 짐에 눌려 신음하며 말합니다: "어찌하여 나를 당신의 과녁 삼으셔서 내게 무거운 짐이 되게 하셨나이까?"욥 7:20.

스스로 무거운 짐이 되었다고 말하는 것은 욥 자신이 자신에게 법이 되었으며, 그 법은 자신이 만든 것임을 보여 줍니다. 그러나 그가 하나님께 말하면서 "나를 과녁으로 삼으셨다"는 말로 시작한 것은 그가 하나님의 법으로부터 도망치지 않았음을 보여 줍니다. 하나님의 온유함으로 다스림을 받지 않는 사람이 그 벌로 자기 자신의 다스림을 받는 것은 하나님의 영원하고 공의로운 법이기 때문입니다. 사랑의 쉬운 멍에와 가벼운 짐을 스스로 던져 버린 사람은 오히려 뜻하지 않게 견딜 수 없는 자신의 의지의 짐을 져야 합니다.

이와 같이 하나님의 법은 놀라운 방식으로 그 법으로부터 도망치는 자를 적으로 삼는 동시에 그 법을 따르도록 만듭니다. 그는 한편으로 자신의 공로에 따라 다루는 공의의 법으로부터 도망치지 못했습니다. 다른 한편으로 그는 하나님의 빛과 평화, 영광 안에서 하나님과 교통할 수 없습니다. 그는 힘에 예속되어 있고 하나님의 축복으로부터는 제외되어 있습니다. "주께서 어찌하여 내 허물을 사하여 주지 아니하시며 내 죄악을 제거하여 버리지 아니하시나이까?"욥 7:21. 그러므로 의지의 무거운 짐을 던져 버릴 때 사랑의 가벼운 짐을 지고 보다 쉽게 숨쉬게 될 것입니다. 그때 더 이상 노예 근성이 있는 두려움에 압도되거나 이기심에 현혹되지 않을 것입니다. 오히려 주님의 영, 자유의 영, 주님 자녀들의 영의 강권을 받을 것입니다. 주님의 법은 나의 법이고, 주님처럼 나도 이 세상에 있으므로 주님 자녀들 중의 한 사람이라고 내 영에게 증언하는 사람이 누구입니까?

"피차 사랑의 빚 외에는 아무에게든지 아무 빚도 지지 말라"는 말씀대로 이것을롬 13:8 행하는 사람들은 스스로 노예도 아니고 고용인도 아니며, 오직 하나님의 자녀들이라는 사실이 분명하기 때문입니다.

자녀들에게도 법이 있습니다. "율법은 옳은 사람을 위하여 세운 것이 아니라"딤전 1:9고 기록되어 있습니다. 그러나 노예 정신에 의해 두려움 가운데 만들어진 법과 자유로운 정신에 의해 감미롭고 온유하게 주어진 법은 다르다는 사실을 기억할 필요가 있습니다. 자녀 된 자는 첫째 법에는 복종할 필요가 없으며 항상 둘째 법의 지배 아래 있습니다. 법이 의로운 사람을 위하여 세워지지 않았다고 말한 이유를 알기 원하십니까? 바울은 "너희는 다시 무서워하는 종의 영을 받지 아니하였다"라고 말했습니다. 그러면 왜 그들이 항상 사랑의 법의 통치 아래 있습니까? "여러분은 양자의 영을 받았기 때문입니다"롬 8:15.

이 의인이 자신은 법 아래 있지 아니하다고 고백한 것을 들어 보십시오. 그는 "율법 아래에 있는 자들에게는 내가 율법 아래에 있지 아니하나 율법 아래에 있는 자같이 되었고… 율법 없는 자에게는 내가 하나님께는 율법 없는 자가 아니요 도리어 그리스도의 율법 아래에 있는 자이나 율법 없는 자와 같이 되었다"고전 9:20, 21라고 말합니다. 그러므로 의인들이 율법을 가지고 있지 않다든가, 의인들에게 율법이 없다고 말하는 것은 부적절합니다. 진실로 율법은 의인들을 위해 만들어지지 않았습니다. 그것은 원치 않는 신민(臣民)들에게는 부과되지 않습니다. 그것은 하나님의 감미로운 감화에 따라 원하는 마음을 가진 자들에게 자유롭게 주어졌습니다. 그러므로 주께서도 "내 멍에를 메라"마 11:29고 부드럽게 말씀하십시다. 이것은 마치 "나는 너희가 원하지 않으면 그것을 너희에게 부과하지 않는다. 자원하는 마음으로 그것을 메라. 그렇지 않으면 안식을 찾지 못하고 오직 너희의 영혼을 위해 수고할 뿐이다"라고 말씀하시려는 것 같습니다.

사랑의 법은 선하고 감미롭습니다. 그것은 감당하기에 가볍고 감미로울 뿐만 아니라 노예나 고용인의 법들까지도 질 수 있도록 가볍게 만듭니다. 그러나 사랑의 법은 이러한 법들을 파괴하지는 않습니다. 그것은 주께서 "내가 율법을 폐하러 온 것이 아니요 온전케 하기 위해 왔다"마 5:17라고 말씀하시듯이 노예나 고용인들의 법을 온전케 합니다. 그것은 전자를 중재하고, 후자를 질서로 환원시켜, 각각 가볍게 합니다. 사랑에는 결코 죄가 없지는 않겠으나 그것은 선한 종류의 두려움입니다. 사랑은 이익에 대해서 결코 생각하지 않을 수 없겠으나 그것은 제한되고 중재된 이익입니다.

그러므로 사랑은 아낌없는 헌신을 감화하여 종의 법을 온전케 합니다. 사랑은 이기적인 갈망에 선한 방향을 제시하여 고용인의 법을 온전케 합니다. 이와 같이 경외심과 혼합된 헌신은 이러한 것들을 말살시키지 않습니다. 사랑은 그것들을 정화시키고, 노예 근성을 가진 자들이 지니고 있는 형벌의 두려움을 제거합니다. 이 두려움은 "정결하여 영원까지 이릅니다"시 19:9. 이는 "온전한 사랑이 두려움을 내쫓기" 때문입니다요일 4:18. 이것은 노예적인 두려움 안에 있는 형벌의 두려움으로 이해해야 합니다.

이제 탐욕은 그것과 새로이 결합한 사랑에 의해 올바른 방향을 향하게 됩니다. 악한 것들을 갈망하는 일을 완전히 중지하고, 선한 것들을 선호하기 시작합니다. 그것은 더 선한 것에 이르기 위해서가 아니라면 선한 것들을 갈망하지도 않습니다. 하나님의 은혜로 이것을 완전히 획득할 때 육체와 육체에 속한 모든 선한 것들은 오직 영혼을 위하여 사랑받을 것입니다. 또 영혼은 오직 하나님을 위하여 사랑받을 것이며, 하나님은 오직 자신을 위하여 사랑받으실 것입니다.

우리가 아직 썩을 육체 안에 있고 육체적 갈망을 가지고 태어났기 때문에 우리의 갈망과 애정은 육체에서 시작되어야 합니다. 그러나 은혜의 인도를 받아 한 걸음씩 전진하면서 올바른 방향을 향한다면 마침내 그것은 성령에 의해 온전해질 것입니다. 사도 바울이 말하듯이 "먼저는 신령한 사람이 아니요 육의 사람이 그 다음에 신령한 사람이니라… 우리가 흙에 속한 자의 형상을 입은 것같이 또한 하늘에 속한 이의 형상을 입을 것이기" 때문입니다.고전 15:46-49.

첫째, 사람은 육체이기 때문에 자신을 위하여 자신을 사랑합니다. 그는 자신과 관련된 것들이 아니면 아무것도 즐길 수 없습니다. 그러나 그가 홀로 존속할 수 없으며, 진실로 자신에게 하나님이 필요함을 인식할 때 그는 신앙에 의해 하나님께 묻고 하나님을 사랑하기 시작합니다.

둘째, 그는 하나님 자신의 이익이 아니라 자기 자신의 이익을 위해 하나님을 사랑합니다. 그러나 자신의 필요성 때문에 묵상과 독서와 기도와 순종으로 하나님을 경배하고 가까이 가기 시작할 때 분명한 친밀감을 가지고 조금씩 하나님을 알기에 이릅니다. 그 결과 그는 하나님은 감미롭고 친절하신 분임을 발견하기 시작합니다.

이와 같이 주께서 얼마나 감미로우신지 알고 난 후에 그는 셋째 단계로 옮겨 갑니다. 그리하여 이제는 자신의 이익이 아니라 하나님 자신을 위하여 하나님을 사랑하게 됩니다. 일단 이 단계에 도달하면 그는 그곳에 견고하게 머물러 있게 됩니다.

인간이 현세에서 넷째 단계까지 올라 갈 수 있는지는 알 수 없습니다. 이것은 하나님을 위해서가 아니라면 더 이상 자신을 사랑하지 않는 상태이기 때문입니다. 이것을 시도해 본 사람들은 (만일 그런 사람들이 있다면) 달성할 수 있는 것이라고 생각할지도 모르겠습니다. 그러나 내게는 그것이 불가능해 보입니다.

착하고 신실한 종이 주님의 기쁨의 잔치에 인도되고 하나님의 집의 충만함으로 채워지게 되는 날에는 그렇게 될 것입니다. 그는 지극히 기뻐서 어떤 놀라운 방법으로 자신을 잊게 될 것입니다. 그때 그는 자기 존재에 대한 의식을 잃고 완전히 하나님 안에 몰입할 것입니다. 그리하여 온 힘을 다하여 하나님께 매달리며, 따라서 성령으로 하나님과 하나가 될 것입니다.

시편 기자가 "내가 주 여호와의 능하신 행적을 가지고 오겠사오며 주의 의만 전하겠나이다"시 71:16라고 말한 것은 바로 이것을 언급한 것이라고 생각합니다. 그는 자신이 하나님의 영적인 권능에 들어갈 때 육체의 모든 연약함으로부터 해방될 것임을 잘 알고 있었습니다. 그는 육체의 연약함에 대해 더 이상 생각할 필요가 없으며, 오직 하나님의 온전한 것들로 가득 찰 것입니다. 그때 그리스도의 지체들은 각기 바울이 말한바 그들의 머리에 대해 자신에게 말할 수 있을 것입니다: "비록 우리가 그리스도도 육신을 따라 알았으나 이제부터는 그같이 알지 아니하노라"고후 5:16. 하늘에서는 아무도 자신을 육체대로 알지 아니합니다. "혈과 육은 하나님 나라를 이어받을 수 없기" 때문입니다 고전 15:50.

이것은 거기에 육체의 실체가 없기 때문이 아니라 모든 육체적인 필요성이 제거되기 때문입니다. 육체의 사랑이 영의 사랑에 흡수되고, 현재 존재하는 나약한 인간적 열정이 하나님의 권능 안에 몰입될 것이기 때문입니다. 지금은 사랑의 그물을 넓은 바다에 던져 온갖 종류의 고기를 끊임없이 잡고 있지만 그때에는 그 그물을 해변에 던질 것입니다. 그때에는 오직 선한 사람들만을 취하고 악한 사람들은 던져 버릴 것입니다. 현세의 사랑은 넓은 그물을 온갖 종류의 물고기들로 채웁니다. 그것은 모든 사람들의 선하고 악한 상황을 동등하게 하고 거기에 참여하여 시간에 따라 자신을 모두에게 적응시킵니다. 그러므로 기뻐하는 자들과 함께 기뻐하고 우는 자들과 함께 우는 것이 관습입니다. 그러나 그것이 (영원의) 해변에 도달하여 전에 슬픔으로 지녔던 모든 것을 악한 고기로 여겨 던져 버리고 오직 기쁨과 즐거움의 근원들만을 담아 둘 것입니다. 그때에 바울은 더 이상 연약한 자들과 함께 연약하거나 걸림돌이 된 자들과 함께 걸림돌이 되지 않을 것입니다. 걸림돌과 연약함이 제거될 것이기 때문입니다.

우리는 그가 이 땅에서 회개하지 않는 자들 때문에 여전히 눈물을 흘리리라고 생각해서는 안 됩니다. 그때에는 더 이상 죄인들이 없으므로 회개할 사람도 없을 것이 분명하기 때문입니다. 우리는 악마와 그의 사자들과 함께 영원한 불을 그 분깃으로 가지고 있는 사람들을 위해 하나님이 눈물을 흘리시거나 탄식하시리라고 생각해서는 안 됩니다. 하나님의 성읍에 흐르는 시냇물이 그들의 마음을 즐겁게 해줄 것이기 때문입니다시 46:4. 주님은 야곱의 모든 거처보다 시온의 문들을 사랑하십니다시 87:2. 이 세상 거처에서는 때로 승리의 기쁨을 느끼기도 하지만 항상 전투가 지속되며, 때때로 목숨을 건 투쟁이 되기도 합니다. 그러나 그 아름다운 나라에는 역경이나 비탄의 자리가 없습니다. 그러므로 시편 기자와 함께 우리는 "기뻐하는 모든 자들의 근원이 당신 안에 있습니다"시 87:7라고 또는 "영원한 기쁨이 있으리라"사 61:7고 노래합니다. 하나님의 공의만이 기억되는 곳에 자비에 대한 기억이 어떻게 있겠습니까? 비참함이나 동정할 일이 없을 때 어떻게 연민의 감정이 발휘될 수 있겠습니까?

사랑하는 형제여, 나는 당신과 함께 대화하기를 바라는 강한 열망 때문에 이 장황한 이야기를 더 연장하고픈 갈망을 느낍니다. 그러나 이제 이 이야기를 중단해야 한다고 느끼는 세 가지 이유가 있습니다. 첫째로 당신에게 부담을 드리지 않았는지 두렵기 때문이며, 둘째로 내가 너무 수다스럽게 보이지 않았는지 부끄럽기 때문이며, 셋째로 내가 개인적인 염려로 압박을 받고 있기 때문입니다.

결론적으로 당신이 나를 긍휼히 여기시기를 바랍니다. 그리고 당신이 나에 대해서 들은 선한 일들 때문에 기뻐한다면, 바라건대 나의 실제의 유혹과 염려에 있어서도 나와 공감하십시오. 당신에게 이러한 것들을 이야기한 사람은 분명히 매우 작은 것들만을 보았고 이러한 작은 것들을 마치 위대한 것인 양 과장했습니다. 당신은 관대하게도 이것들을 쉽게 믿었습니다. 왜냐하면 당신은 가장 좋은 것을 들으려 했기 때문입니다. 진실로 "모든 것을 믿는"고전 13:7 사랑으로 복 주시기를 기원합니다. 그러나 나는 모든 것들을 아는 진리로 혼동되어 있습니다. 나는 당신이 밖에서만 나를 보아 온 사람들의 말에 귀를 기울이지 말고 내가 내 자신에 대해 말하는 것을 믿어 주시기 바랍니다. "사람의 일을 사람의 속에 있는 영 외에 누가 알겠습니까?"고전 2:11. 나는 내가 추측이 아니라 완전한 지식에서 나 자신에 대해 말한다고 확신합니다. 나는 사람들이 나에 대해 이야기하고 믿는 것과 같은 사람이 아닙니다. 당신에게 이것을 알리고 솔직히 고백해야 할 필요가 있습니다. 그러므로 나에게는 당신의 특별한 기도가 필요합니다. 이것이 당신의 편지가 제시한 것과 같은 것이 되기를 바랍니다. 이 이상 내가 바라는 것이 없기 때문입니다.

The Love of God **9**
영적 우정

이 장(章)의 제1권은 아마 이보(Ivo)가 수도사로 있던 리보(Rievaulx)에서 파생된 수도원인 베드포드셔(Bedfordshire)의 워든 수도원(Abbey of Wardon)에서 쓰여진 듯하다. 여기의 이보는 아엘레드(Aelred)가 그의 초기 작품 『12세의 예수에 관하여』(*On Jesus at the Age of Twelve*)를 보낸 그 이보였을 것이다. 공식적인 방문을 통해 베르나르는 이보가 공동체의 활기찬 토론 속에서 침묵하고 있음을 발견하였다. 아엘레드는 그의 곁으로 가까이 가서 그와 함께 우정의 본성에 관하여 다음과 같은 대화를 가졌다. 두 사람 모두 우정에 관한 키케로(Cicero)의 책을 읽었으며, 그리스도를 모르는 이교도가 진실로 영적인 우정을 이해할 수 있는지를 물었다.

몇 년 후 아엘레드가 우정을 논한 『자비의 거울』을 쓴 뒤에 제2권과 제3권도 쓰여졌다. 그들은 리보에서 수도원의 두 친구인 발터와 그라치안과 가진 논의도 기록했다. 아엘레드의 전기 작가인 월터 다니엘은 이것이 그를 언급한 것이라고 말한다. 그라치안이 누구인지는 알려져 있지 않다. 아마 리보의 또 다른 수도사였을 것이다.

월터와 그라치안은 모두 오늘날의 우리들과 마찬가지로 영적 우정의 실천에 대해 비관적이다. 그러나 아엘레드에게 있어서 친교와 경건함은 매우 심오하게 연결되어 있으므로 그는 그 필요성과 가능성에 대한 확신을 가지고 세 가지 토론을 관철시킨다. 이것이 그의 안에서 강하게 작용하여 그의 모든 작품에 이것은 가장 신중하게 논증되고 가장 잘 쓰여졌다. 그에게 있어서 다른 주제들은 이만큼 귀한 것이 아니었음을 보여 주기 때문이다.

제1권: 우정의 본질

아엘레드: 우리는 여기에 모여 있습니다. 당신과 나, 그리고 다른 한 분이 여기에 계시기 바랍니다. 그분은 그리스도입니다. 여기에는 다른 사람이 우리를 방해하지 못합니다. 당신의 마음을 열어 나로 하여금 당신의 말을 듣게 해주십시오.

이　보: 나에 대한 당신의 관심에 깊이 감사드립니다. 사랑의 영께서 친히 당신에게 내 마음을 보여 주셨습니다. 나는 참으로 그리스도 안에서의 우정에 관해 더 완전한 가르침을 받고 싶습니다.

아엘레드: 나는 우정에 관해서 아무것도 당신께 가르칠 수 없습니다. 그러나 우리가 그것에 대해 자유롭게 토론할 수는 있습니다. 당신은 그리스도 안에서 우정이 시작되고 완성됨을 보고 그 주제를 바르게 소개하셨습니다. 우리가 이 주

| | 제에 대하여 어떤 방법으로 토론에 들어가겠습니까? |
| 이 보: | 우정을 허공에 있는 관계로 묘사해서는 안 됩니다. |

아엘레드: 키케로는 "우정은 사랑과 자비로써 인간사와 하나님의 일에 있어서 상호간의 조화를 이루는 일"이라고 주장합니다.

이 보: 키케로가 말하는 "사랑"과 "자비"는 무엇을 의미합니까?

아엘레드: 그가 말한 "사랑"은 애정을 의미하고, "자비"는 행위로 나타난 애정을 표현하려 했던 것 같습니다.

이 보: 그것이 옳은 것 같습니다. 그러나 그것이 이교도와 기독교도에게 동일하게 적용될 수 있습니까? 나는 참된 우정은 오로지 그리스도 안에 사는 사람들 사이에만 존재한다고 확신합니다.

아엘레드: 그렇습니다. 그 정의는 불완전한 것 같지만 우리가 함께 토의하는 가운데 명확해질 수 있을 것입니다. 친구의 사랑은 정원과 같습니다. 우리가 거기에서 그의 즐거움에 기뻐하고 그의 슬픔에 눈물을 흘릴 수 있습니다 롬 12:15. 이 세상의 철학자들도 우정이란 무상한 것이 아니며, 그 덕이 영원함을 주목했습니다. 그러므로 솔로몬은 "친구는 사랑이 끊어지지 아니한다" 잠 17:17고 말했습니다. 제롬의 말에 따르면 우정이 그친다면, 그것이 결코 참된 사랑이 아니었음을 증명하는 것입니다(『서신』, 3:6).

이 보: 우리는 아직 그러한 높은 기준을 기대하지 않습니다. 참된 우정은 매우 드문 것입니다. 진실로 키케로는 "지나간

많은 세월 동안 참된 우정을 지닌 친구들은 서너 쌍이 되지 않았음"에 주목합니다. 지금 기독교 안에서도 참된 친구는 찾아보기 어렵습니다.

아엘레드: 그러나 기독교인들은 실망하거나 포기해서는 안 됩니다. 마태복음에서 "구하라 그리하면 너희에게 주실 것이요" 마 7:7라고 약속하셨습니다.

이교도들에게 그러한 희망이 없는 것은 당연한 일입니다. 그리스도에 대한 신앙을 통해 초대 교회는 서넛이 아니라 그와 같은 우정의 예를 수천 가지나 기록하고 있습니다. "무리가 한 마음과 한 뜻이 되어 모든 물건을 서로 통용했기" 때문입니다 행 4:32.

이   보: 그러면 사랑과 우정 사이에 아무런 차이가 없습니까? 우리는 친구와 적을 모두 사랑해야 하지 않습니까?마 5:44; 눅 6:27 이하. 그러나 우리는 단지 우리가 마음을 주어 신뢰하는 사람들만을 친구라고 부를 수 있습니다.

아엘레드: 육체적인 우정은 탐욕이 가득한 눈과 밖을 향한 귀에서 시작됩니다. 그것은 지나가는 사람들을 향한 창녀의 애정입니다 겔 16:25. 마찬가지로 세상적인 우정은 일시적이고 물질적인 이익을 얻고자 하는 갈망에 의해 촉진됩니다. 그것은 유익한 것만을 추구하는, 좋은 날씨에만 적합한 우정입니다. 그와 같이 그릇된 시작도 참된 우정으로 발전할 수 있으나 여전히 일시적인 일입니다.

영적인 우정에는 이익이라는 동기가 없습니다. 그것은 그 자체의 품위를 위하여 갈망됩니다. 그 결실은 단지 복음의 주님이 우리에게 "열매"를 맺어야 한다고 요 15:16 명령하시기 때문에 생깁니다. 우리는 서로 사랑해야 합니다. 그러므로 참된 우정은 모든 악의 추방을 의미합니다. 이것만이 참된 공동체를 마련할 수 있습니다. 우정은 신중하게 조절되고, 공의로 다스려지며, 용기에 의해 인도되고, 절제에 의해 중재됩니다. 이것에 대해 앞으로 더 생각하겠지만, 이미 우리는 우정의 참된 본질에 대하여 충분히 말했습니다.

이 보: 정말 그렇습니다! 그러면 인류에게 있어서 처음에 우정이 어떻게 시작됐는지 말씀해 주십시오. 그것이 우연히 발생했습니까, 아니면 필요에 의해 발생했습니까? 혹은 인류에게 어떤 법이 부과되었습니까?

아엘레드: 내 생각에 인간 영혼은 창조 때부터 우정을 갈망했습니다. 경험은 그 갈망을 강화하고 법의 인준은 그것을 확정했습니다. 하나님은 "사람이 혼자 사는 것이 좋지 아니하니 내가 그를 위하여 돕는 배필을 지으리라" 창 2:18고 말씀하셨습니다. 남녀의 동등성이 얼마나 아름답게 인식되어 있습니까? 동등성은 참된 우정의 특성입니다. 그러나 슬프게도 타락으로 말미암아 그와 같은 감미로움과 애정의 경험이 탐욕, 시기, 투쟁, 대적, 미움, 그리고 의심으로 전락했습니다. 하나님이 인류를 위해 의도하셨던 원래의 보편적인 우정이 타락했습니다. 물론 지혜도 이때 타락했습

니다. 그것은 율법의 힘에 의해 규제되고 능력을 받을 필요가 있었습니다.

이　　보: 왜 지혜와 우정을 연관짓습니까?

아엘레드: 우정이란 곧 참된 지혜입니다.

이　　보: 이것으로 당신은 예수의 친구가 사랑에 대하여 말한 바를 "하나님은 우정이시다"라고 말하려는 것입니까? 요일 4:16.

아엘레드: 그렇게 표현하는 것이 평범한 방식은 아닙니다만 그것은 성경이 "사랑 안에 거하는 자는 하나님 안에 거하고 하나님도 그의 안에 거하신다" 요일 4:16고 말하면서 인정한 것입니다.

제2권: 우정의 성숙과 풍성한 결실

월　　터: 전에 영적 우정에 대해 당신의 친구 이보와 나눈 대화를 기억하십니까?

아엘레드: 나는 사랑하는 이보를 기억합니다. 그는 지금 이 세상에 없지만 그의 한결같은 사랑과 애정은 항상 나에게 남아 있을 것입니다. 그의 영이 항상 나와 함께 있을 것이기 때문입니다. 그의 경건한 얼굴은 여전히 나를 감화시키고, 그의 매력적인 눈은 여전히 내게 미소를 보냅니다. 우리가 함께 나눈 대화의 기록은 잃어 버렸지만 그의 말은 여전히 남아 있습니다.

월　　　터: 솔직히 말해서 나는 당신이 삼일 전에야 비로소 이러한 일들에 대한 기록을 받았다고 들었습니다. 그러므로 나는 당신과 전체 토론을 재고해 보기를 갈망합니다.

아엘레드: 좋습니다. 그러나 그것은 단지 당신의 사적인 검토를 위한 것입니다.

월　　　터: 몇 년이 지난 후에 그것을 모두 다시 읽는다는 것은 참으로 놀라운 일입니다. 그러나 우정의 본질에 관한 그 놀라운 담화를 읽으니 우정의 목적과 가치에 대하여 더 많은 것을 묻고 싶을 뿐입니다.

아엘레드: 우정은 이생과 다가올 생에서 모두 열매를 맺기 때문에 내가 우정의 유익에 대하여 모든 것을 설명했다고 주장할 수 없습니다. 인류에게 있어서 우정이 없이는 어떠한 행복도 거의 존재할 수 없을 것입니다. 우정이 없는 인간은 동물과 같습니다. "홀로 있어 넘어지고 붙들어 일으킬 자가 없는 자에게는 화가 있으리라" 전 4:10.

신뢰할 수 있고 마주 대하여 말할 수 있는 친구를 알고 있다면 얼마나 큰 축복과 안전과 기쁨이 있겠습니까? 영적인 발전을 털어놓을 수 있는 것은 얼마나 확신을 주는 일입니까? 계획을 함께 나누고 합일될 수 있는 사람을 갖는 일은 얼마나 즐거운 일입니까? 지혜자는 그와 같은 친구가 "생명의 약"이라고 말합니다 시락 6:16. 우정으로 상처를 치유하고 "짐을 서로 지는 일" 갈 6:2은 매우 효과적입니다. 그와 같은 우정은 가장 좋은 생명의 약이기 때문에 생명을 연장시킵니다. 진실로 그것은 가장 좋은 생명의 은사입니다. 그러면 하나님의 우정은 얼마나 더하겠습니까? 요한복음에서 주님은 "너희를 종이 아니라 친구라 하리라"요 15:15고 말씀하셨기 때문입니다.

월   터: 나는 당신이 나를 감동시키고 그와 같은 우정을 가지려는 갈망을 강렬하게 하였음을 인정합니다. 그러나 무엇보다도 나는 영적 우정에 있어서 하나님의 사랑이 얼마나 더 충만하게 발전되는지 알고 싶습니다. 나는 영적인 성숙의 단계에 있어서 참된 우정이 지극히 높은 것임을 압니다.

그라치안이 오는군요. 우정에 대한 그의 열심 때문에 나는 그를 우정의 아들이라고 부릅니다.

그라치안: 이 존엄한 대화에 끼어들어 방해자처럼 느껴지지만 감사드립니다. 내가 참으로 "우정의 아들"이며 당신이 나를 놀리고 있는 것이 아니라면 나는 이 대화에 처음부터 참여했을 것입니다. 아엘레드 신부님, 계속하십시오.

아엘레드: 나의 아들이여, 우리가 이 주제를 이미 다 다루었다고 생각하지 마시오. 그러나 우리의 대화가 어디쯤 와 있나 알기 위해 우정이란 하나님의 사랑과 지식을 향한 한 단계에 불과하다는 점에 주목하시오. 사도 바울이 고린도전서 13장에서 말하듯이 참된 사랑은 항상 거룩하며, 자발적이며, 진실합니다. 이와 같이 참된 우정은 기쁨과 안전과 감미로움이라는 특질들로 빛을 발합니다.

우정에 명예, 매력, 진리, 기쁨, 감미로움, 선의(善意), 사랑, 행위의 덕이 부가된다면 놀라운 것이 됩니다. 이 모든 것들은 그 근원을 오직 그리스도 안에만 두고 있습니다. 그것들은 오직 그리스도 안에서만 발전합니다. 그리고 오직 그리스도 안에서만 온전케 됩니다. 그와 같은 비상은 너무 가파른 것이 아닙니다. 그것은 그리스도 사랑에 의해 감화되기 때문입니다.

그리하여 우리는 그리스도의 사랑으로 친구를 사랑할 수 있습니다. 이것은 그리스도께서 친구로서 자신을 우리에게 주셨을 때 주시는 사랑입니다. 그의 안에서 매력에 매력이 뒤따르고, 애정이 애정 위에 쏟아집니다. 친구가 친구에게 집착하듯이 그리스도의 영 안에서 그들은 그리스도와 한 마음 한 영혼이 됩니다 행 4:32.

인간이 생명을 유지하기 위해서는 두 가지 요소, 즉 음식과 공기가 필요합니다. 음식을 먹지 않고도 얼마 동안 견딜 수 있지만 공기가 없으면 몇 분이 못 가서 죽을 것입니다. 우리는 영적으로 이것을 그리스도의 입맞춤과 유사하다고 생각할 수 있을 것입니다. 거룩한 영혼은 소리칩니다: "내게 입맞추기를 원하노라" 아 1:1. 그 결과는 그리스도와 영혼의 사랑의 합일입니다.

[여기에서 아엘레드는 "입맞춤을 세 가지 의미에서 즉 육적으로, 영적으로, 묵상적으로 논한다."] 육체적인 입맞춤은 입술의 표현이며, 영적인 입맞춤은 영의 합일이며, 묵상적인 입맞춤은 은혜 안에서 받은 하나님의 영의 입맞춤

입니다. 육체적으로 우리에게는 화해와 같은 어떤 특별한 목적을 위한 입맞춤이 필요합니다. 영적으로 입맞춤은 서로 혼합되고 합일된 영을 가진 친구들의 계약이라는 특성을 가집니다. 그러나 (입술의 접촉에 의해서가 아니라) 마음의 애정을 통하여, 그리고 (입술의 만남에 의해서가 아니라) 영의 혼합을 통하여 주어진 "그리스도의 입맞춤"은 진실로 영적인 교제입니다. 그때 그들은 시편 기자와 함께 "형제가 연합하여 동거함이 어찌 그리 선하고 아름다운고"시 133:1라고 말할 수 있을 것입니다.

그와 같은 입맞춤에 익숙하도록 자라는 영혼은 보다 많은 사랑의 경험을 추구합니다. 그는 주의 품 안에서 쉬고 기쁨을 누리며 "그가 왼팔로 내 머리를 고이고 오른팔로 나를 안는구나"아 2:6라고 말합니다.

그라치안: 이러한 종류의 우정은 내가 보기에 특이한 것입니다. 우리는 그와 같은 특성을 가지는 우정에 대해 꿈도 꾸지 못합니다. 월터가 지금까지 무어라고 말했는지 모르지만 내게 있어서 우정이란 의지의 완전한 일치요, 한 사람이 가진 것을 모두 서로 나누는 것입니다.

월　터: 우정에 관한 최초의 대화와 비교해 볼 때 나는 그 특성에 대하여 훨씬 더 많이 알게 되었습니다. 나의 문제는 우정이 얼마나 발전할 수 있는가, 우정의 한계는 무엇인가 하는 점입니다. 사람이 물건을 함께 나누는 일로써 충분합니까? 또 사람이 나라를 공유하거나 유배지에 같이 가거나 혹은 다른 사람들이 불명예스럽다고 생각하는 것들에도 자신을 노출시켜야 합니까? 우리는 친구를 위해 무엇을 해야 합니까?

나는 이러한 주장들 중 어느 것도 우정을 제대로 정의하지 못한다고 믿습니다. 조심성이 없는 경향이 있는 그라치안을 위하여 몇 가지 한계를 제시하렵니다.

그라치안: 훌륭하십니다. 그러나 나는 아엘레드 신부의 말씀을 더 듣고 싶습니다.

아엘레드: "사람이 친구를 위하여 자기 목숨을 버리면 이보다 더 큰 사랑이 없느니라"요 15:13고 말씀하신 그리스도께서 친히 우리에게 한계를 제시하셨습니다. 그것으로 충분하지 않습니까?

그라치안: 그것보다 더 큰 우정이 없다면 어째서 그것으로 충분치 못하겠습니까?

월 터: 그러나 이교도들이 악의 조화를 이루는 가운데 서로를 위하여 죽으려 한다면 무어라 말하겠습니까? 그들로 참된 우정의 개요를 알고 있다고 인정할 수 있습니까?

아엘레드: 절대로 그렇지 않습니다. 그들 사이에 참된 우정이란 존재할 수 없기 때문입니다!

그라치안: 그러면 누가 참된 우정을 소유할 수 있습니까?

아엘레드: 간단하게 말하겠습니다. 그것은 선한 사람들 사이에서 시작되고, 더 선한 사람들 사이에서 발전하며, 가장 선한 사람들 사이에서 완성될 수 있습니다. 이는 당신이 모든 악

을 싫어해야 함을 의미합니다. 첫 사람 아담은 금단의 열매를 같이 먹자는 이브의 요구에 동조하지 말고 그녀의 주제넘은 행동을 비난해야 했습니다 창 3:6. 암논이 근친상간의 욕정을 채우도록 도운 요나답은 결코 암논의 친구가 아니었습니다 삼하 13:3f. 당신도 알고 있듯이 우정은 선한 사람들 사이에만 존재할 수 있습니다.

그라치안: 그러면 선하지 않은 사람들이 누리는 우정의 실체는 무엇입니까?

아엘레드: 사람은 누구도 절대적으로 선하지 못하기 때문에 우리는 우리의 타락에 비추어 이 주제에 대해 상대적으로 말하고 있습니다. "신중함과 의로움과 경건함으로 이 세상에 사십시오" 딛 2:12. 그리하면 그와 같은 우정을 얻고 발전시킬 수 있습니다.

월 터: 나는 우리가 우정을 피해야 한다고 믿고 싶은 유혹을 받습니다. 스토아 학파가 이렇게 느꼈는데, 그들은 불가능한 이상은 멀리하는 것이 더 낫다고 생각했기 때문입니다.

그라치안: 옳습니다. 이 시점에서 우리가 하고 있는 것은 시간 낭비입니다. 우리가-그토록 거룩하고 유익하고 하나님께 가납되는 열매를 가진-우정에 대한 갈망을 그토록 쉽게 버릴 수 있다면 어떻게 그것을 실천하도록 납득할 수 있습니까? 나로서는 그와 같은 빈정거림을 사랑을 쉽게 증오로 바꾸는 변덕스러운 사람들에게 맡깁니다.

월 터: 나도 그라치안처럼 비둘기에게는 쓸개가 없다고 생각하

곤 했습니다. 그러나 아엘레드는 그러한 견해를 어떻게 반박할 수 있는지를 설명해 주실 것입니다.

아엘레드: 키케로가 이 점에 대해 훌륭하게 말했습니다: "생활에서 우정을 지니는 일은 세상에서 태양을 취하는 일과 같다. 우리에게는 하나님보다 더 좋은 것, 더 기쁜 것이 없기 때문이다." 우정의 필요성을 멸시하는 사람은 지혜롭지 못한 사람입니다.

바울은 항상 다른 사람들에 대한 관심을 지니고 살았기 때문에 어리석은 사람이었음에 틀림없습니다. 참된 사랑—그에게는 지고한 덕—을 위하여 그는 약한 자들과 함께 약해지고 고후 11:29 형제들 때문에 근심했습니다 롬 9:3. 때로 그는 그의 백성을 유모처럼 사랑했습니다 살전 2:7. 때때로 슬픔에 가득 찼습니다 고후 2:4; 12:21.

아렉 사람 후새가 다윗과 신실한 우정을 유지한 것도 헛된 일이었습니까? 삼하 16:15f.; 17:5f. 그렇지 않습니다. 나는 우리가 서로 무관심하게 살아야 한다고 말하는 자들은 동물 같은 사람이라고 생각합니다. 서로 돌보거나 돌봄을 받지 못하는 것은 잘못된 일입니다.

우정을 헛된 공언으로 생각하는 일을 금해야 합니다. 그것은 사랑이라는 값을 치러야 합니다.

월　　터: 단순한 우정의 겉치레에 많은 사람들이 속는다면 우리가 어떤 종류의 우정을 피해야 하고, 어떤 종류의 우정을 추구해야 하는지를 말씀해 주십시오.

아엘레드: 참된 우정은 선한 사람들 사이에만 있으므로 그들에게 어울리지 않는 것은 아무것도 받아들여지지 않습니다.

그라치안: 그러나 그것으로는 아직 참된 우정과 거짓된 우정의 차이점이 분명히 납득되지 않습니다.

아엘레드: 우정 중에는 목적이 없고 장난 섞인 성숙치 못한 애정이 있습니다. 그것은 행인들의 주의를 끕니다. 그러나 거기에는 이성이 결여되어 있고 불안정합니다. 그와 같이 유치한 우정은 변덕스럽고 불안정하며 불순한 동기가 섞여 있습니다.

성숙한 영적 우정은 순수한 동기들을 보존하는 일로 시작됩니다. 거기에 이성이 뒤따르고 수련이 뒤따릅니다. 영적 우정은 우리가 자신에게 유리하다고 생각하는 우정과 대조됩니다. 그러나 만일 당신이 "유리한 것들" 안에 의심에서의 인도, 비애 속의 위로, 그밖에 다른 이익들을 포함시킨다면 이러한 것들은 친구에게서 기대해야 하는 것입니다. 그러나 그와 같은 우정은 결코 그 이익들에서 나오지 않을 것입니다. 오히려 그 이익들이 우정에서 나올 것입니다.

다윗이 바르실래로부터 은혜를 입은 것도 같은 경우입니다 다삼하 17:27 이하. 또 우리는 다윗과 요나단 사이의 거룩한 우정의 관계가 미래적인 동기에 대한 희망을 통해서가 아니라 덕 자체에 대한 묵상에서 성화되었음을 압니다. 유익은 그 후에 오는 것입니다 삼상 19:20; 삼하 19장.[3]

그라치안: 이제 친구를 섬기는 일에 있어서 유의해야 할 점들을 말씀해 주십시오.

아엘레드: 안타깝게도 시간이 너무 많이 흘렀고, 나는 다른 일에 참석해 달라는 요청을 받고 있습니다.

월　　터: 나는 이 대화를 멈추고 싶지 않습니다. 우리의 대화를 계속하기 위해 그라치안은 내일 아침 반드시 제 시간에 도착해 주십시오.

제3권: 깨지지 않는 우정의 조건과 특성들

아엘레드: 여기서 무얼 하고 계십니까?

그라치안: 내가 왜 여기에 있는지 잘 아실 텐데요.

아엘레드: 월터는 참석하지 못했습니까?

그라치안: 스스로 알아서 하겠지요. 그는 내가 오늘 늦은 데 대해 비난할 수 없을 것입니다.

아엘레드: 어제 제기하신 문제들을 다루기를 바라십니까?

그라치안: 월터가 빨리 왔으면 좋겠습니다. 그는 문제를 신속하게

---

3) 편집자 주-아엘레드는 친구에게 어떠한 것도 거절해서는 안 된다고 결론짓는다. 생명 자체가 문제 되더라도 친구를 위해서는 아무것도 거절하면 안 된다. 그러나 영혼의 생명은 육체의 생명보다 훨씬 더 뛰어난 것이므로 친구의 영혼의 죽음을 초래하는 행동은 어떤 것이든지 전적으로 부인되어야 한다.

파악하고서 좋은 질문들을 제기하기 때문입니다. 그는 또 훌륭한 기억력을 가지고 있습니다.

(월터가 들어온다.)

아엘레드: 월터, 당신도 들었습니까? 그라치안은 내가 생각하는 것보다 당신에게 더 친절합니다.

월　　터: 그는 모든 사람들의 친구인데 어찌 내 친구가 되지 않을 수 있겠습니까? 이제 시간을 최대한 이용합시다.

아엘레드: 사랑은 우정의 근원입니다. 우정이 없는 사랑이 있을 수는 있지만 사랑이 없는 우정은 불가능합니다. 사랑에는 그것을 순수하게 하는 이성도 있으며, 애정이 사랑을 감미롭게 유지합니다. 그러나 영적 우정의 기초는 하나님의 사랑입니다. 인간의 모든 사랑은 바로 이 하나님의 사랑을 향합니다. 그러므로 이것이 우리가 집을 짓는 기초가 되어야 합니다.

그러나 우리가 사랑하는 사람이 모두 우리의 친구인 것은 아닙니다. 당신의 친구를 영혼의 동료로 삼으려면 조심스럽게 친구를 선택해야 합니다. 서로 아무것도 감추지 않으며, 아무것도 두려워하지 않아야 하기 때문입니다. 그러므로 그와 같은 우정에는 조건들이 있습니다. 친구는 시험해 보아야 하며 안정되어야 합니다. 우정을 해치는 사람보다 더 혐오스러운 사람은 없습니다. 그러므로 지극히 조심하여 선택하십시오. 한번 친구를 받아들이면 영혼과 영으로 태어나고, 존경받으며, 합일되기 때문입니다.

우정의 발전에는 네 단계가 있습니다. 첫째는 선택, 둘째는 시험, 셋째는 허가, 넷째는 완전한 조화입니다.

월   터: 나는 당신이 이보와의 첫 토의에서 이 정의를 어떻게 보여 주셨는지를 기억합니다. 그 후에 당신은 여러 종류의 우정에 대해 토의해 오셨으므로, 당신이 무엇을 참된 우정의 특성이라고 생각하시는지 알고 싶습니다.

아엘레드: 우리가 이제까지 살펴본 바 참된 우정은 선한 사람들 사이에만 존재합니다. 이것이 우정의 주요 특성입니다.

그라치안: 그러나 싫어하고 좋아하는 것들을 공유하는 자들과 한 공동체를 이루는 우정은 어떤 것입니까?

아엘레드: 물론 나는 그것이 훈련된 애정을 행사하는 자들의 공동체라면 그것을 받아들이겠습니다.

월   터: 그러면 당신께서 언급하신 네 단계란 무엇입니까?

아엘레드: 먼저 친구들을 선택하는 일부터 시작하겠습니다. 성을 잘 내고 변덕스럽고 의심이 많고 말이 많은 자들을 피하십시오. 성경은 "노를 품는 자와 사귀지 말며 울분한 자와 동행하지 말지니 그 행위를 본받아서 네 영혼을 올무에 빠칠까 두려움이니라" 잠 22:24f.라고 말합니다. 솔로몬은 "노는 우매자의 품에 머문다" 전 7:9라고 덧붙입니다. 자신이 어리석은 자의 친구가 될 수 있다고 생각하는 자가 어디 있겠습니까?

월   터: 그러나 당신은 성을 잘 내는 친구에 대한 깊은 헌신의 모범을 보여 주셨습니다. 우리는 당신이 그로 인해 상심하

셨다는 말을 들어 보지 못했습니다.

아엘레드: 본질적으로 나쁜 기질을 가지고 있는 사람들도 있음을 기억해야 합니다. 그들은 자신들의 약점을 극복하기 위해 가끔 부주의한 말이나 분별없는 행동으로 친구에게 대듭니다. 우리가 그러한 친구를 갖게 되었다면 인내로 그를 용납해야 합니다.

그라치안: 그렇습니다. 우리는 일전에 당신에게 화내는 친구를 보았는데, 당신은 그의 행동에 대해 인내하셨습니다.

아엘레드: 물론 당신이 언급한 그 사람은 내게 매우 다정한 친구입니다.

월　　터: 그라치안은 이 일을 말하는 데 있어서 나보다 더 용감하군요. 일단 내 친구가 되었으니 나는 계속 그를 받아들일 수 있을 뿐입니다. 기질의 문제에 있어서 내가 그보다 더 강하다 할지라도 나는 그의 마음의 평화를 위해 그에게 굴복할 수 있습니다.

월　　터: 이보가 죽은 이후로 이 친구가 당신을 만족시켜 왔습니다. 우리는 그가 어떻게 그렇게 행할 수 있는지 모르겠습니다. 그러니 우정을 파괴하는 다섯 가지 악덕들을 말씀해 주십시오.

아엘레드: 그렇게 하지요. 중상은 진실로 명성을 파괴하는 해로운 악덕입니다. 사람들은 자기를 칭찬하면 기뻐하고, 이웃을 질책하는 데서 만족을 느낄 것입니다. 무고한 사람의 얼굴을 때리는 것보다 더 화나는 일이 무엇이 있겠습니까?

친구의 비밀을 폭로하는 악덕도 있습니다. 이보다 더 천하고 혐오스러운 것은 있을 수 없습니다. 따라서 "친구의 비밀을 폭로하는 자는 신용을 잃는다"시락 27:24라고 기록되어 있습니다. 또한 "친구의 비밀을 폭로하는 일은 불행한 영혼에게 희망을 남겨 두지 않는다"시락 27:24라고 덧붙입니다. 솔로몬은 "주술을 베풀기 전에 뱀에게 물렸으면 술객은 소용이 없느니라"전 10:11고 말합니다. 이런 식으로 비방하는 일은 문둥병에 걸리게 된 미리암과 같은 배신을 범하는 일입니다민 12:1f.

친구를 선택하는 데 있어서 또 다른 요인은 변덕스러운 자들을 피하는 일입니다. 우정에 특권으로 주어지는 열매는 친구를 신뢰하고 자신을 위탁할 수 있는 안전성입니다. 변덕스러운 사람 안에 어떻게 안전성이 있을 수 있겠습니까?

또 당신에게는 의심 많은 사람이 결코 줄 수 없는 상호간의 마음의 평화와 평정이 필요합니다. 의심은 결코 꺼지지 않는 불에 끊임없이 공급되는 연료와 같습니다. 이 무서운 악덕은 모든 것을 해칩니다. 그것은 어느 누구도 이길 수 없는 상황입니다.

말이 많은 사람도 피하십시오. 지혜자가 말합니다. "네가 말이 조급한 사람을 보느냐 그보다 미련한 자에게 오히려 희망이 있느니라"잠 29:20.

그러므로 당신이 친구로 택하는 자는 화로 뒤틀리지 않은 자, 변덕스럽지 않은 자, 의심에 빠지지 않은 자, 잡담으로 행동이 잘못되지 않은 자이어야 합니다. 당신의 기질과 습관에 맞는 사람을 찾아보십시오.

월   터: 어디서 그런 사람을 찾을 수 있습니까?

아엘레드: 그런 사람을 찾는 일이 쉽지 않음은 인정합니다. 그러나 이런 식으로 자신을 훈련시키는 일을 배우는 사람들이 있으며, 그들은 참으로 보배로운 사람들입니다.

월   터: 당신이 이러한 악덕들을 갖지 않은 친구를 발견하였으나 후에 그가 이 악덕들에 빠졌다고 생각해 보십시오. 그때도 계속 이를 관용하십니까?

아엘레드: 물론 현명하게 선택하는 일로 시작해야 합니다. 그리고 시간을 들여 우정을 발전시켜야 합니다. 그러나 만일 우정을 끊어야 한다면 드러나게 하기보다는 점진적으로 하십시오. 그러한 점진적인 분리가 씁쓸함, 언쟁, 반목을 피하게 할 것입니다. 친밀했던 사람에게 전쟁을 선포하는 것은 수치스러운 일이기 때문입니다.

그러나 진정한 친구의 과오에 대해 인내하는 법을 배우십시오. 우정을 계속함으로 "친구는 사랑이 끊어지지 않기" 때문입니다 잠 17:17. 그가 당신을 성나게 하더라도 마음을 누르고 계속 그를 사랑하십시오. 그의 명성을 지켜 주십시오. 그가 당신의 비밀을 폭로하더라도 결코 그의 비밀을 폭로하지 마십시오.

월   터: 그러면 당신이 우정을 점진적으로 와해시킨다고 말씀하

신 악덕들은 무엇입니까?

아엘레드: 그 다섯째 악덕은 오류들, 특히 비밀과 의심스럽게 감추어진 오점을 폭로하는 일입니다. 이러한 것들은 용서할 수 없습니다.

그러나 여섯째 악덕이 있습니다. 즉 당신의 친구가 당신이 사랑하는 사람들을 해치며 그것을 계속 고집할 때 나타납니다. 아하수에로 왕은 그가 다른 모든 친구들보다도 더 사랑하였던 하만과의 우정을 잠시 유보했습니다. 그가 그렇게 행 한 것은 그의 부인과 그녀의 백성을 더 사랑했기 때문입니다에 7장.

그러나 지혜롭게 선택되고 시험받고 진정한 영적 우정 안에 합일된 완전한 친구들 사이에는 불일치가 일어날 수 없습니다. 분열로 나아가는 우정은 그것이 결코 참된 것이 아니었음을 보여 줍니다. "끝낼 수 있는 우정은 참된 우정이 아니다"제롬, 『서신』, 3:6.

월　　터: 무엇이 우정을 무너뜨릴 수 있습니까?

아엘레드: 우정을 특징 짓는 네 가지 요소가 있습니다. 그것은 사랑, 애정, 안전, 그리고 행복입니다. 이런 것들이 없으면 우정은 지속되지 않을 것입니다.

사랑은 자비롭게 봉사하는 것을 의미합니다. 애정은 외부에서 본 내향적인 쾌락입니다. 안전은 안전하게 보유된 권고와 신뢰의 계시입니다. 행복은 함께 나누어지고 모든 상황에 만족합니다. 그러므로 당신은 이러한 것들이 상실

될 때 우정도 사라짐을 보게 됩니다.

월   터: 이제 지금까지 말씀하신 내용을 요약해 주셨으면 합니다.

아엘레드: 그렇게 하지요. 사랑은 우정의 근원입니다. 그 사랑은 온갖 종류의 사랑이 아니라 이성과 애정으로부터 나오는 것입니다. 그리고 참된 우정의 기초는 하나님의 사랑 위에 놓입니다. 또 우리는 성숙한 우정이 양육되는 네 단계에 주의를 기울여야 합니다. 우리가 친구를 선택하는 데 있어서 피해야 할 악덕들이 있습니다.

이제 이 모든 것을 이해했으면 우정을 시험해 보는 일에 대해 이야기합시다.

월   터: 참 적절한 주제입니다. 나는 누군가 우리의 훌륭한 대화에 개입하려 뛰어들지 않을까 해서 문 쪽을 바라보고 있었기 때문입니다.

아엘레드: 친구에게서 시험해 보아야 할 네 가지 특성들이 있습니다. 즉 신실성, 바른 의도, 신중성, 인내입니다.

친구에게 자신을 안전하게 내맡기려면 신실성을 시험해 보아야 합니다. 우정으로부터 하나님의 선하심 외에는 다른 어떤 것도 기대하지 않으려면 그가 바른 의도를 지니고 있는지를 시험해 볼 필요가 있습니다. 친구에게서 무엇이 요구되는지를 이해하기 위해 신중성도 시험받아야 합니다. 친구가 질책받을 때도 슬퍼하지 않고, 질책하는 자를 멸시하거나 미워하지 않기 위해 인내도 필요합니다. 그는 또 친구를 위해 고통을 견딜 필요가 있습니다.

신실성은 성공 속에서는 나타나지 않으며 진실로 역경 속에서만 나타납니다. "형제는 위급한 때에 증명되며"잠 17:17 "환난 날에 진실하지 못한 자를 의뢰하는 것은 부러진 이와 위골된 발 같습니다"잠 25:19.

바른 의도에 관하여는 우리 주 구세주께서 몸소 우리를 위해 참된 우정의 원리를 말씀하셨습니다: "네 이웃을 네 몸과 같이 사랑하라"마 22:39. 이것이 모범이 되는 거울입니다. 일반적으로 말해서 가난한 자들 사이의 우정이 부자들 사이의 우정보다 더 확실합니다. 가난은 소득에 대한 희망을 앗아가 우정을 감소시키기보다는 증가시키기 때문입니다.

신중성이라는 특질은 친구들의 사소한 과오를 다루는 데 필요합니다. 그렇지 않으면 신중성의 결여 때문에 매일 논쟁과 언쟁에 사로잡힐 것입니다. 이 덕이 결여된 우정은 키 없이 표류하는 배와 같습니다.

신중한 사람은 또 애정 안에서 점진적으로 나아가기 위해 인내를 필요로 합니다.

인류 전체가 이 세상에서 제거되었다고 생각해 보십시오. 그러면 세상의 모든 자연적이고 문화적인 보화들이 무슨 의미가 있겠습니까? 말씀해 보십시오. 친구가 없다면 당신이 참으로 이러한 소유물들을 즐길 수 있겠습니까?

월 터: 아닙니다. 전혀 그럴 수 없습니다.

아엘레드: 우정은 하나님이 주신 것입니다. 그분은 이 세상에서 시

작하여 다음 세상에서 완성되는 영원한 우정을 우리에게 주셨습니다. 모두를 사랑하며, 모두로부터 사랑받으며, 사랑하는 사람들의 친밀한 마음 안에 쉬는 자가 가장 복된 자입니다.

월 터: 좋은 말씀입니다. 그것은 사실입니다.

아엘레드: 이 세상에서 그와 같이 완전한 우정에 대해 생각하는 것은 어렵게 보이기도 합니다. 그저께 나는 수도원 안에서 산책하고 있었습니다. 주위에는 형제들이 둘러 앉아 있었습니다. 참사랑스러운 무리를 이루었습니다. 꽃들이 있는 정원에서 나누는 그와 같은 친구들의 사랑은 그 자체가 영적인 에덴동산과 같았습니다. 나는 기쁨이 가득해서 시편 기자의 말을 기억하게 되었습니다: "형제가 연합하여 동거함이 어찌 그리 선하고 아름다운고"시 133:1.

그라치안: 당신은 이 모든 무리를 다 사랑할 수 있다고 말씀하시는 것입니까?

아엘레드: 아닙니다. 우리가 그들을 모두 친밀한 친구로 삼지는 못해도 다양하게 포용할 수 있습니다. 암브로스는 "우리의 비밀을 오직 친구에게만 밝히는 일"에 대해 말했습니다 (『의무』, 135). 그는 또 이렇게 부언하였습니다. "그러나 우리가 그들 앞에 우리 영혼을 드러내고 그들에게 우리의 속마음을 쏟아 놓는 것이 우리가 사랑하는 많은 사람들에게 신중치 못한 일이 되는가?"

월 터: 우정에 대한 이 개념은 너무도 고귀하고 이상적이어서 나

는 그것을 바라려고도 하지 않습니다. 나와 나의 친구 그라치안의 우정은 오히려 어거스틴이 묘사한 것과 같습니다. 즉 우리는 함께 농담하고, 언쟁하고, 그로부터 배우고, 그가 없을 때 기다리고, 돌아올 때 기쁘게 영접하는 우정을 유지하고 있습니다.

아엘레드: 그렇습니다. 그러나 이러한 종류의 친구는 또한 이 세상의 육체적 삶에 속합니다. 우리는 바로 그러한 시작으로부터-경건이 성장하고 성령의 일들에 대한 일관된 열심을 견지하면서-보다 거룩한 우정으로 성숙하게 될 것임을 믿을 수 있습니다. 그것은 보다 거룩한 애정들로, 하나님을 향한 우정으로 바뀔 수 있을 것입니다.

우정에 필요한 네 가지 덕을 기억하면서 다른 것도 추가할 수 있습니다: 상냥한 말씨, 좋은 예절, 평온, 온화한 눈의 표정입니다. 이러한 것들이 우정의 맛과 매력을 더합니다. 친구를 동등한 자로 생각하고 대하십시오. 친구를 질책하지도 않고, 어떠한 보상도 추구하지 않는 것처럼 자신을 그에게 맡기십시오. 보아스가 룻의 곤경을 면하게 한 것처럼 친절하게 그를 대하십시오룻 2:8f. 우리는 친구의 곤경에 능숙하게 대비할 필요가 있습니다.

월 터: 그러나 우리가 줄 것이 아무것도 없고 아무것도 기대해서는 안 된다고 느낀다면 그와 같은 영적 우정이 무슨 소용이 있습니까?

아엘레드: "내 것", "네 것"이라는 말들이 우리의 어휘에서 제거된

다면 사람들은 훨씬 더 좋은 삶을 살 수 있을 것입니다. 우정에 큰 힘을 주는 것은 거룩한 청빈입니다. 탐욕은 우정에 너무 많은 것을 요구합니다.

존경심은 우정의 가장 좋은 친구입니다. 존경을 앗아가는 사람은 우정에서 나온 가장 위대한 장식물을 제거하는 것입니다. 존경심은 혀가 일으킨 불을 잘 조절하여 끕니다. 그러나 존경심과 함께 (역시 필요한) 충고도 비밀스럽게 행해져야 합니다. 이것은 암브로스가 말한 바와 같습니다. "만일 당신이 친구에게서 악덕을 발견하면 비밀이 고쳐 주라. 만일 당신의 말에 주의를 기울이지 않으면 공개적으로 고쳐주라. 고쳐 주는 일은 선하며, 종종 침묵을 지키는 우정보다 낫기 때문이다. 친구에게서 입은 상처는 아첨하는 자의 입맞춤보다 견딜 수 있기 때문이다. 그러므로 잘못을 저지르는 친구를 고쳐 주라."

이미 날이 저물고 있습니다. 나는 여러분들이 우정이 사랑에 기초하고 있다는 사실을 확신하기 바랍니다. 그러나 사랑은 많은 사람을 포함하고 있으니 그들 중에서 친밀한 방식으로 우정의 비밀을 받아들일 수 있는 자를 선택하도록 하십시오. 그러나 충동적인 애정으로 탐욕스럽게 선택하지 말고 선견지명(先見之明)과 이성으로 선택하십시오. 친구에게서 발견하는 선과 성격의 유사성으로 판단하여 선택하도록 하십시오. 그리고 그 사람의 충성심과 명예, 인내를 시험하도록 하십시오. 상호간의 관심사들과 더불어 점차적으로 신뢰와 표현의 유사성이 자라가도록 하십시오. 그가 우정을 거래가 아닌 덕(德)으로 간주할 것이라고 확신할 때 당신은 참된 친구를 발견하게 됩니다.